现代声学科学与技术丛书

密布式 MIMO 声呐成像原理与技术

刘雄厚　孙　超　杨益新　卓　颉　著

科学出版社

北　京

内 容 简 介

本书主要介绍 MIMO 声呐成像原理与技术，主要内容包括声呐成像基本原理、MIMO 声呐成像基本原理、基于虚拟阵列的 MIMO 声呐成像方法、基于带宽合成的 MIMO 声呐成像方法、基于低运算量处理的 MIMO 声呐成像方法、基于时间分集的 MIMO 声呐成像方法、基于解卷积的 MIMO 声呐成像方法等。在介绍 MIMO 声呐成像原理的同时，给出不同成像方式(二维成像、三维成像、条带式测深与扫海等)所需的阵型、波形、回波处理流程，建立了完整的方法体系，为实现小尺寸、低成本、高分辨成像奠定原理和方法基础。

本书可供水声工程、声呐成像相关科研工作人员参考，也可作为阵列信号处理的科技类辅助图书使用。

图书在版编目（CIP）数据

密布式 MIMO 声呐成像原理与技术 / 刘雄厚等著. —北京：科学出版社，2022.10
　（现代声学科学与技术丛书）
　ISBN 978-7-03-073147-0

Ⅰ. ①密… Ⅱ. ①刘… Ⅲ. ①声纳-成像-研究 Ⅳ. ①U666.72

中国版本图书馆 CIP 数据核字（2022）第 168666 号

责任编辑：祝　洁　汤宇晨 / 责任校对：任苗苗
责任印制：张　伟 / 封面设计：陈　敬

科学出版社 出版
北京东黄城根北街 16 号
邮政编码：100717
http://www.sciencep.com
北京凌奇印刷有限责任公司 印刷
科学出版社发行　各地新华书店经销

＊

2022 年 10 月第 一 版　开本：720×1000　1/16
2024 年 1 月第二次印刷　印张：16 3/4
字数：332 000
定价：**165.00 元**
（如有印装质量问题，我社负责调换）

前　　言

　　海洋对人类文明发展起着举足轻重的作用,对海洋开发和利用的程度反映了一个国家的文明和科技水平。由于海水的阻隔,蕴藏丰富资源的水下世界并未得到充分认知。海水具有导电性、浑浊性及耗散性,导致电磁波(包括可见光)在水下传播距离非常有限。不同于电磁波,声波是一种机械波,在水下具有良好的传播性能。因此,人类利用声波作为探索水下世界的主要信息载体,并将相应的设备称为声呐。1906 年英国海军发明现代声呐以来,声呐已成为水下探测、导航和通信的主要设备。成像声呐是一种特殊的声呐系统,工作频段一般为几十千赫兹到几百千赫兹,作用距离一般为几米到几百米。成像声呐在军事上主要用于水雷、潜标等水下小目标的探测;在民用上主要为水下施工、航道勘测和生物探测等。已有成像声呐主要采用单波形工作体制,成像分辨率受到阵列尺寸、系统带宽等约束而难以提高。针对已有成像声呐的缺点,本书将波形分集技术引入声呐成像领域,介绍使用正交波形的多输入多输出(MIMO)声呐成像方法,突破传统声呐的技术体制约束,达到降低阵元个数、减小阵列尺寸和提高成像分辨率的目的。

　　目前,MIMO 声呐分为两类。一类是分布式 MIMO 声呐,其具有与多基地声呐类似的布阵方式;另一类是密布式 MIMO 声呐,其具有与传统单基地声呐类似的布阵方式。在水下声成像领域,密布式 MIMO 声呐更具优势和发展前景。因此,本书聚焦于密布式 MIMO 声呐,在研究国内外相关理论成果的基础上,结合团队多年的研究成果,对密布式 MIMO 声呐成像原理进行深入介绍,为研制小尺寸、低成本、高分辨成像声呐奠定原理和方法基础。

　　全书共 8 章,主要内容如下。第 1 章为绪论,介绍了研究背景和意义,评述了声呐成像领域和 MIMO 声呐信号处理领域的研究历史、研究现状。第 2 章介绍声呐成像的基本原理,给出声呐成像常用的空域处理方法、时域处理方法、二维/三维成像处理流程等。第 3 章阐述了利用 MIMO 声呐进行水下声成像的理论基础,建立了 MIMO 声呐与虚拟 SIMO 声呐之间的等效模型,给出了虚拟发射阵元和虚拟接收阵元坐标的解析解,设计了多种 MIMO 声呐阵型。第 4 章在虚拟阵列理论的基础上,阐述了将 MIMO 声呐运用于二维扇扫成像、多波束测深和三维成像的阵型结构、信号波形及相应的处理流程,分析了对应的成像性能。第 5 章阐述了 MIMO 声呐使用频率分集信号合成大带宽信号的理论和方法,并将其运用到二维和三维成像中,提高了成像分辨率。第 6 章阐述了多种低运算量成像处理方法，包括利用频带搬移和降采样降低数据量，利用 DFT 处理快速实现匹配滤波和波束形成，对虚拟阵列进行稀疏优化以减少匹配滤波器数量，设计多层分子阵波束形成处理方法等。第 7 章阐述了时间分集 MIMO 声呐的信号模型和成像原理，以及同时提高角度分辨率、距离分辨率的成像方法。第 8 章阐述了基于解卷积的距离维旁瓣抑制方法，有效抑制了成像结果中的距离维旁瓣，给出了利用解卷积处理同时提高角度分辨率和距离分辨率的成像方法。

　　本书撰写分工如下：孙超、杨益新和卓颉合作撰写了第 1 章和第 2 章，并对全书进行了仔细修改；刘雄厚撰写了第 3 章至第 8 章。书中内容包括作者团队在国内外重要期刊和学术会议上发表的论文成果，也包括团队部分研究生的工作。

　　本书的相关研究工作获得了国家自然科学基金重点项目、面上项目、青年科学基金项目的支持和资助，同时得到了国家重点研发计划的支持。本书的出版得到了西北工业大学精品学术著作培育项目(0201021GH0308)的直接资助，在此一并表示感谢。

　　鉴于作者学术水平和经验能力有限，书中难免存在疏漏和不足之处，敬请读者批评指正。

目　　录

第1章 绪 论

海洋是大宗物流的主要通道，是军事斗争的重要战场，是储量丰富的矿藏宝库。随着人类活动逐渐从陆地扩张到海洋，海洋对人类文明发展所起的作用与日俱增。从 15 世纪开始的大航海时代直至如今的信息化时代，诸强国的兴衰无不与海洋有着密切关系。如何更好地开发和利用海洋，成为临海国家和地区不断追求的目标之一。然而，由于海水介质的阻隔，蕴藏丰富资源的水下世界并未被人类充分认知。为了感知水下世界，选择合适的信息载体至关重要。由于海水的导电性、浑浊性及耗散性，电磁波(包括可见光)在水下的传播距离非常有限，因而在雷达中被广泛使用的电磁波并不适用于水下环境。不同于电磁波，声波在水下具有良好的传播性能。因此，人类利用声波作为探索水下世界的主要信息载体，并将相应的水声设备称为声呐[1-4]。

英国海军尼克松(Nixon)1906 年发明现代声呐以来，声呐系统就成为水下探测、导航和通信等的主要设备。鉴于在军事作战中的出色表现，声呐技术备受重视，成为各国海军重点发展的技术之一。随着海洋开发活动的日益增多，人类对声呐的运用已不局限于军事目的，而是逐渐转向商用和民用，如水下施工、水下考古、水下搜救、鱼群探测和航道勘测等。这些应用场合都要求获取水下目标或者环境的精细信息。为了达到这一目的，使用成像声呐是主流技术手段，然而已有的成像声呐在工作过程中主要使用单个波形。当需要提高成像分辨率时，传统单波形成像声呐面临着的阵元个数增加、阵列尺寸和系统带宽增大等缺点，导致其系统规模和成本居高不下。针对这些缺点，本书通过使用正交波形的多输入多输出(multiple-input multiple-output，MIMO)声呐，将波形分集技术引入声呐成像领域，突破传统声呐使用单个波形带来的种种限制，达到降低阵元个数、减小阵列尺寸和提高成像分辨率的目的。

1.1 研究背景及意义

水下声成像以声波作为信息载体获取水下目标或环境的精细信息，如目标的形状和轮廓[5-11]、水下区域的地形地貌等[12-16]。人们将进行水下声成像的设备称为成像声呐，并将其与常规探测声呐进行如下区别：常规探测声呐的主要功能是对目标进行检测和定位(目标在哪里)[2,4]，而成像声呐的任务则是对目标形状进行描绘(目标长什么样)[5-6]。需要指明的是，本书研究的是单基地实孔径成像声呐，不考虑多基地声呐和合成孔径声呐。此外，成像这一概念也包括被动成像[17-21]，本书聚焦主动成像方式。为了叙述简便，后文直接将主动式单基地实孔径成像声呐简称为成像声呐。

随着经济和科技的发展，人类的水下活动日益频繁，水下作业越来越依赖具有高分辨能力的成像声呐。为了获取水下地形地貌等信息，需要使用成像声呐(如多波束测深声呐)对海底地形地貌进行精确绘制[12-14]。在水下考古方面，利用成像声呐(如侧扫声呐)可以快速确认古代沉船的姿态及轮廓，也可以获得水下古迹的具体分布和构造[22-23]。进行水下搜救时，利用成像声呐可以迅速发现落水飞机或沉船，并准确获得残骸的分布信息，显著提高工作效率。在码头、港口和堤坝，人类活动会导致水体浑浊，需要使用成像声呐进行实时监控和探测。修筑大坝、桥梁及铺设水下管道时，需要利用成像声呐对水下施工过程进行实时监测。勘测江河及浅海区的航道时，使用成像声呐(如前视声呐[24]、多波束测深声呐)既可以避开一些浅滩和暗礁，也可以高效率地获得整个航道的精确水深信息。此外，捕鱼作业时使用成像声呐可以迅速对鱼群的数量、规模、方位等进行确认，提高捕获效率(如三维成像声呐)[25]。类似地，成像声呐也可以用于研究某个水域的鱼群分布情况(如透镜声呐)[26]，为鱼类养殖或者科学考察快速提供详实有效的数据。

尽管成像声呐已得到广泛运用，但仍存在一些缺点和不足。为了获得高质量的成像结果，提高成像声呐的分辨率是关键，但是分辨率的提高往往是以更多的阵元个数、更大的物理尺寸和更复杂的硬件设备为代价。提高分辨率不但会导致成像声呐的价格极其昂贵，也会导致成像声呐过于庞大笨重而难以安装在自主水下航行器(autonomous underwater vehicle，AUV)和远程遥控航行器(remotely operated vehicle，ROV)等水下小型平台上。

造成这些问题的原因在于传统成像声呐所采用的单波形信号，以及单个宽波束发射、多个窄波束接收的工作方式。传统成像声呐主要分为多为单输入多输出(single-input multiple-output，SIMO)声呐和使用多元发射阵、多元接收阵的主动声呐两种。SIMO声呐采用单个发射阵元和多个接收阵元的布阵方式，虽然获得了宽发射波束，增大了视场范围，但是其角度分辨率仅仅由接收阵列决定。若是要提高角度分辨率，只能对接收阵列进行设计与改进(接收阵列的设计自由度太小)，难以解决高角度分辨率与高成本、大尺寸之间的矛盾。采用多元发射阵和多元接收阵的主动声呐，其角度分辨率由发射阵列和接收阵列的联合孔径决定，其阵列设计自由度高于SIMO声呐。因此，可以通过联合设计发射阵列和接收阵列来改善角度分辨率。但是由于其使用相干波形，单脉冲内的照射范围被限制在了发射主瓣内，成像效率低下。虽然通过优化发射波束可以获得宽发射主瓣和低发射旁瓣，但这是以丢失发射孔径为代价，导致系统角度分辨率仍然由接收阵列决定，从而 SIMO 声呐中出现的矛盾依然存在。此外，发射阵列和接收阵列必须满足奈奎斯特(Nyquist)定理，这也进一步限制了阵列设计的自由度。除了在提高角度分辨率时遇到的困难外，传统成像声呐的空间分辨能力也受到了单个发射波形的限制。单波形工作模式下，一维接收线阵只具有空间二维(角度维和距离维)分辨能力。如果进行三维成像，则需要使用平面阵、柱面阵等阵列，这无疑会导致前述的高成本问题。虽然使用十字阵系统可以获得与平面阵类似的三维成像能力，但其需要声呐平台的运动及多个脉冲周期才能完成对目标区域的完整覆盖，工作灵活性和成像效率都大大降低。其他类似的系统(如采用一条发射阵和一条圆弧阵等)同样如此。因此，如何克服高分辨与高成本、大尺寸之间的矛盾，成为成像声呐在发展过程中亟待解决的问题。

换个思路，既然单波形成像声呐存在上述缺点，那么使用多个正交波形的成像声呐会如何？若是所有发射阵元同时发射相互独立的波形，并在接收端辅以匹配滤波处理，成像声呐即成为 MIMO 声呐，可以获得波形分集增益[27]。正交波形可以保证发射端具有宽发射波束，满足成像中的宽视场要求。接收端的匹配滤波处理可以获得远多于实际收发通道的匹配滤波输出通道，由此可以获得大量的虚拟阵元并形成虚拟阵列。因此，MIMO 声呐的发射阵列和接收阵列不需要满足 Nyquist 定理，只要形成的虚拟阵列满足 Nyquist 定理即可，设计自由度显著增加。虚拟阵列可以获得与实际物理阵列相同的角度分辨率与空间分辨能力，具有节省物理阵元个数、简化成像声呐系统和降低成本等优点。

鉴于传统成像声呐的种种不足及 MIMO 声呐的诸多优点，基于对 MIMO 声呐信号处理理论的深入理解，本书将 MIMO 声呐引入声呐成像领域，对使用波形分集技术的水下声成像方法展开深入研究。通过设计合适的发射信号、发射阵列和接收阵列，并设计相应的回波处理流程，本书的 MIMO 声呐可突破传统单波形成像声呐在提高分辨率时遇到的种种束缚，获得节省阵元个数、缩小阵列尺寸、提高成像分辨率等优点，为研制低成本、小体积和高分辨成像声呐奠定必要的原理和方法基础。

1.2 研究历史及研究现状

1.2.1 传统声呐成像技术

成像声呐的划分方式繁多。按工作原理，可分为透镜声呐、全息声呐和波束扫描式声呐[5,8]。按工作时的波束数，可分为单波束机械扫描声呐和多波束电子扫描声呐。按照产品种类，可分为测深声呐、侧扫声呐、扇扫声呐和三维成像声呐等。声呐成像技术是伴随着水声信号处理技术的发展而发展的。早期美国人

Sutton1979 年在 *Proceedings of the IEEE* 上发表的一篇综述文章,将声呐成像分为三种基本类型, 即声透镜成像、声全息成像和波束形成成像[5]。本小节对基于波束形成成像技术的成像声呐研究历史及现状进行介绍。

1. 传统声呐成像技术的研究历史及现状

为了获得海底详细的地理测量信息, 1956 年夏季在美国伍兹霍尔(Woods Hole)海洋研究所召开的学术研讨会上, 与会人员提出了海底深拖式调查系统和多波束测深系统的构想。这两种构想后来就分别成了侧扫声呐和条带式测深声呐的前身, 可看作是声呐成像技术的源头。随着技术的进步, 成像声呐从诞生到现在主要经历了以下发展变化。

1) 硬件系统的进步

成像声呐的硬件系统经历了从模拟电路到数字电路, 直至现在以软件配合硬件实现多功能的发展过程。早期的成像声呐都是使用模拟电路实现接收端的回波检测与滤波、波束形成、成像显示等处理[5]。系统过于笨重庞大, 只能安装于大型船只上, 探测效能低下。随着 20 世纪 80 年代数字信号处理器(digital signal processor, DSP)芯片的诞生与发展, 成像声呐开始采用 DSP 芯片进行回波处理[12-14]。成像声呐不仅使用以 DSP 芯片为主的处理技术, 也使用软件来代替部分硬件, 达到处理功能的多样化[6,9,11]。简言之, 随着硬件系统的进步, 成像声呐经历了从大到小、从笨重到轻巧的发展过程。

2) 功能和用途的多样化

成像声呐经历了从单一功能到多种功能的变化。早期的成像声呐功能单一, 例如, 测深声呐只能获得海区的深度, 侧扫声呐只能获取海底的后向散射强度图。随着技术的发展, 成像声呐之间的界限已经模糊甚至消失。多波束测深声呐也可用于前视导航和三维成像, 也能够获取海底散射强度图, 进行底质检测。此外, 部分多波束测深声呐也可进行侧扫成像。一些声呐系统也将多种声呐功能集于一身, 比如可同时获得散射强度和测点深度的测深侧扫声呐, 其本质是一种三维成像声呐。

成像声呐的使用环境也从单一局限发展到普遍适应。以测深声呐为例, 早期的测深声呐分为深海、中海和浅海测深声呐三种, 各个型号只能工作于各自的使用环境。现在的单一测深声呐可以对不同深度的海域进行测深, 使用灵活性更强。此外, 成像声呐也经历了从军用到民用的发展过程。

3) 与小型水下平台的结合

成像声呐的载具经历了从大到小、从舰到艇再到水下小型航行器的过程。早期的成像声呐由于体积庞大、系统笨重, 只能安装在军舰或大型测量船上。随着硬件技术的发展, 成像声呐逐渐小型化、轻型化, 可以在更多的船型上安装使用。

如今，新型成像声呐除了可安装于水面舰艇外，也可安装于 AUV 和 ROV 来贴近海底工作，获得更高质量的图像。通过更换耐压设备并与不同类型 AUV 或者 ROV 相结合等方式，这些新型成像声呐可在同一种型号下发展出在深海使用和浅海使用的两种子型号，使用灵活性大大增加。

4) 成像阵列设计的发展

成像声呐的阵列设计经历了由简单到复杂的过程。早期的多波束测深声呐使用由相互垂直的发射直线阵和接收直线阵组成的米尔斯(Mill's)交叉阵(包括十字型、L 型和 T 型)，其边缘波束的分辨率较差。为了改善分辨率，出现了由一条直线阵和一条圆弧阵组成的测深声呐[12-13]，其工作原理与十字阵类似，但是可以利用圆弧阵的等角度分辨能力在边缘波束区域获得更高的成像分辨率。除了线阵组合阵型，也出现了由两个收发合置的矩形平面阵组成的测深声呐，采用独具特色的定向旋转发射接收技术，在获得高分辨率的同时也具有较强的旁瓣抑制功能。为了获得更大的覆盖范围，测深声呐技术中出现了 U 型阵和多弧形阵成像阵列，可以获得较强的边缘波束回波[28]。此外，为了提高对底质的穿透能力，要求成像声呐具有发射低频信号的能力，这推动了参量阵的设计与研究[28]。

在三维成像领域，为了避免直接使用面阵而导致成本过高，十字阵被应用于三维成像声呐[29]，但是成像性能与面阵相比有一定差距。为了在获得高角度分辨率和高成像效率的同时控制系统成本，稀疏阵列技术得到了快速发展。稀疏阵列是利用合适的方法或算法来减少成像阵列的阵元数目，并保持主瓣宽度或旁瓣级处于期望的范围内。这些方法包括随机法(random approach)、随机优化算法(stochastic optimization method)、确定算法(deterministic method)、半随机算法(semistochastic method)等。随机法由 Turnbull 和 Foster[30]提出，杜克大学的一些学者对此进行了一系列后续研究；随机优化算法包括遗传算法(genetic algorithm，首先由 O'Neill 等使用遗传算法进行稀疏阵列的阵元位置优化，并由 Holm 等[31]对此进行了改进)，模拟退火算法(simulated annealing algorithm，Trucco 等[32]首先提出使用模拟退火算法对阵元位置和加权系数进行优化)；确定算法包括线性规划(linear programming)法、和谐阵列设计(harmonic array design)法；Kay 等[33]则使用半随机算法设计期望的稀疏阵列。除了对满采样阵进行稀疏外，使用螺旋阵也可以达到在获得期望角度分辨率的同时减少阵元个数的目的。

5) 分辨率的提高

成像声呐的分辨率经历了由低到高的发展过程。早期成像声呐的接收端处理能力有限(如测深声呐和扇扫声呐)，只能获得有限个波束数据。随着技术的发展，成像阵列的阵元个数逐渐增多，使用的阵型也从简单的直线阵发展为弧形阵和多线阵。由此而获得的接收端处理增益也逐渐提高，成像声呐所能形成的波束越来越多，其角度分辨率也越来越高。

与角度分辨率类似，距离分辨率也逐渐得到提高。早期的成像声呐主要使用窄带连续波(continuous wave，CW)脉冲，其距离分辨率有限。随着发射换能器技术和回波处理技术的提高，出现了使用宽带 CW 脉冲的成像声呐。为了进一步提升距离分辨率，部分成像声呐采用对宽带 CW 脉冲加三角窗的信号设计方式。一些新型测深声呐已经开始使用宽带线性调频(linear frequency modulation，LFM)脉冲信号，不但可获得高距离分辨率，也可增加作用距离。成像声呐的信号频段也从早期的单一频段发展到双频段甚至多频段，成像声呐可根据具体要求灵活选取不同的发射信号。

6) 波束形成技术的进步

波束形成技术与阵列信号处理技术同步发展。在早期，成像声呐的多波束形成技术主要靠模拟电路实现，处理的信号为窄带信号，获得的波束较少，边缘波束的分辨率有限。出现 DSP 后，发展出了使用离散傅里叶变换(discrete Fourier transform，DFT)进行窄带信号多波束形成的技术(DFT 波束形成)，大大提升了处理效率[34]。为了获得更高的距离分辨率，使用宽带信号为可行方式之一。宽带信号的出现使得波束形成技术从窄带处理变为宽带处理。为了避免时域宽带波束形成带来的高运算量，低运算量宽带波束形成技术(如移边带波束形成技术、基带正交波束形成技术)被运用到成像声呐中，在获得高距离分辨率的同时也改善了角度分辨率[35]。随着阵元个数和波束数的增多，频域波束形成也面临着计算量太大的问题。现今出现了真时延波束形成(true time delay beamforming)的处理方法。该方法首先将接收的声波调制到光波上，然后利用光波在传输通道中的延时对阵元上的回波进行延时，最后将延时后的声波解调并求和，达到时延波束形成的目的。真时延波束形成的实现过程具有计算量低、时延精度高且不受系统带宽限制的优点。

为了使用有限的阵元个数和物理孔径获得更高的角度分辨率，出现了虚拟阵元波束形成技术。虚拟阵元波束形成技术在有限的阵元尺度下，将虚拟阵元往基阵两边外推。获得虚拟阵元的时域输出后，采用常规延迟求和波束形成获得多个波束输出，达到提高基阵孔径、改善角度分辨率的目的。

大多数成像声呐采用常规延迟求和波束形成以获得更好的稳健性和增益，但是其分辨率受到阵列孔径的限制难以提高。目前，高分辨波束形成法也被应用于成像声呐，在一些实际应用中获得了较好的成像分辨率。Rønhovde[36]研究了高分辨波束形成法(最小方差法、特征向量法、MUSIC 法、最小范数法、求根 MUSIC 法和 ESPRIT 法)在多波束测深声呐上的应用，通过处理 EM3000 多波束测深声呐的实测数据获得了优于常规波束形成算法的分辨率，并指出求根 MUSIC 法在这些高分辨波束形成法中具有最佳的成像结果。Blomberg[37]研究了自适应波束形成法(MVDR 法、APES 法和 LCA 法)在成像声呐上的应用，获得了比常规延迟求和波束形成法更多的处理增益,成像结果具有更好的对比度和细节信息。

2. 传统成像声呐尚未解决的问题

与常规声呐相同,成像声呐的分辨率分为角度分辨率与距离分辨率。角度分辨率由成像阵列的有效孔径决定,距离分辨率则由发射信号的带宽决定。从声呐成像技术的发展过程可知,成像声呐一直在往高分辨、小体积和低成本的方向发展。然而,在现有的技术手段下,获得高分辨率与小体积、低成本是相互矛盾的。

首先,高角度分辨率与系统成本、硬件复杂度和阵列物理孔径之间是相互矛盾的。为了获得高角度分辨率,传统成像声呐的做法为增加物理孔径和提高信号频率。增加物理孔径需要使用更多的阵元和更大的物理尺寸,这会导致阵元成本和硬件复杂程度急剧增加(尤其对三维成像声呐而言),也会使得成像声呐变得过于笨重而难以配合 AUV 和 ROV 等小型水下平台使用。类似地,提高信号频率虽然不会增大阵列的物理尺寸,但是需要使用更多的阵元个数来抑制栅瓣,因此其阵元成本和硬件复杂程度也会急剧增加。此外,提高信号频率会导致介质吸收损失增加,导致成像声呐的作用距离变短。

其次,高距离分辨率与系统带宽和系统成本之间是相互矛盾的。虽然理论上使用大带宽信号(部分信号需要配合脉冲压缩处理)即可获得更高的距离分辨率,但是在实际使用中信号带宽是由发射系统和接收系统决定的。成像声呐中发射换能器的有效带宽是有限的,更大带宽的信号会提高对发射换能器的要求,提升其加工制作的成本。在接收端,回波处理系统的带宽也是有限的,增加带宽会导致接收端硬件系统的成本增加。

综上所述,传统的成像方法难以解决高成像分辨率与小阵列尺寸、低系统成本之间的矛盾。

1.2.2 MIMO 声呐信号处理技术

MIMO 声呐这一概念直接从 MIMO 雷达引申而来,MIMO 雷达来源于 MIMO 通信系统。MIMO 雷达这一概念从提出到现在不足二十年,而 MIMO 声呐的研究历史则更短。与 MIMO 雷达类似,国内外对 MIMO 声呐的研究呈现出一种齐头并进、百花争艳的态势,且具有研究历史短、研究现状丰富、争议不断并螺旋式发展的特点。

1. MIMO 声呐概念的来源

在 1974 年,梅赫拉(Mehra)提出将 MIMO 技术应用于控制系统,来提高参数估计的性能。20 世纪 90 年代早期,MIMO 技术被引入通信领域。MIMO 通信系统将发射信号的多个副本由相互独立的信道传送到接收机,显著降低所有副本同时落入深度衰落信道的概率。在不增加带宽和发射功率的前提下，MIMO 系统能够有效抑制多径衰落，显著增加系统的物理容量。在雷达信号处理领域，为了探测隐身目标和提高抗反辐射导弹的能力，法国国家航天局在 20 世纪 70 年代末提出了综合脉冲孔径雷达(synthetic impulse and aperture radar，SIAR)的概念。SIAR 采用稀疏布阵方式布置天线，并且每个天线发射的信号相互正交，可看作 MIMO 雷达的雏形。参照 MIMO 通信系统和 SIAR 技术，雷达研究人员相应提出了两类 MIMO 雷达：一类是分布式 MIMO 雷达[27](MIMO radar with widely separated antennas)，又称统计型 MIMO 雷达(statistical MIMO radar 或 seperated MIMO radar)；另一类是密布式 MIMO 雷达[27](MIMO radar with co-located antennas)，又叫相参型或相干型 MIMO 雷达(coherent MIMO radar 或 co-located MIMO radar)。

分布式 MIMO 雷达(发射信号不需要满足正交性)概念由美国学者 Fishler、Haimovich、Blum[38]提出。分布式 MIMO 雷达要求发射阵列大间距布阵，从不同方位照射目标以获得空间分集增益，在接收端结合信号处理以克服目标角闪烁和信道衰落的影响，从而改善雷达系统的目标检测和参数估计性能。Fishler、Haimovich、Blum 等的团队在分布式 MIMO 雷达方面的研究成果最具代表性[38-39]。该团队指出 MIMO 雷达在相同信噪比下可利用空间分集增益获得最佳检测性能和更稳定的目标参数估计性能。针对分布式 MIMO 雷达丢失相干处理增益的缺点，Lehmann 提出了仅发射分集的 MIMO 雷达，即发射端采用分布式布阵以获得空间分集增益，接收端采用密布式布阵以进行相干处理(如目标角度估计)，兼顾了分布式 MIMO 雷达和传统雷达的优点[39]。然而，在分布式 MMO 雷达概念的原创性上，雷达研究界存在争论。Haimovich 等认为，MIMO 雷达与多基地雷达的不同在于，多基地雷达采用相互独立的工作站并将各站处理结果送往中心工作站，而分布式 MIMO 雷达则采用联合发射和联合接收处理的工作方式。俄罗斯学者 Chernyak 则指出，分布式 MIMO 雷达这一概念并无新意，许多由分布式 MIMO 雷达得到的"新"结论和优点，在多基地雷达里面早已提及。因此，分布式 MIMO 雷达与多基地雷达在概念上有很大程度的重叠。

密布式 MIMO 雷达概念由美国麻省理工学院林肯实验室的 Rabideau 等[40]于 2003 年提出。密布式 MIMO 雷达采用与传统雷达类似的布阵方式，即发射阵元和接收阵元都是紧密排列的。密布式 MIMO 雷达的发射阵元同时发射相互正交(或低互相关)的信号，将功率全方向均匀发射。在接收端，用发射信号的拷贝对回波进行匹配滤波处理，获得远多于实际发射、接收通道的匹配滤波输出通道，增加了系统的自由度，改善了雷达的部分性能。目前，该类 MIMO 雷达的代表性研究者是 Li 等[27]的研究团队，他们在 MIMO 雷达的目标参数估计、自适应参数估计方法的直接应用、发射信号设计和波形优化，以及 MIMO 雷达成像中的发射信号和接收滤波器设计等方面进行了一系列深入研究。与分布式

MIMO 雷达所面临的情况类似，也有部分学者对密布式 MIMO 雷达的部分优点提出了质疑。Daum 等[41]从雷达工程学中的实际应用角度出发，认为部分学者声称的 MIMO 雷达优势(相对于传统雷达)并不明显，且 MIMO 雷达使用正交波形带来的发射阵增益损失将导致性能的严重下降。加利福尼亚大学圣克鲁兹分校的 Friedlander[42]则直接指出，波形分集技术并没有给 MIMO 雷达带来更高的角度分辨率。

我国电子科技大学何子述及其团队[43]2005 年开始关注 MIMO 雷达，对分布式 MIMO 雷达和密布式 MIMO 雷达的检测与估计性能、正交波形设计、系统模型与信号处理方法乃至双基地 MIMO 雷达的原理与理论进行了一系列研究。国防科技大学、西安电子科技大学和南京理工大学也对雷达信号处理中的类似问题进行了深入研究。国防科技大学的陈浩文等[44]对 MIMO 雷达从系统结构、信号设计、目标检测、参数估计和高分辨性能等方面进行了总结，并以此为基础展望了 MIMO 雷达的发展趋势。

鉴于声呐系统与雷达系统在信号处理方法上有诸多相通之处，部分声呐研究者尝试将 MIMO 技术用于声呐系统和水下环境之中，由此便产生了 MIMO 声呐这一概念。2012 年，西北工业大学的孙超和刘雄厚对 MIMO 声呐的概念进行了初步论证和探讨，根据 MIMO 雷达的分类情况将 MIMO 声呐分为分布式 MIMO 声呐和密布式 MIMO 声呐[45]。具体将分布式 MIMO 声呐分为发射、接收全分集 MIMO 声呐和仅发射分集 MIMO 声呐进行介绍，并认为这两种分布式 MIMO 声呐可并入多基地声呐的范畴。同时，对密布式 MIMO 声呐的优点，如自由度的增加、灵活的发射信号设计、自适应技术的直接使用和虚拟阵列等进行了介绍，并指出其发射阵增益损失对探测距离的限制。本小节将 MIMO 声呐分为分布式 MIMO 声呐和密布式 MIMO 声呐进行具体介绍。

2. 分布式 MIMO 声呐的研究历史及现状

分布式 MIMO 声呐的概念直接由分布式 MIMO 雷达而来，其工作原理与分布式 MIMO 雷达类似，均是利用大间距布阵获得空间分集增益，克服信道衰减和目标角闪烁(回波能量随角度剧烈起伏)。国际上，美国学者 Li 等[46]将 MIMO 技术应用在港口和航道监控上，使用的 MIMO 声呐分为单基地、双基地和多基地三种，获得了比常规声呐更好的稳健性和适用性。荷兰的 Vossen 等[47]将分布式 MIMO 声呐用于海底地质特性估计，提高了目标检测能力。英国的 Pailhas 等[48]利用分布式 MIMO 声呐处理方法改善了声呐系统对水下目标的检测和分辨能力。希腊的 Koupatsiaris 等[49]研究了分别安装在一对 AUV 上的双基地 MIMO 声呐，并采用相互正交的发射波形，以较小的复杂程度获得了彼此独立的目标到达角(direction of arrival，DOA)、离开角(direction of departure，DOD)和强度估计结果。

西北工业大学的赵壮[50]将分布式 MIMO 声呐中的发射阵元换为发射子阵,在获取空间分集增益和相干处理增益之间进行了折中,提高了 MIMO 声呐在低信噪比(signal to noise ratio,SNR)下的检测性能。中国科学院声学研究所的张祥、王福钋等[51-52]对分布式 MIMO 声呐中运动目标参数快速估计进行了分析,获得了节省通信带宽、节省运算量和更好的估计性能,同时指出分布式 MIMO 声呐的在较低信噪比时检测概率较低,而高信噪比时分布式 MIMO 声呐可获得较高的检测概率。浙江大学的蔡立凤[53]将时反技术与分布式 MIMO 声呐技术结合,在抑制混响的同时实现了目标回波增强,有效提高了对目标的探测能力。孙峰[54]将分布式 MIMO 声呐和合成孔径声呐相结合,在同时利用正交信号和分布式布置发射阵元时获得了更好的目标检测与定位结果。

需要注意的是,分布式 MIMO 声呐需要高信噪比以获得优于传统主动声呐的检测性能,但是声呐的水下工作环境是低信噪比环境,此时分布式 MIMO 声呐与传统声呐相比,并无优势可言。在分布式系统中,发射站的成本通常远高于接收站,系统的成本控制也是一个问题。为了充分挖掘空间分集增益,如何有效进行布阵也是难题之一。此外,分布式 MIMO 声呐还面临着至关重要的多站/多传感器信息融合和同步问题,这又与水下多基地系统的通信能力相关。因此,分布式 MIMO 声呐与多基地声呐在概念上存在较多重叠,能否将其归类为一种新体制声呐,仍需商榷。

3. 密布式 MIMO 声呐的研究历史及现状

密布式 MIMO 声呐的概念直接脱胎于密布式 MIMO 雷达。密布式 MIMO 雷达的一些优点,也同样适用于密布式 MIMO 声呐[27]。围绕密布式 MIMO 声呐,国内外已经进行了充分的研究。国际上,以色列的 Bekkerman 等[55]首先给出了密布式 MIMO 声呐在窄带信号模型下的虚拟阵列坐标解析解,并认为其波束图具有零波束形状损失、更窄主瓣和更低旁瓣的优点;推导了密布式 MIMO 声呐的克拉美罗界(Cramér-Rao bound,CRB),用广义似然比检验(generalized likelihood ratio test,GLRT)和最大似然(maximum likelihood,ML)估计方法进行了仿真,并与理论的 CRB 进行了比较,指出当发射波形完全正交时可获得最优性能。新加坡的 Ma[56]则研究了具有不同中心频率的窄带信号带来的频率分集(简称"频分")增益,并根据发射信号设计了最优接收滤波器。

在我国,中科院声学研究所的李宇等[57]最早将 MIMO 技术引入到主动声呐探测中,指出密布式 MIMO 声呐利用空时分集技术获得更好的检测性能。王福钋等[58]研究了密布式 MIMO 声呐的弱目标检测,采用由强到弱依次迭代估计的方法,有效提高了声呐系统对弱目标的分辨能力。杨光等[59]提出了适用于密布式 MIMO 声呐的宽带高分辨波束形成方法,对比了密布式 MIMO 声呐和相控阵声呐的目标检测能力,指出相控阵声呐在波束方向上可获得更高的检测概率,而密布式 MIMO 声呐需要进行长脉冲积累才可获得相同的检测性能。Cai 等[60]对密布式 MIMO 声呐的正交波形设计进行了研究,利用较低的运算量对 Gold 序列进行编码,获得了具有二进制编码序列,且该序列与 Deng 研究团队所设计的序列具有类似的相关特性[61-64]。浙江大学的张江帆、郭小虎、王楠、潘翔等深入研究了密布式 MIMO 声呐的小目标探测性能。其中,张江帆[61]将波导信道建模引入 MIMO 框架,研究了波导 MIMO 声呐和时反-波导 MIMO 声呐的前向小目标探测,通过分集增益提高了对浅海小目标的探测性能;郭小虎[62]在水声信道表征的基础上研究了 MIMO 处理框架,设计了多种波形并在高斯噪声下推导了检测器,并通过水池试验和湖上试验验证了 MIMO 声呐能够比常规声呐更有效地探测小目标;王楠等[63]基于平面波波形提出了密布式 MIMO 声呐的探测框架,将正交信号和 GLRT 检测器结合,并在实验的基础上证明了 MIMO 声呐具有更好的目标分辨能力;潘翔等[64]提出了将 MIMO 技术与时反处理相结合的波导声呐处理框架,使用多个阵元轮流时反发射正交信号照射目标和接收端匹配滤波处理,有效解决了回波信号分离,抑制了混响,在波导中实现了优于常规匹配场处理的目标定位精度。哈尔滨工程大学的张友文等[65]将 MIMO 技术与主动声呐的自适应波束形成技术结合,获得了更高的估计精度和分辨率,提高了声呐抗强干扰的能力。滕婷婷等[66]研究了不同发射信号下 MIMO 声呐的扇扫成像性能,提高了成像声呐的角度分辨率和抗混响能力。西北工业大学的黄建国研究团队对密布式 MIMO 声呐的多种目标 DOA 估计方法(如 MUSIC 法、MVDR 法、最小二乘估计法、ML 法和空间拟合算法)、正交发射信号设计、发射波束图设计和阵列设计等方面进行了深入研究,认为 MIMO 声呐具有更高的角度分辨率,在低信噪比下具有更好的方位估计结果,并对部分理论结果进行了水池试验验证[67-69]。杜力[70]对发射端分子阵的密布式 MIMO 声呐波束图进行了研究,既获得了子阵的发射阵增益,又获得了波形分集增益。刘雄厚等[71-85]研究了密布式 MIMO 声呐成像技术,提出了一系列可用于前视成像、多波束测深、二维成像、三维成像的 MIMO 声呐成像方法。樊宽等[86-87]研究了 MIMO 声呐的发射分集平滑,并将其用于自适应波束形成。伍镜蓉等[88-89]对圆环阵 MIMO 声呐的阵型优化设计进行了研究,同时提出了利用解卷积处理抑制频分 MIMO 声呐的距离维高旁瓣。

根据已有的研究可知,相对于传统主动声呐,密布式 MIMO 声呐所具有的主要优势如下。

(1) 接收端自由度的增加。密布式 MIMO 声呐通过发射正交波形和匹配滤波处理,可以在接收端获得更多的自由度,在使用高分辨方法时可以分辨出远多于接收阵元个数的目标。

(2) 灵活的发射信号设计。密布式 MIMO 声呐可以通过灵活地设计发射信号来获得期望的发射波束图。这些发射波束图有数个对准不同目标的主瓣，并且使这些目标回波之间的互相关性最小化，有效提高自适应参数估计方法的准确性和分辨率。

(3) 发射空间平滑。密布式 MIMO 声呐各阵元发射相互正交的信号照射目标，各目标的回波可看作是正交信号在不同时延下的线性组合。当发射阵元数大于等于目标数时，各个目标上的回波可看作相互线性独立。这便是利用正交发射信号对各目标回波解相干(发射空间平滑)，可直接对接收数据使用高分辨参数估计算法(无需空间平滑)进行处理，从而节省了阵列自由度，提高了参数估计性能。

(4) 合成大孔径虚拟阵列。运用正交发射信号和匹配滤波处理，MIMO 阵列可获得远多于实际阵元数目的虚拟阵元。根据这一优点，可以灵活设计发射阵列、接收阵列，以提高角度分辨率。

(5) 合成大带宽信号。使用一组小带宽频分信号，通过匹配滤波、等效发射波束形成等合成大带宽信号，不增加系统瞬时带宽即可提高距离分辨率。

在密布式 MIMO 声呐的这些诸多优势中，合成大孔径虚拟阵列、合成大带宽信号这两点，可以很好地与成像声呐需求相结合，突破阵列尺寸、系统带宽对成像分辨率的约束，获得优于传统声呐的成像性能。

1.3　本书的主要内容

本书研究的是密布式 MIMO 声呐成像原理与技术，因此直接将密布式 MIMO 声呐简称为 MIMO 声呐。本书共八章，各章主要内容如下：

第 1 章为绪论，介绍研究背景和意义，简要论述声呐成像领域和 MIMO 声呐信号处理领域的研究历史、研究现状。

第 2 章主要介绍声呐成像的基本原理，给出声呐成像常用的空域处理和时域处理方法。在此基础上，给出经典的二维成像和三维成像处理流程，并介绍成像声呐的基本指标。

第 3 章阐述利用 MIMO 声呐进行水下声成像的理论基础。建立同时适用于窄带和宽带信号的 MIMO 声呐与虚拟 SIMO 声呐之间的等效模型，给出虚拟发射阵元和虚拟接收阵元坐标的解析解，设计出多种用于二维和三维成像的 MIMO 声呐阵型。同时，证明 MIMO 声呐可使用频分信号获得高于传统声呐的距离分辨率。

第 4 章在虚拟阵列理论的基础上，阐述将 MIMO 声呐运用于水下二维扇扫成像、多波束测深和三维成像的阵列结构、信号形式及相应的处理流程，分析对应的成像性能。

第 5 章阐述 MIMO 声呐使用频分信号在接收端合成更大带宽信号的理论和方法，并将该理论运用到二维扇扫和三维成像中，提高成像声呐的距离分辨率。在此基础上，将该方法拓展到超宽带信号合成，达到同时提高角度分辨率和距离分辨率的目的。

第 6 章阐述 MIMO 声呐低运算量成像处理的原理和方法。针对已有 MIMO 声呐成像方法计算量过大的问题，从多个方面进行低运算量处理，主要包括对虚拟阵列进行稀疏优化、减少匹配滤波器数量、设计新的波束形成处理方法等。

第 7 章阐述时间分集 MIMO 声呐的信号模型和成像方法，达到抑制互相关函数干扰的目的。进一步将时间分集与频率分集相结合，给出同时提高角度分辨率、距离分辨率的 MIMO 声呐多脉冲成像原理与方法。

第 8 章阐述基于解卷积的 MIMO 声呐成像方法。利用解卷积算法对 MIMO 声呐成像输出进行波束后处理，有效抑制自相关函数旁瓣和互相关函数，进一步给出利用解卷积处理同时提高角度分辨率和距离分辨率的成像原理与方法。

参 考 文 献

[1] URIC R J. Principle of Underwater Sound[M]. Newport Beach: Peninsula Publishing, 1996.

[2] 孙超. 水下多传感器阵列信号处理[M]. 西安: 西北工业大学出版社, 2007.

[3] 刘伯胜, 雷家煜. 水声学原理[M]. 2 版. 哈尔滨: 哈尔滨工程大学出版社, 2010.

[4] 田坦. 声呐技术[M]. 2 版. 哈尔滨: 哈尔滨工程大学出版社, 2010.

[5] SUTTON J L. Underwater acoustic imaging[J]. Proceedings of the IEEE, 1979, 67(4): 554-566.

[6] MURINO V, TRUCCO A. Three-dimensional image generation and processing in underwater acoustic vision[J]. Proceedings of the IEEE, 2000, 88(12): 1903-1946.

[7] 张小平. 高分辨率多波束成像声呐关键技术研究[D]. 哈尔滨: 哈尔滨工程大学, 2005.

[8] 丁迎迎. 海底物体回波模拟与图像生成技术研究[D]. 西安: 西北工业大学, 2006.

[9] 陈朋. 相控阵三维成像声纳系统的稀疏阵及波束形成算法研究[D]. 杭州: 浙江大学, 2009.

[10] 唐利娜. 水下三维声成像及声纳图像处理技术研究[D]. 哈尔滨: 哈尔滨工程大学, 2009.

[11] 袁龙涛. 相控阵三维摄像声呐系统信号处理关键技术研究[D]. 杭州: 浙江大学, 2013.

[12] DE JONG C D, LACHAPELLE G, SKONE S. Multibeam Sonar Theory of Operation[M]. Delft: Delft University Press, 2002.

[13] 吴英姿. 多波束测深系统地形跟踪与数据处理技术研究[D]. 哈尔滨: 哈尔滨工程大学, 2002.

[14] LØNMO T I B, AUSTENG A, HANSEN R E. Improving swath sonar water column imagery and bathymetry with adaptive beamforming[J]. IEEE journal of oceanic engineering, 2020, 45(4): 1552-1563.

[15] BLAIR D G. Underwater Acoustic Imaging: Exact Geometrical-Acoustic Treatment of the Image Due to a Specular Reflector[M]. Sydney: The University of Sydney, 2009.

[16] WHITEWAY T G. Australian Bathymetry and Topography Grid[M]. Geoscience Australia Record, 2009.

[17] BUCKINGHAM M J, BERKHOUT B V, GLEGG S A L. Imaging the ocean with ambient noise[J]. Letters to nature, 1992, 356(26): 327-329.

[18] BUCKINGHAM M J, POTTER J R, EPIFANIO C L. Seeing underwater with background noise[J]. Scientific

American, 1996, 274(2): 86-90.

[19] 梅继丹. 水声声图测量技术研究[D]. 哈尔滨: 哈尔滨工程大学, 2010.

[20] 杨虎. 水下目标声成像相关技术研究[D]. 西安: 西北工业大学, 2011.

[21] 丁磊. 水下噪声成像实验研究[D]. 哈尔滨: 哈尔滨工程大学, 2012.

[22] KLEINROCK M C. Overview of sidescan sonar systems and processing[C]. Proceedings of IEEE OCEANS'91, Honolulu, USA, 1991: 77-83.

[23] SONG Y, HE B, ZHAO Y, et al. Segmentation of sidescan sonar imagery using markov random fields and extreme learning machine[J]. Journal of oceanic engineering, 2019, 44(2): 502-513.

[24] 李婷婷. 三维前视声纳的高分辨方位估计研究[D]. 哈尔滨: 哈尔滨工程大学, 2009.

[25] KIRKEBØ J E, AUSTENG A. Sparse cylindrical sonar arrays[J]. Journal of oceanic engineering, 2008, 33(2): 224-231.

[26] CHO H, KIM B, YU S C. AUV-based underwater 3-D point cloud generation using acoustic lens-based multibeam sonar[J]. Journal of oceanic engineering, 2018, 43(4): 856-872.

[27] LI J, STOICA P. MIMO radar with colocated antennas[J]. Signal process magazine, 2007, 24(5): 106-114.

[28] 李海森, 周天, 徐超. 多波束测深声纳技术研究新进展[J]. 声学技术, 2013, 32(2): 73-80.

[29] ZHAO D D, LIU X S, CHEN W Y, et al. Optimized design for sparse cross arrays in both near-field and far-field[J]. Journal of oceanic engineering, 2019, 44(3): 783-795.

[30] TURNBULL D H, FOSTER F S. Beam steering with pulsed two dimensional transducer arrays[J]. Transactions on ultrasonics ferroelectrics and frequency control, 1991, 38(4): 320-333.

[31] HOLM S, AUSTENG A, IRANPOUR K, et al. Sparse sampling in array processing[M]//Marvasti F. Sampling Theory and Practice. New York: Plenum, 2001.

[32] TRUCCO A, PALMESE M, REPETTO S. Devising an affordable sonar system for underwater 3-D vision[J]. Transactions on instrumentation and measurement, 2008, 57(10): 2348-2354.

[33] KAY S, SAHA S. Design of sparse linear arrays by Monte Carlo importance sampling[J]. Journal of oceanic engineering, 2002, 27(4): 790-799.

[34] WILLIAMS J R. Fast beam-forming algorithm[J]. Journal of the acoustical society of America, 1968, 44(5): 1454-1455.

[35] PRIDHAM R G. MUCCI R A. Shifted sideband beamformer[J]. Transactions on acoustics, speech, and signal processing, 1979, 27(6): 713-722.

[36] RØNHOVDE A. High resolution beamforming of SIMRAD EM3000 bathymetric multibeam sonar data[D]. Oslo: University of Oslo, 1999.

[37] BLOMBERG A E A. Adaptive beamforming for active sonar imaging[D]. Oslo: University of Oslo, 2011.

[38] FISHLER E, HAIMOVICH A, BLUM R, et al. Spatial diversity in radars-Models and detection performance[J]. Transactions on signal processing, 2006, 54(3): 823-838.

[39] LEHMANN N. Some contributions on MIMO radar[D]. New Jersey: New Jersey Institute of Technology, 2007.

[40] RABIDEAU D J, PARKER P. Ubiquitous MIMO multifunction digital array radar[C]. Proceeding of the 37th Asilomar Conference on Signals, Systems and Computers, Pacific Grove, USA, 2003: 1057-1064.

[41] DAUM F, HUANG J. MIMO radar: Snake oil or good idea?[J]. Aerospace and electronic systems magazine, 2009, 24(5): 8-12.

[42] FRIEDLANDER B. On the role of waveform diversity in MIMO radar[J]. Digital signal processing, 2013, 23(3):

712-721.

[43] 何子述, 韩春林, 刘波. MIMO 雷达概念及其技术特点分析[J]. 电子学报, 2005, 33(12A): 2441-2445.

[44] 陈浩文, 黎湘, 庄钊文. 一种新兴的雷达体制——MIMO 雷达[J]. 电子学报, 2012, 40(6): 1190-1198.

[45] 孙超, 刘雄厚. MIMO 声纳: 概念与技术特点探讨[J]. 声学技术, 2012, 31(2): 117-124.

[46] LI W H, CHEN G S, BLASCH E, et al. Cognitive MIMO sonar based robust target detection for harbor and maritime surveillance applications[C]. Proceedings of IEEE Aerospace Conference, Big Sky, USA, 2009: 1-9.

[47] VOSSEN R V, RAA L T, BLACQUIERE G. Acquisition concepts for MIMO sonar[C]. Proceedings of 3rd International Conference & Exhibition on Underwater Acoustic Measurements, Nafplion, Greece, 2009.

[48] PAILHAS Y, PETILLOT Y. Spatially distributed MIMO sonar systems—Principles and capabilities[J]. Journal of oceanic engineering, 2017, 42(3): 738-751.

[49] KOUPATSIARIS D A, KARYSTINOS G N. Efficient DOA, DOD, and target estimation for bistatic MIMO sonar[C]. Proceedings of IEEE International Conference on Acoustics, Speech and Signal Processing, Vancouver, Canada, 2013: 5155-5159.

[50] 赵壮. MIMO 声呐的目标检测方法研究[D]. 西安: 西北工业大学, 2011.

[51] 张祥, 王福钾, 李淑秋, 等. 分布式 MIMO 声纳中运动目标参数快速估计[J]. 声学技术, 2011, 30(3): 219-222.

[52] 王福钾, 潘悦, 王永刚. MIMO 声呐目标检测性能分析[J]. 舰船科学技术, 2012, 34(3): 102-106.

[53] 蔡立凤. 时反 MIMO 主动声纳探测关键技术[D]. 杭州: 浙江大学, 2010.

[54] 孙峰. MIMO 合成孔径声纳处理目标检测与定位[D]. 杭州: 浙江大学, 2012.

[55] BEKKERMAN I, TABRIKIAN J. Target detection and localization using MIMO radars and sonars[J]. Transactions signal processing, 2006, 54(10): 3873-3883.

[56] MA N. Frequency diversity for active sonar-radar application and optimal receiver design[C]. Proceedings of OCEANS 2010 MTS, Seattle, USA, 2010: 1-4.

[57] 李宇, 王彪, 黄海宁, 等. MIMO 探测声纳的研究[J]. 声学技术, 2007, 26(5): 47-48.

[58] 王福钾, 李淑秋, 李宇, 等. 迭代法 MIMO 声纳目标检测——一种凸显弱目标的方法[J]. 应用声学, 2010, 29(1): 11-16.

[59] 杨光, 王福钾, 李淑秋, 等. 并列式多入多出声纳宽带高分辨波束形成方法[J]. 应用声学, 2011, 30(2): 131-137.

[60] CAI L, MA X C. On orthogonal waveform design for MIMO sonar[C]. Proceedings of International Conference on Intelligent Control and Information Processing, Dalian, China, 2010: 69-72.

[61] 张江帆. 波导小目标 MIMO 探测方法和实验研究[D]. 杭州: 浙江大学, 2011.

[62] 郭小虎. 共址 MIMO 探测方法及实验研究[D]. 杭州: 浙江大学, 2012.

[63] 王楠, 潘翔, 徐元欣. 基于共址 MIMO 主动声纳的小目标探测[J]. 杭州电子科技大学学报, 2012, 32(4): 9-12.

[64] 潘翔, 郭小虎, 张江帆, 等. 多输入多输出与时反联合的波导声呐有源目标定位[J]. 声学学报, 2013, 38(5): 541-547.

[65] 张友文, 孙大军. MIMO 声纳自适应波束形成技术研究[J]. 声学技术, 2009, 28(2): 105-106.

[66] 滕婷婷, 孙大军, 刘鑫, 等. 波形分集 MIMO 成像声呐技术研究[J]. 哈尔滨工程大学学报, 2013, 34(5): 581-587.

[67] 张立杰. 无人水下航行器舷侧阵远程目标感知关键技术研究[D]. 西安: 西北工业大学, 2009.

[68] 金勇. 水下舷侧阵多目标高分辨参数估计关键技术研究[D]. 西安: 西北工业大学, 2010.

[69] 蒋敏. 无人水下航行器舷侧 MIMO 阵列目标探测技术研究[D]. 西安: 西北工业大学, 2011.

[70] 杜力. MIMO 声纳波束设计及方位估计研究[D]. 西安: 西北工业大学, 2011.

[71] LIU X H, SUN C, YI F, et al. Underwater three-dimensional imaging using narrowband MIMO array[J]. Science China physics mechanics & astronomy, 2013, 56(7): 1346-1354.

[72] 刘雄厚, 孙超, 卓颉, 等. 一种用于高分辨扇扫成像的 MIMO 阵列. 航空学报, 2014, 35(9): 2540-2550.

[73] LIU X H, SUN C, ZHUO J, et al. High-resolution swath bathymetry using MIMO sonar system[J]. Journal of systems engineering and electronics, 2014, 25(5): 760-768.

[74] 刘雄厚, 孙超, 杨益新, 等. 单基地多输入多输出声呐的方位分辨力[J]. 声学学报, 2016, 41(2): 163-173.

[75] LIU X H, SUN C, YANG Y X, et al. Compensating for intensity loss in a large-aperture MIMO sonar imaging system[J]. Journal of systems engineering and electronics, 2016, 27(1): 63-71.

[76] LIU X H, SUN C, YANG Y X, et al. Low complexity MIMO sonar imaging using a virtual sparse linear array[J]. Journal of systems engineering and electronics, 2016, 27(2): 370-378.

[77] LIU X H, SUN C, YANG Y X, et al. Using double-ping frequency diverse MIMO sonar to improve angle and range resolution[C]. Proceedings of IEEE OCEANS'16, Monterey, USA, 2016: 1-5.

[78] LIU X H, SUN C, YANG Y X, et al. High-range-resolution two-dimensional imaging using frequency diversity multiple-input-multiple-output sonar[J]. IET radar, sonar & navigation, 2016, 10(5): 983-991.

[79] LIU X H, SUN C, YANG Y X, et al. Hybrid phase shift and shifted sideband beamforming for large-aperture MIMO sonar imaging[J]. IET radar, sonar & navigation, 2017, 11(12): 1782-1789.

[80] LIU X H, SUN C, YANG Y X, et al. Range sidelobe suppression for FD-MIMO sonar imaging using multi-ping amplitude weighting[C]. Proceedings of IEEE OCEANS'17, Aberdeen, UK, 2017: 1-4.

[81] LIU X H, SUN C, YANG Y X, et al. Ultra-wideband (UWB) echo synthesis using frequency diverse MIMO sonar[C]. Proceedings of IEEE OCEANS'18, Charleston, USA, 2018: 1-6.

[82] LIU X H, ZHANG C, CHEN H Y, et al. An MIMO sonar array for high-resolution 3D forward-looking imaging[C]. Proceedings of IEEE OCEANS'19, Marseille, France, 2019: 1-5.

[83] LIU X H, GAO K, TANG J S, et al. High-resolution 2D imaging using MIMO sonar with fourier integral method(FIM)[C]. Proceedings of IEEE OCEANS'19, Marseille, France, 2019: 1-5.

[84] LIU X H, WEI T, SUN C, et al. High-resolution two-dimensional imaging using MIMO sonar with limited physical size[J]. Applied Acoustics, 2021, 182(108280): 1-15.

[85] LIU X H, SHI R W, SUN C, et al. Using deconvolution to suppress range sidelobes for MIMO sonar imaging[J]. Applied Acoustics, 2022, 186: 1-12.

[86] 樊宽, 孙超, 刘雄厚, 等. 联合匹配滤波 MIMO 声呐发射分集平滑 DOA 估计方法[J]. 西北工业大学学报, 2020, 38(1): 6-13.

[87] FAN K, SUN C, LIU X H, et al. MIMO sonar DOA estimation based on improved transmitting diversity smoothing (TDS)[C]. Proceedings of IEEE OCEANS'18, Charleston, USA, 2018: 1-5.

[88] 伍镜蓉, 刘雄厚, 樊宽, 等. 尺寸约束下圆环阵 MIMO 声呐阵型设计和波束优化[J]. 水下无人系统学报, 2018, 26(5): 415-420.

[89] WU J R, LIU X H, SUN C, et al. On range-dimensional performance improvement of a FD-MIMO sonar using deconvolution[C]. Proceedings of IEEE Global Oceans 2020: Singapore-U.S. Gulf Coast, Biloxi, USA, 2020: 1-5.

第2章　声呐成像基本原理

声呐成像的基本原理是利用阵列空域处理(波束形成)和时域处理(脉冲压缩)获得目标的几何外形、强度分布等信息。一般而言,成像声呐可分为二维成像声呐和三维成像声呐这两大类。为了获得水下目标或海底区域的二维成像结果,一般需要使用线阵(直线阵、圆弧阵等)进行水平向波束形成,并对波束输出的强度进行提取。为了获得水下目标或海底区域的三维成像结果,一般需要使用平面阵、柱面阵等进行水平向、垂直向二维波束形成,在提取强度的同时给出强度值对应的三维坐标。为了获得成像场景的距离维(时间维)信息,需使用脉冲信号(部分信号需使用脉冲压缩处理)获得距离维成像能力。因此,在进行成像处理时,需要使用大孔径阵列以获得期望的角度分辨率,需要使用大带宽系统以获得期望的距离分辨率(时间分辨率)。

本章主要介绍声呐成像的基础理论,给出声呐成像常用的空域处理和时域处理方法。在此基础上,给出经典的二维成像和三维成像处理流程,并介绍成像声呐的基本指标。

2.1　波束形成

2.1.1　波束形成概念与数学表示

在声呐成像处理中,需要使用多个换能器组合成具有一定孔径的传感器阵列。当使用发射换能器组成发射阵列时,可以保证声能量往期望的方向集中。当使用接收水听器组成接收阵列时,可以获得期望方向散射的声能量,抑制其他方向上散射的声能量,同时抑制目标场景中的背景噪声等。为了实现声能量往某个方向集中,可使用波束形成(beamforming)对换能器阵上的声波进行处理[1-10]。波束形成可分为发射波束形成和接收波束形成两种。发射波束形成对多个发射换能器上发射的声能量进行加权求和处理,使得发射声能量往某个方向进行集中发射,从而提高回波中的信号能量并抑制其他角度返回的干扰信号。接收波束形成对多个水听器上采集的回波信号进行加权求和处理,从而抑制接收阵列上的噪声和其他角度上的回波干扰。以远场条件下的接收波束形成为例,给出波束形成处理的数学模型。假设水下声基阵由 M 个各向同性的水听器组成,在采集到阵列

上的回波 $\boldsymbol{x}(t)$ 后，指向某个方向上的波束形成输出 $y(\theta,t)$ 可以表示为

$$y(\theta,t) = \sum_{m=1}^{M} w_m^{\mathrm{c}}(\theta)x_m(t) = \boldsymbol{w}^{\mathrm{H}}(\theta)\boldsymbol{x}(t) \tag{2.1}$$

其中，

$$\boldsymbol{w}(\theta) = [w_1(\theta),w_2(\theta),\cdots,w_M(\theta)]^{\mathrm{T}} \tag{2.2}$$

表示 $M \times 1$ 维向量；θ 表示波束指向角；$w_m(\theta)$ 为 $\boldsymbol{w}(\theta)$ 中第 $m(m=1,2,\cdots,M)$ 个元素，其值与阵列结构、信号频率、波束指向角等参数有关；上标 T 表示转置；上标 c 表示共轭；上标 H 表示共轭转置；$x_m(t)$ 表示第 m 个水听器上的回波；

$$\boldsymbol{x}(t) = [x_1(t),x_2(t),\cdots,x_M(t)]^{\mathrm{T}} \tag{2.3}$$

表示水听器上接收到的连续回波信号。

　　式(2.1)是连续域的波束形成表示方式。在声呐信号处理过程中，一般对水听器上的回波先进行数字化采样获得 N 个离散点信号，M 元水听器阵可获得 $M \times N$ 维矩阵。再针对水听器阵上采集得到的 $M \times N$ 维矩阵数据进行波束形成处理。当采用离散化表示时，式(2.1)可以改写为

$$y(\theta,n) = \sum_{m=1}^{M} w_m^{\mathrm{c}}(\theta)x_m(n) = \boldsymbol{w}^{\mathrm{H}}(\theta)\boldsymbol{x}(n) \tag{2.4}$$

式中，n 表示第 $n(n=1,2,\cdots,N)$ 个采样点；$y(\theta,n)$ 为第 n 个采样点上的波束输出；$x_m(n)$ 为第 m 个水听器上第 n 个采样点的回波；$\boldsymbol{x}(n)$ 为水听器阵上第 n 个采样点对应的 $M \times 1$ 维回波向量。

2.1.2　波束响应和波束图

　　本质上，波束响应(beam response)和波束图(beam pattern)具有不同的概念。波束响应是指给定波束加权向量 $\boldsymbol{w}$，波束形成器随波束指向角变化的响应输出。波束图反映波束形成器的空域滤波效果。一般而言，波束响应针对信号和噪声都存在的情况，而波束图针对仅信号存在的情况。当不考虑噪声并只有单目标存在时，可认为波束响应具有与波束图相同的表达式。此时，对波束响应的表达式取绝对值可得到波束图的表达式。假设波束加权向量为 $\boldsymbol{w}(\varOmega_0)$，基阵的阵列流形向量为 $\boldsymbol{a}(\varOmega)$，其中 $\varOmega_0 = (\theta_0,\phi_0)$ 表示波束主瓣对应的空间角，$\varOmega = (\theta,\phi)$ 表示空间扫描角，θ_0 和 ϕ_0 分别表示主瓣上的水平方位角和垂直俯仰角，θ 和 ϕ 分别表示进行空间扫描时的水平方位角和垂直俯仰角。此时，波束响应 $B(\varOmega)$ 可表示为

$$B(\varOmega) = \boldsymbol{w}^{\mathrm{H}}(\varOmega_0)\boldsymbol{a}(\varOmega) \tag{2.5}$$

　　将波束响应的模值取绝对值后再取对数，得到分贝形式的波束图 $\mathrm{BP}(\varOmega)$，对

应的表达式为

$$\mathrm{BP}(\Omega) = 20\lg\left|\boldsymbol{w}^{\mathrm{H}}(\Omega_0)\boldsymbol{a}(\Omega)\right| \tag{2.6}$$

式(2.5)和式(2.6)是通用表达式,可反映阵列的空域滤波能力。波束响应和波束图的具体表达式,由成像声呐所用阵型决定。成像声呐常用的基本阵型主要有直线阵、圆环阵、平面阵、柱面阵等。这些基本阵型可用于设计发射阵、接收阵,配合发射、接收扫描方式和不同的波束形成器,获得所需的空间指向性(用于二维或三维成像)和空域处理增益(保证一定的成像距离)。在理想情况下,假设组成水听器阵的各个水听器是各向同性的,且具有相同的接收灵敏度。本章基于这些假设,给出不同阵型的波束响应表达式和波束图结果。

1. 直线阵

直线阵主要指均匀线列阵(uniform linear array,ULA),常用于二维成像[1-5]。为了降低成本,很多时候对大孔径直线阵进行稀疏优化。此处仅考虑均匀线列阵的情况。假定基阵由 M 个阵元等间距(阵元间距为 d)排列组成一条均匀直线阵,线列阵基线位于 y 轴,中心与坐标原点重合。空间扫描角用 $\Omega = (\theta,\phi)$ 表示,其中 θ 和 ϕ 分别表示水平方位角和垂直俯仰角,如图 2.1 所示。

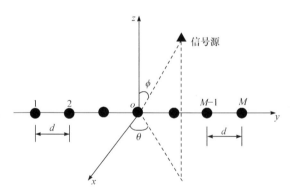

图 2.1 线列阵坐标系示意图

均匀线列阵第 m 个阵元的位置坐标可以表示为

$$\boldsymbol{p}_m = \left[0,\left(m-\frac{M+1}{2}\right)d,0\right]^{\mathrm{T}}, \quad m=1,2,\cdots,M \tag{2.7}$$

扫描角度上的单位向量为

$$\boldsymbol{v}(\Omega) = -\left[\cos\theta\sin\phi,\sin\theta\sin\phi,\cos\phi\right]^{\mathrm{T}} \tag{2.8}$$

均匀线列阵的阵列流形向量为

$$
\boldsymbol{a}\left(\varOmega\right)=\begin{bmatrix}\exp\left(-\mathrm{j}k\boldsymbol{v}^{\mathrm{T}}\left(\varOmega\right)\boldsymbol{p}_1\right)\\ \vdots \\ \exp\left(-\mathrm{j}k\boldsymbol{v}^{\mathrm{T}}\left(\varOmega\right)\boldsymbol{p}_m\right)\\ \vdots \\ \exp\left(-\mathrm{j}k\boldsymbol{v}^{\mathrm{T}}\left(\varOmega\right)\boldsymbol{p}_M\right)\end{bmatrix}=\begin{bmatrix}\exp\left(\mathrm{j}\dfrac{1-M}{2}kd\sin\phi\sin\theta\right)\\ \vdots \\ \exp\left[\mathrm{j}\left(m-\dfrac{M+1}{2}\right)kd\sin\phi\sin\theta\right]\\ \vdots \\ \exp\left(\mathrm{j}\dfrac{M-1}{2}kd\sin\phi\sin\theta\right)\end{bmatrix} \tag{2.9}
$$

其中，$k=2\pi/\lambda$，λ 为中心频率对应的波长。

对该均匀线列阵进行常规波束形成，假设波束指向角 $\varOmega_0=\left(\theta_0,\phi_0\right)$，波束加权向量为

$$
\boldsymbol{w}\left(\varOmega_0\right)=\boldsymbol{a}\left(\varOmega_0\right)/M \tag{2.10}
$$

则可得到波束响应为

$$
\begin{aligned}
&B\left(\varOmega\right)\\
&=\frac{1}{M}\sum_{m=1}^{M}\exp\left[\mathrm{j}\left(m-\frac{M+1}{2}\right)kd\left(\sin\phi\sin\theta-\sin\phi_0\sin\theta_0\right)\right]\\
&=\frac{1}{M}\exp\left[-\mathrm{j}\frac{M+1}{2}kd\left(\sin\phi\sin\theta-\sin\phi_0\sin\theta_0\right)\right]\sum_{m=1}^{M}\exp\left[\mathrm{j}mkd\left(\sin\phi\sin\theta-\sin\phi_0\sin\theta_0\right)\right]\\
&=\frac{1}{M}\exp\left[-\mathrm{j}\frac{M-1}{2}kd\left(\sin\phi\sin\theta-\sin\phi_0\sin\theta_0\right)\right]\frac{1-\exp\left[\mathrm{j}Mkd\left(\sin\phi\sin\theta-\sin\phi_0\sin\theta_0\right)\right]}{1-\exp\left[\mathrm{j}kd\left(\sin\phi\sin\theta-\sin\phi_0\sin\theta_0\right)\right]}\\
&=\frac{\sin\left[Mkd\left(\sin\phi\sin\theta-\sin\phi_0\sin\theta_0\right)/2\right]}{M\sin\left[kd\left(\sin\phi\sin\theta-\sin\phi_0\sin\theta_0\right)/2\right]}
\end{aligned}
$$

$$\tag{2.11}$$

考虑 10 元($M=10$)均匀线列阵，假设阵元间距 $d=\lambda/2$，期望波束观察方向 $\varOmega_0=\left(0,90°\right)$，即水平方位角 $\theta_0=0$，垂直俯仰角 $\phi_0=90°$，采用式(2.11)计算得到的波束响应见图 2.2。

在成像应用中，直线阵由于结构简单得到广泛运用。根据图 2.2 可知，当水平方向的波束主瓣指向所期望的方位($\theta_0=0$)时，垂直方向的指向性相同。这是由于直线阵为一维阵，其波束响应围绕该直线阵所在的直线轴对称，它只能估计目标的水平方位角，而垂直俯仰角是模糊的。因此，一般而言，使用直线阵(如拖曳线列阵)对水下目标进行探测时会出现左右舷模糊的现象。成像声呐则可以避免直线阵左右舷模糊带来的不利影响。成像声呐的发射换能器可以将声能量控制

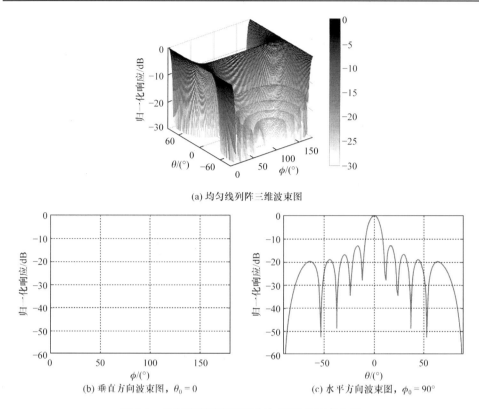

(a) 均匀线列阵三维波束图

(b) 垂直方向波束图，$\theta_0 = 0$

(c) 水平方向波束图，$\varphi_0 = 90°$

图 2.2　均匀线列阵使用均匀加权时的波束响应

在直线阵的某一侧方向，同时声能量覆盖扇区范围有限(如水平方向 120°、150°覆盖范围)，此时使用直线阵接收并处理该侧的回波则可以避免左右舷模糊。同时，利用左右舷模糊可以优化配置发射直线阵、接收直线阵，形成条带式成像能力，如基于十字阵(一个直线阵发射，一个直线阵接收)的测深或成像技术。

2. 圆环阵

成像声呐使用较多的另一种基本阵型是圆环阵或圆弧阵[1-5,11-12]，此处主要讨论圆环阵。与直线阵相比，圆环阵没有左右舷模糊，可以获得 360°的视场范围，但是加工过程更为复杂。假设 M 个水听器等弧长布阵，形成一个均匀圆环阵(圆环阵半径为 r)。将该圆环阵置于 xoy 平面上，圆心与坐标原点相互重合。假设圆环阵中第 m 个阵元所对应的圆心角度为 $\varphi_m = 2\pi(m-1)/M$，$m = 1,2,\cdots,M$，信号入射的空间角用 $\Omega = (\theta,\phi)$ 表示，其中 θ 和 ϕ 分别表示水平方位角和垂直俯仰角，如图 2.3 所示。

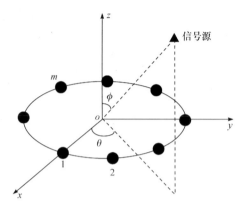

图 2.3　圆环阵坐标系示意图

均匀圆环阵第 m 个阵元的位置坐标可以表示为

$$\boldsymbol{p}_m = \left[r\cos\varphi_m, r\sin\varphi_m, 0\right]^{\mathrm{T}}, \quad m=1,2,\cdots,M \tag{2.12}$$

信号入射方向的单位向量如式(2.8)所示。均匀圆环阵的阵列流形向量为

$$\boldsymbol{a}(\Omega) = \begin{bmatrix} \exp\left[\mathrm{j}kr\sin\phi\cos(\varphi_1-\theta)\right] \\ \vdots \\ \exp\left[\mathrm{j}kr\sin\phi\cos(\varphi_m-\theta)\right] \\ \vdots \\ \exp\left[\mathrm{j}kr\sin\phi\cos(\varphi_M-\theta)\right] \end{bmatrix} \tag{2.13}$$

对该均匀圆环阵进行常规波束形成，假设波束指向角为 $\Omega_0=(\theta_0,\phi_0)$，波束加权向量如式(2.10)所示，可得到圆环阵的波束响应为

$$B(\Omega) = \boldsymbol{w}^{\mathrm{H}}(\Omega_0)\boldsymbol{a}(\Omega)$$
$$= \frac{1}{M}\sum_{m=1}^{M}\exp\left\{\mathrm{j}kr\left[\sin\phi\cos(\varphi_m-\theta)-\sin\phi_0\cos(\varphi_m-\theta_0)\right]\right\} \tag{2.14}$$

考虑一个位于 xoy 平面上的 $M=10$ 的均匀圆环阵，假设相邻两阵元间弧长满足 $2\pi r/M=\lambda/2$，期望波束观察方向 $\Omega_0=(0,90°)$，即水平方位角 $\theta_0=0$，垂直俯仰角 $\phi_0=90°$，采用式(2.14)计算得到的波束响应显示于图 2.4 中。

根据图 2.4 可知，均匀圆环阵常规波束响应的旁瓣级非常高，这会影响成像声呐对水下目标的分辨能力。圆环阵在其圆周的多个方向上形成相同的波束图，因此它在水平方向具有 360° 的水下场景成像性能。在实际中，有时候使用较多的是圆弧阵，如前视成像、条带式测深等。

3. 平面阵

平面阵主要用于三维成像[1-5,9]。假定基阵是由 M 行均匀直线阵(平行于 x 轴

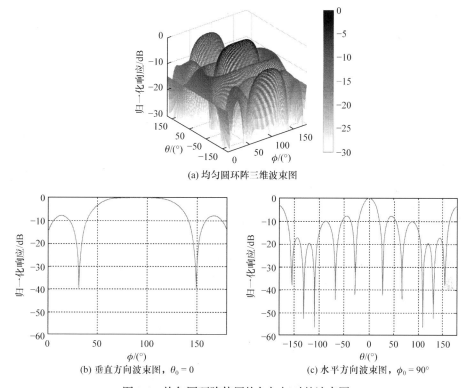

(a) 均匀圆环阵三维波束图

(b) 垂直方向波束图，$\theta_0 = 0$

(c) 水平方向波束图，$\phi_0 = 90°$

图 2.4 均匀圆环阵使用均匀加权时的波束图

方向排列)和 N 列均匀直线阵(平行于 y 轴方向排列)构成的平面阵，共有 $M \times N$ 个阵元，将其置于 xoy 平面上，平面阵中心与坐标原点重合。假设每行均匀直线阵的阵元间距为 d_n，每列均匀直线阵的阵元间距为 d_m，信号入射的空间角用 $\Omega = (\theta, \phi)$ 表示，其中 θ 和 ϕ 分别表示水平方位角和垂直俯仰角，如图 2.5 所示。

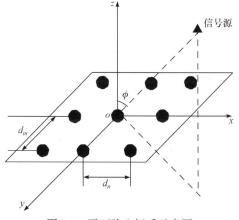

图 2.5 平面阵坐标系示意图

平面阵第 (m,n) 个阵元的位置坐标可以表示为

$$\boldsymbol{p}_{m,n} = \left[\left(m - \frac{M+1}{2}\right)d_n, \left(n - \frac{N+1}{2}\right)d_m, 0\right]^{\mathrm{T}}, \quad m = 1, 2, \cdots, M, n = 1, 2, \cdots, N \quad (2.15)$$

信号入射方向的单位向量如式(2.8)所示。平面阵的阵列流形向量为

$$\boldsymbol{a}(\Omega) = \begin{bmatrix} \exp\left\{jk\left[\left(\frac{1-M}{2}\right)d_n\cos\theta\sin\phi + \left(\frac{1-N}{2}\right)d_m\sin\theta\sin\phi\right]\right\} \\ \vdots \\ \exp\left\{jk\left[\left(m - \frac{M+1}{2}\right)d_n\cos\theta\sin\phi + \left(n - \frac{N+1}{2}\right)d_m\sin\theta\sin\phi\right]\right\} \\ \vdots \\ \exp\left\{jk\left[\left(\frac{M-1}{2}\right)d_n\cos\theta\sin\phi + \left(\frac{N-1}{2}\right)d_m\sin\theta\sin\phi\right]\right\} \end{bmatrix} \quad (2.16)$$

对该平面阵进行常规波束形成，假设波束指向角为 $\Omega_0 = (\theta_0, \phi_0)$，波束加权向量为

$$\boldsymbol{w}(\Omega_0) = \frac{\boldsymbol{a}(\Omega_0)}{M \times N} \quad (2.17)$$

则可得到平面阵的波束响应为

$$\begin{aligned} B(\Omega) &= \boldsymbol{w}^{\mathrm{H}}(\Omega_0)\boldsymbol{a}(\Omega) \\ &= \frac{1}{MN}\sum_{m=1}^{M}\sum_{n=1}^{N}\exp\left\{jk\left[\left(m - \frac{M+1}{2}\right)d_n(\cos\theta\sin\phi - \cos\theta_0\sin\phi_0)\right.\right. \\ &\quad \left.\left. + \left(n - \frac{N+1}{2}\right)d_m(\sin\theta\sin\phi - \sin\theta_0\sin\phi_0)\right]\right\} \\ &= \frac{1}{M}\sum_{m=1}^{M}\exp\left[jk\left(m - \frac{M+1}{2}\right)d_n(\cos\theta\sin\phi - \cos\theta_0\sin\phi_0)\right] \\ &\quad \times \frac{1}{N}\sum_{n=1}^{N}\exp\left[jk\left(n - \frac{N+1}{2}\right)d_m(\sin\theta\sin\phi - \sin\theta_0\sin\phi_0)\right] \end{aligned} \quad (2.18)$$

将式(2.18)与式(2.11)比较可分析出，当 $N = 1$ 时，式(2.18)变成相邻阵元间距为 d_n 的均匀直线阵的波束响应；当 $M = 1$ 时，式(2.18)变成相邻阵元间距为 d_m 的均匀直线阵的波束响应，因而当组成基阵的各阵元方向性相同时，阵元均匀分布的平面阵波束响应可以看成是两个均匀直线阵波束响应的乘积。

考虑一个位于 xoy 平面上的 $M = 4$，$N = 5$ 的平面阵，假设每行直线阵相邻阵

元之间的间距满足 $d_m = \lambda/3$ ，每列直线阵相邻阵元之间的间距满足 $d_n = \lambda/3$ ，期望波束观察方向 $\Omega_0 = (0, 90°)$ ，即水平方位角 $\theta_0 = 0$ ，垂直俯仰角 $\phi_0 = 90°$ ，采用式(2.18)计算得到的波束响应如图 2.6 所示。

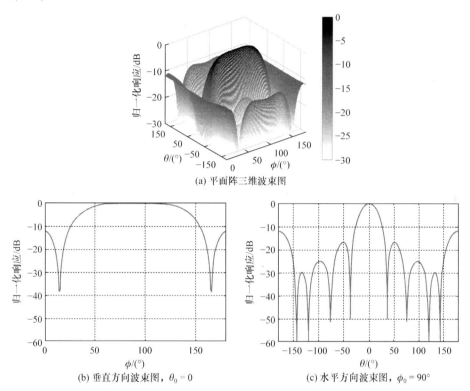

(a) 平面阵三维波束图

(b) 垂直方向波束图，$\theta_0 = 0$

(c) 水平方向波束图，$\phi_0 = 90°$

图 2.6　平面阵使用均匀加权时的波束图

4. 柱面阵

与平面阵类似，柱面阵常被用于三维成像。由于阵元数过多，一般需要对柱面阵进行稀疏优化以降低成本。本小节主要讨论未进行稀疏优化的柱面阵[13-17]。假定基阵是由 N 个半径为 r 的均匀圆环阵构成的长度为 L 的柱面阵，每个圆环阵上有 M 个均匀分布的各向同性阵元，N 个圆环阵的圆心连线在同一条直线上，且相邻两层圆环阵之间的间距为 Δz 。假设每层圆环阵上的第 m 个阵元的角度为 $\varphi_m = 2\pi(m-1)/M$ ，$m = 1, 2, \cdots, M$ ，信号入射的空间角用 $\Omega = (\theta, \phi)$ 表示，其中 θ 和 ϕ 分别表示水平方位角和垂直俯仰角，如图 2.7 所示。

图 2.7 所示柱面阵第 (m, n) 个阵元的位置坐标可以表示为

$$\boldsymbol{p}_{m,n} = \left[r\cos\varphi_m, r\sin\varphi_m, \left(n - \frac{N+1}{2} \right)\Delta z \right]^{\mathrm{T}}, \quad m = 1, 2, \cdots, M, n = 1, 2, \cdots, N \quad (2.19)$$

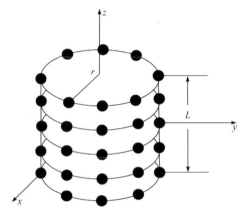

图 2.7 柱面阵坐标系示意图

信号入射方向的单位向量见式(2.8)。柱面阵的阵列流形向量为

$$\boldsymbol{a}(\Omega) = \begin{bmatrix} \exp\left\{ \mathrm{j}k\left[r\sin\phi\cos(\phi_1 - \theta) + \left(\dfrac{1-N}{2}\right)\Delta z\cos\phi \right] \right\} \\ \vdots \\ \exp\left\{ \mathrm{j}k\left[r\sin\phi\cos(\phi_{mn} - \theta) + \left(n - \dfrac{N+1}{2}\right)\Delta z\cos\phi \right] \right\} \\ \vdots \\ \exp\left\{ \mathrm{j}k\left[r\sin\phi\cos(\phi_{MN} - \theta) + \left(\dfrac{N-1}{2}\right)\Delta z\cos\phi \right] \right\} \end{bmatrix} \tag{2.20}$$

假设波束指向角为 $\Omega_0 = (\theta_0, \phi_0)$，波束加权向量为

$$\boldsymbol{w}(\Omega_0) = \boldsymbol{a}(\Omega_0) / MN \tag{2.21}$$

可得到柱面阵的波束响应为

$$\begin{aligned} B(\Omega) &= \boldsymbol{w}^{\mathrm{H}}(\Omega_0)\boldsymbol{a}(\Omega) \\ &= \frac{1}{MN}\sum_{m=1}^{M}\sum_{n=1}^{N}\exp\Big(\mathrm{j}k\big\{ r\big[\sin\phi\cos(\varphi_m - \theta) - \sin\phi_0\cos(\varphi_m - \theta_0) \big]\big\} \\ &\quad + \left(n - \frac{N+1}{2}\right)\Delta z\left(\cos\phi - \cos\phi_0\right) \Big) \\ &= \frac{1}{M}\sum_{m=1}^{M}\exp\Big(\mathrm{j}k\big\{ r\big[\sin\phi\cos(\varphi_m - \theta) - \sin\phi_0\cos(\varphi_m - \theta_0) \big]\big\}\Big) \\ &\quad \times \frac{1}{N}\sum_{n=1}^{N}\exp\left[\mathrm{j}k\left(n - \frac{N+1}{2}\right)\Delta z\left(\cos\phi - \cos\phi_0\right) \right] \end{aligned} \tag{2.22}$$

将式(2.22)与式(2.11)、式(2.14)比较可分析出，当 $N = 1$ 时，式(2.22)变成半径为 r 的 M 元均匀圆环阵的波束响应；当 $M = 1$ 时，式(2.22)变成相邻阵元间距为 Δz 的 N 元均匀直线阵的波束响应。因而当组成基阵的各阵元方向性相同时，阵元均匀分布的柱面阵波束响应可以看成是一个均匀圆环阵波束响应与均匀线列阵波束响应的乘积，即乘积定理。

考虑一个 $M = 12$，$N = 10$ 的柱面阵，假设相邻圆环阵之间的间距满足 $\Delta z = \lambda / 2$，每层圆环阵相邻阵元之间的弧长满足 $2\pi r / M = \lambda / 2$，期望波束观察方向 $\Omega_0 = (0,90°)$，即水平方位角 $\theta_0 = 0$，垂直俯仰角 $\phi_0 = 90°$，采用式(2.19)计算得到的波束响应显示于图 2.8 中。对比图 2.8(b)和图 2.2(c)，以及对比图 2.8(c)和图 2.4(c)可知，柱面阵的三维波束图在主瓣角度上获得的波束图切片与直线阵波束图和圆环阵波束图相同。

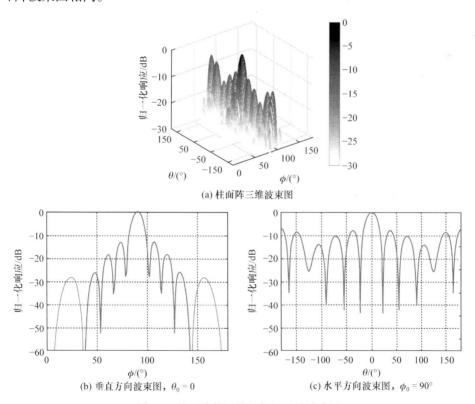

(a) 柱面阵三维波束图

(b) 垂直方向波束图，$\theta_0 = 0$

(c) 水平方向波束图，$\phi_0 = 90°$

图 2.8　柱面阵使用均匀加权时的波束图

2.1.3　阵增益和指向性指数

阵增益(array gain, AG)用来描述使用水听器阵代替单个水听器获得的信噪比的改善程度，通常用符号 AG 表示。通常假设各个水听器上的输入信噪比相同，

对于任意阵型，阵增益的定义为

$$AG = 10 \lg \frac{SNR_o}{SNR_i} \tag{2.23}$$

式中，SNR_i 表示水听器阵上单个水听器的输入信噪比；SNR_o 表示波束形成器的输出信噪比。

对于上述阵元间距为 d 的 M 元均匀线列阵，假定输入信号功率为 σ_s^2，输入噪声功率为 σ_n^2，各阵元上的信号与噪声之间、噪声与噪声之间互不相关，则基阵上单个阵元的输入信噪比(信号功率比噪声功率)为

$$SNR_i = \frac{\sigma_s^2}{\sigma_n^2} \tag{2.24}$$

利用常规波束形成对基阵上的接收数据进行处理，可得输出信号功率为

$$\begin{aligned}
\sigma_{ys}^2 &= E\left[\left|\boldsymbol{w}^H \boldsymbol{s}(t)\right|^2\right] \\
&= \sum_{m1=1}^{M} w_{m1}^c \sum_{m2=1}^{M} w_{m2} E\left[\left|\boldsymbol{s}(t)\right|^2\right] \\
&= \sigma_s^2 \sum_{m1=1}^{M} \frac{a^c(\theta_0)}{M} \sum_{m2=1}^{M} \frac{a(\theta_0)}{M} \\
&= \sigma_s^2
\end{aligned} \tag{2.25}$$

式中，$\boldsymbol{s}(t)$ 为阵列接收的信号；E 为期望；$m1$、$m2$ 为基阵阵元的索引号。输出噪声功率为

$$\begin{aligned}
\sigma_{yn}^2 &= E\left[\left|\boldsymbol{w}^H \boldsymbol{n}(t)\right|^2\right] \\
&= \sum_{m=1}^{M} w_m^c w_m E\left[\left|n(t)\right|^2\right] \\
&= \sigma_n^2 \sum_{m=1}^{M} \frac{a^c(\theta_0)}{M} \frac{a(\theta_0)}{M} \\
&= \frac{\sigma_n^2}{M}
\end{aligned} \tag{2.26}$$

式中，$\boldsymbol{n}(t)$ 为阵列接收的噪声，于是波束形成器的输出信噪比为

$$SNR_o = \frac{M\sigma_s^2}{\sigma_n^2} \tag{2.27}$$

此时，阵增益表达为

$$AG = 10 \lg \frac{SNR_o}{SNR_i} = 10 \lg M \tag{2.28}$$

指向性指数(directivity index，DI)是指信号为平面波，在噪声场各向同性假设下，使用基阵相比于使用单个水听器获得的增益(阵增益则没有对噪声场进行限制)。指向性指数是用来衡量水听器阵(或者波束形成器)性能的一个重要参数，一般用 DI 表示。

基阵的指向性因数(directivity factor，DF)定义为

$$DF = \frac{\left|B(\Omega_0)\right|^2}{\dfrac{1}{4\pi}\displaystyle\int_0^\pi \int_0^{2\pi} \left|B(\Omega)\right|^2 \, \mathrm{d}\theta \sin\phi \mathrm{d}\phi} \tag{2.29}$$

式中，$\Omega_0 = (\theta_0, \phi_0)$ 表示波束指向角。指向性指数 DI 可表示为

$$DI = 10 \lg DF \tag{2.30}$$

2.2 匹 配 滤 波

1. 匹配滤波概念

成像声呐采用 CW 脉冲信号作为发射波形时，无法同时满足距离分辨率和作用距离的要求。使用 LFM 脉冲信号则可以同时兼具距离分辨率和作用距离。使用 LFM 脉冲信号时，需对回波进行脉冲压缩处理，即匹配滤波处理[18-19]。

匹配滤波器是一种特殊的线性滤波器。在进行信号检测时，许多常用的接收机模型均可由一个线性滤波器和一个判决器两部分组成。接收机示意图如图 2.9 所示。

图 2.9　接收机示意图

图 2.9 中，线性滤波器的作用是对接收信号进行滤波处理。该线性滤波器尽可能抑制噪声成分并增强信号成分，以便于判决器做出正确的判决。判决器可简化为一个输入信号与门限进行比较的比较器。信噪比越大，检测性能越好。为了获得最好的检测性能，要求线性滤波器是最佳的，即该线性滤波器的输出信噪比达到最大。

假设线性滤波器(线性时不变)的输入信号是确知信号，输入噪声是平稳加性白噪声，则在输入功率信噪比(输入信号功率比输入噪声功率)一定的条件下，使输出功率信噪比(输出信号瞬时功率比输出噪声平均功率)最大的滤波器，就是一个与输入信号相匹配的最佳滤波器，称为匹配滤波器。由于匹配滤波器的脉冲

响应与输入信号相匹配，回波信号经过匹配滤波处理后能够得到最大的输出信噪比。

成像声呐常采用匹配滤波器对回波信号进行处理，不但可以抑制噪声、提高作用距离，也可以获得脉冲压缩的效果，改善距离维成像性能。

2. 匹配滤波器的求解

若滤波器的输入信号为

$$x(t) = s(t) + n(t) \tag{2.31}$$

式中，$s(t)$ 表示能量为 E 的已知信号；$n(t)$ 表示功率谱密度 $P_n(\omega) = N_0/2$（N_0 是常数）的零均值平稳加性白噪声。假设滤波器系统的冲击响应函数为 $h(t)$，传递函数为 $H(\omega)$，问题是如何选取 $H(\omega)$，使得输出端信噪比达到最大。

利用线性系统的叠加定理，滤波器的输出信号为

$$y(t) = s_y(t) + n_y(t) \tag{2.32}$$

式中，$s_y(t)$ 和 $n_y(t)$ 分别是滤波器对输入 $s(t)$ 和 $n(t)$ 的响应，如图 2.10 所示。

$$x(t) = s(t) + n(t) \longrightarrow \boxed{\text{线性滤波器}} \longrightarrow y(t) = s_y(t) + n_y(t)$$

图 2.10　线性滤波器输入和输出组成的示意图

输出功率信噪比(输出信号瞬时功率比输出噪声平均功率)可表示为[19]

$$\mathrm{SNR_o} = \frac{\left| s_y(t_0) \right|^2}{E\left[n_y^2(t) \right]} \tag{2.33}$$

式中，$\left| s_y(t_0) \right|^2$ 表示输出信号在 $t = t_0$ 时刻的瞬时功率；$E\left[n_y^2(t) \right]$ 表示输出噪声的平均功率。为使输出信噪比在某一时刻达到最大，即按照最大输出信噪比准则来设计滤波器，其目的就是求出滤波器的传递函数 $H(\omega)$。

假设信号 $s(t)$ 的傅里叶变换存在，用 $S(\omega)$ 表示 $s(t)$ 的频谱，可得

$$S(\omega) = \int_{-\infty}^{\infty} s(t)\mathrm{e}^{-\mathrm{j}\omega t}\mathrm{d}t \tag{2.34}$$

输出信号的频谱 $S_y(\omega)$ 可表示为

$$S_y(\omega) = S(\omega)H(\omega) \tag{2.35}$$

则输出信号 $s_y(t)$ 为

$$s_y(t) = \frac{1}{2\pi} \int_{-\infty}^{\infty} S(\omega) H(\omega) \mathrm{e}^{\mathrm{j}\omega t} \mathrm{d}\omega \tag{2.36}$$

输出噪声的平均功率为

$$E\left[n_y^2(t)\right] = \frac{1}{2\pi} \int_{-\infty}^{\infty} P_n(\omega)\, \mathrm{d}\omega$$

$$= \frac{1}{2\pi} \int_{-\infty}^{\infty} \frac{N_0}{2} |H(\omega)|^2\, \mathrm{d}\omega \tag{2.37}$$

因此，在某一时刻 $t = t_0$，滤波器的输出功率信噪比 $\mathrm{SNR_o}$ 为

$$\mathrm{SNR_o} = \frac{|s_y(t_0)|^2}{E\left[n_y^2(t)\right]} = \frac{\left|\dfrac{1}{2\pi} \displaystyle\int_{-\infty}^{\infty} S(\omega) H(\omega) \mathrm{e}^{\mathrm{j}\omega t_0}\mathrm{d}\omega\right|^2}{\dfrac{1}{2\pi} \displaystyle\int_{-\infty}^{\infty} \dfrac{N_0}{2} |H(\omega)|^2\, \mathrm{d}\omega} \tag{2.38}$$

应用施瓦茨不等式，得

$$\left|\int_{-\infty}^{\infty} A(\omega) B(\omega) \mathrm{d}\omega\right|^2 \leqslant \int_{-\infty}^{\infty} |A(\omega)|^2\, \mathrm{d}\omega \cdot \int_{-\infty}^{\infty} |B(\omega)|^2\, \mathrm{d}\omega \tag{2.39}$$

要使等式成立必须满足 $A(\omega) = K B^c(\omega)$，$K$ 表示任意常数。

令

$$\begin{cases} A(\omega) = H(\omega) \\ B(\omega) = S(\omega)\mathrm{e}^{\mathrm{j}\omega t_0} \end{cases} \tag{2.40}$$

则式(2.38)可写成

$$\mathrm{SNR_o} \leqslant \frac{\dfrac{1}{4\pi^2} \displaystyle\int_{-\infty}^{\infty} |S(\omega)|^2\, \mathrm{d}\omega \cdot \int_{-\infty}^{\infty} |H(\omega)|^2\, \mathrm{d}\omega}{\dfrac{N_0}{4\pi} \displaystyle\int_{-\infty}^{\infty} |H(\omega)|^2\, \mathrm{d}\omega} = \frac{\dfrac{1}{2\pi} \displaystyle\int_{-\infty}^{\infty} |S(\omega)|^2\, \mathrm{d}\omega}{\dfrac{N_0}{2}} = \frac{2E}{N_0} \tag{2.41}$$

式中，E 表示信号能量，由帕塞瓦尔定理(时域能量等于频域能量)可知：

$$E = \int_{-\infty}^{\infty} s^2(t)\mathrm{d}t = \frac{1}{2\pi} \int_{-\infty}^{\infty} |S(\omega)|^2\, \mathrm{d}\omega \tag{2.42}$$

因此，最大信噪比 $\mathrm{SNR_{o,max}}$ 为

$$\mathrm{SNR_{o,max}} = \frac{2E}{N_0} \tag{2.43}$$

此时，

$$H(\omega) = K S^c(\omega)\mathrm{e}^{-\mathrm{j}\omega t_0} \tag{2.44}$$

根据冲击响应函数 $h(t)$ 和系统传递函数 $H(\omega)$ 的傅里叶变换关系，可得

$$
\begin{aligned}
h(t) &= \frac{1}{2\pi}\int_{-\infty}^{\infty} H(\omega)\mathrm{e}^{\mathrm{j}\omega t}\mathrm{d}\omega \\
&= \frac{1}{2\pi}\int_{-\infty}^{\infty} KS^{\mathrm{c}}(\omega)\mathrm{e}^{-\mathrm{j}\omega t_0}\mathrm{e}^{\mathrm{j}\omega t}\mathrm{d}\omega \\
&= \frac{1}{2\pi}\int_{-\infty}^{\infty} KS^{\mathrm{c}}(\omega)\mathrm{e}^{\mathrm{j}\omega(t-t_0)}\mathrm{d}\omega
\end{aligned}
\tag{2.45}
$$

对于实信号 $s(t)$，由 $S^{\mathrm{c}}(\omega)=S(-\omega)$，代入式(2.45)中，令 $\omega'=-\omega$，得

$$
\begin{aligned}
h(t) &= \frac{1}{2\pi}\int_{-\infty}^{\infty} KS(-\omega)\mathrm{e}^{-\mathrm{j}\omega(t_0-t)}\mathrm{d}\omega \\
&= \frac{1}{2\pi}\int_{-\infty}^{\infty} KS(\omega')\mathrm{e}^{\mathrm{j}\omega'(t_0-t)}\mathrm{d}\omega' \\
&= Ks(t_0-t)
\end{aligned}
\tag{2.46}
$$

一般情况下，匹配滤波器的冲击响应函数、传递函数中可以去掉常数项 K，或者直接取 $K=1$。

3. 匹配滤波器的处理增益

匹配滤波器是在输出信噪比最大准则下从白噪声中检测已知信号的最佳接收机，其输出信噪比只与输入信号能量 E 和噪声功率谱密度 N_0 相关，而与信号波形无关。如果引入输入信号平均功率：

$$
P_{\mathrm{si}} = E/T
\tag{2.47}
$$

式中，T 为信号时长，则输入噪声功率为

$$
P_{\mathrm{ni}} = W_{\mathrm{i}}N_0/2
\tag{2.48}
$$

式中，W_{i} 是噪声带宽(通常指接收机中前置滤波器的带宽)，则输入信噪比为

$$
\mathrm{SNR}_{\mathrm{i}} = \frac{P_{\mathrm{si}}}{P_{\mathrm{ni}}} = \frac{2E}{TW_{\mathrm{i}}N_0}
\tag{2.49}
$$

由式(2.43)和式(2.49)可得到匹配滤波器的增益 G 为

$$
G = \frac{\mathrm{SNR}_{\mathrm{o,max}}}{\mathrm{SNR}_{\mathrm{i}}} = TW_{\mathrm{i}}
\tag{2.50}
$$

写成分贝形式为

$$
G = 10\lg(TW_{\mathrm{i}})
\tag{2.51}
$$

这里匹配滤波器的增益与信号波形带宽无关，与噪声的带宽有关，可通过增加噪声带宽来提高增益。根据式(2.43)和式(2.49)，我们知道增加噪声带宽 W_{i} 不能

提高输出信噪比，匹配滤波器增益 G 的提高是由输入信噪比降低引起的。因此，单纯增加接收机带宽并不能从本质上提升检测性能。通常将接收机(前置滤波器)的带宽 W_i 选择为使检测信号无波形畸变的带宽，$W_i = B$，即信号带宽。此时匹配滤波器的增益为[18]

$$G = 10\lg(TB) \tag{2.52}$$

2.3　基本成像流程

1. 二维成像流程

二维成像声呐一般提供目标的水平角度、距离、强度信息，或者经过坐标变换后提供 x 坐标、y 坐标、强度信息[20]。从算法层面而言，成像声呐的二维成像流程主要包括匹配滤波、一维波束形成、强度提取、图像输出等。一般而言，二维成像流程一般只需使用直线阵、圆环阵(圆弧阵)等阵型，具有计算量低、实现简单等优点，缺点是只能提供目标场景的二维信息(如水平角度-距离成像结果)。

二维成像流程如图 2.11 所示，其可分为先匹配滤波再多波束处理、先多波束处理再匹配滤波处理这两大类。由于成像声呐一般采用常规波束形成，因此多波束处理和匹配滤波处理的顺序互换，几乎不影响成像结果。区别在于不同流程的计算量不一样。当波束数远大于阵元数时，建议采用先匹配滤波再多波束处理的流程。

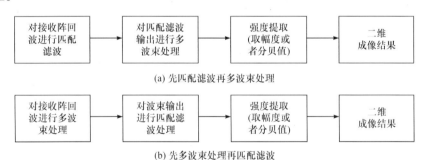

(a) 先匹配滤波再多波束处理

(b) 先多波束处理再匹配滤波

图 2.11　声呐二维成像的基本处理流程

2. 三维成像流程

三维成像提供水平角度、垂直角度、距离、强度信息，或者经过坐标变换后提供 x 坐标、y 坐标、z 坐标、强度信息[21]。与二维成像相比，三维成像流程主要在波束形成、成像结果显示等方面存在不同。在波束形成方面，三维成像需要采用二维波束形成，即水平角度和垂直角度波束形成。在成像结果显示方面，三维成像一般给出三维几何外形、三维坐标上的强度。与二维成像流程类似，三维成像也可分为先匹配滤波再多波束处理、先多波束处理再匹配滤波处理这两大类。此处仅给出先匹配滤波再多波束处理的三维成像流程，如图 2.12 所示。图 2.12(a)给出的是获得三维几何外形的流程，即使用估计的 x、y、z 坐标作为三维成像结果。图 2.12(b)给出的是获得三维散射强度分布的流程，即除了获得 x、y、z 坐标外，还获得了每个测点上的强度信息。

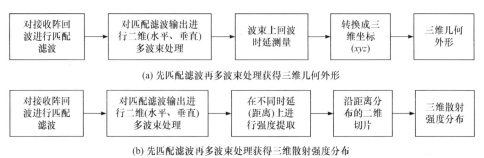

(a) 先匹配滤波再多波束处理获得三维几何外形

(b) 先匹配滤波再多波束处理获得三维散射强度分布

图 2.12   声呐三维成像基本处理流程

2.4   成像声呐基本指标

1. 分辨率

成像声呐的分辨率分为角度分辨率和距离分辨率，反映了成像声呐对邻近目标或者散射点的分辨能力。分辨率越高，成像处理得到的图像细节就越多。

成像声呐采用 DFT 处理实现多波束形成，其本质是常规波束形成，因此角度分辨率都可表示为波束宽度(beamwidth，BW)，其值由阵列孔径决定。设成像声呐的阵列孔径为 D，信号波长为 λ，角度分辨率 $\Delta\theta$ 可表示为

$$\Delta\theta = \frac{\lambda}{D} \tag{2.53}$$

类似地，在时域处理中，脉冲压缩可以用 DFT 处理实现(时域卷积处理等效于频域相乘)，其本质类似连续孔径常规波束形成。因此，使用脉冲压缩时距离分辨率由信号带宽决定。当无需脉冲压缩时(如采用 CW 脉冲信号)，距离分辨率由信号脉宽决定。由于 CW 脉冲的脉宽和带宽乘积为 1，因此可认为使用 CW 脉冲时距离分辨率依然由信号带宽决定。设信号带宽为 B，水下声速为 c，距离分辨率 Δr 可表示为

$$\Delta r = \frac{c}{2B} \tag{2.54}$$

根据式(2.53)和式(2.54)可知,增加阵列孔径 D 可提高角度分辨率,增加信号带宽 B 可提高距离分辨率。但是在实际情况中,阵列孔径和信号带宽受到尺寸、重量、成本等限制,难以增加。因此,基于现有孔径和带宽的高分辨方法一直是成像声呐在技术发展过程中的重要发展方向。

2. 旁瓣级

旁瓣级(side lobe level,SLL)主要指阵列波束图和自相关函数的旁瓣级。一般而言,阵列波束图和 LFM 脉冲信号自相关函数的旁瓣级均在–13dB 左右[1-10]。旁瓣的产生主要来自孔径或带宽截断所造成的谱泄漏。为了提高对弱目标的成像能力,需抑制波束图和自相关函数的旁瓣级。传统方法主要是采用阵列或频带加窗的方式抑制谱泄漏。旁瓣级的下降最终以主瓣展宽为代价,在提高弱目标成像能力的同时降低了分辨率,同时也会导致阵增益下降,从而提升图像中的背景噪声级。

3. 积分旁瓣比

除了分辨率和旁瓣级,积分旁瓣比(integral side lobe ratio,ISLR)也是成像声呐的重要指标之一。水下目标通常可等效为密集的散射点,因此仅利用分辨率、旁瓣级等指标无法考察成像方法在密集多散射点场景中的性能。积分旁瓣比同时从主瓣和旁瓣两个角度进行考虑,可以很好地表征密集杂波背景中的成像性能。

一般积分旁瓣比指波束图中主瓣覆盖区域面积与旁瓣覆盖区域面积之比,以分贝数表述。积分旁瓣比的表达式为[22]

$$\text{ISLR} = 20\lg \frac{\text{BP}(\theta \in \boldsymbol{\theta}_{\text{ML}})}{\text{BP}(\theta \in \boldsymbol{\theta}_{\text{SL}})} \tag{2.55}$$

式中,BP 表示归一化的波束图(波束响应取绝对值);$\boldsymbol{\theta}_{\text{ML}}$ 表示主瓣覆盖区域的角度范围;$\boldsymbol{\theta}_{\text{SL}}$ 表示旁瓣覆盖区域的角度范围。积分旁瓣比的分贝数值越大,说明波束性能越优良,所得成像结果的对比度越好。

对于距离维的成像性能,可以采用类似积分旁瓣比的定义,对自相关函数计算 ISLR,作为成像性能的考察指标。

2.5 传统声呐成像技术的不足

成像声呐主要采用波束形成和脉冲压缩(CW 脉冲一般无需使用脉冲压缩)等处理获得成像结果。因此,成像声呐的分辨率、旁瓣级、积分旁瓣比等都由阵列孔径、信号带宽决定。已有成像声呐的阵列孔径和系统带宽有限,限制了成像性能。传统声呐成像技术面临的不足主要有以下几点：

(1) 为了提高角度分辨率，需使用大孔径阵列，但这会导致阵列尺寸过大而难以安装，同时带来传感器成本的提高。类似地，为了提高距离分辨率，需使用大带宽信号，同时增大系统带宽，这会导致硬件复杂度增加、系统成本过高等问题。

(2) 为了降低成像结果中角度维旁瓣干扰，需使用阵列加窗抑制波束图旁瓣，但这会降低角度分辨率。类似地，为了降低距离维旁瓣干扰，可使用频带加窗抑制自相关函数中的旁瓣，但这会降低距离分辨率，得不偿失。

综上所述，在传统声呐成像技术体制下，高分辨、小尺寸、低成本之间是相互矛盾的，需发展基于新体制、新方法的声呐成像技术，在有限的阵列尺寸、系统带宽下，显著改善成像性能。

2.6 本 章 小 结

本章给出了成像声呐的基本理论，包括空域处理中的波束形成、时域处理中的匹配滤波，同时给出了波束形成和匹配滤波的概念与数学推导。在此基础上，给出了基本的二维成像和三维成像基本流程。这些流程均可分为先匹配滤波再多波束处理、先多波束处理再匹配滤波处理两大类。最后，本章给出了衡量成像性能的三个指标，分别是分辨率、旁瓣级、积分旁瓣比，并指出了传统声呐成像技术在成像性能方面的不足。

参 考 文 献

[1] VAN TREES H L. Optimum Array Processing: Part Ⅳ of Detection, Estimation, and Modulation Theory[M]. Hoboken: John Wiley & Sons Inc., 2002.

[2] JOSEFSSON L. Conformal Array Antenna Theory and Design[M]. Piscataway: IEEE Press, 2006.

[3] HODGES R P. Underwater Acoustics—Analysis, Design and Performance of Sonar[M]. New York: John Wiley & Sons Inc., 2010.

[4] ETTER P C. 水声建模与仿真: 第三版[M]. 蔡志明, 等, 译. 北京: 电子工业出版社, 2005.

[5] WAITE A D. 实用声纳工程: 第三版[M]. 王德石, 等, 译. 北京: 电子工业出版社, 2004.

[6] 侯自强, 李贵斌. 声呐信号处理: 原理与设备[M]. 北京: 海洋出版社. 1986.

[7] 田坦. 声呐技术[M]. 2 版. 哈尔滨: 哈尔滨工程大学出版社, 2010.

[8] 郑士杰, 袁文俊, 缪荣兴, 等. 水声计量测试技术[M]. 哈尔滨: 哈尔滨工程大学出版社, 1995.

[9] 孙超. 水下多传感器阵列信号处理[M]. 西安: 西北工业大学出版社, 2007.

[10] 刘伯胜, 雷家煜. 水声学原理[M]. 2 版. 哈尔滨: 哈尔滨工程大学出版社, 2010.

[11] 汪德昭, 尚尔昌. 水声学[M]. 2 版. 北京: 科学出版社, 2013.

[12] 鄢社锋. 优化阵列信号处理(上册): 波束优化理论与方法[M]. 北京: 科学出版社, 2018.

[13] 肖国有. 共形阵的结构形态及其特点分析[C]. 2005 年全国水声学学术会议, 中国, 武夷山, 2005: 306-308.

[14] 肖国有. 共形阵的布阵方法及可视化图形表示[C]. 2004 年全国水声学学术会议, 中国, 黄山, 2004: 110-112.

[15] 陈卓, 陈伏虎. 潜艇艇艏阵声呐发展趋势分析[J]. 声学与电子工程, 2015, (4): 49-52.

[16] 赵海潮. 体积阵波束形成[D]. 哈尔滨: 哈尔滨工程大学, 2006.

[17] 张雨强, 侯朋, 夏春艳. 圆柱形基阵指向性仿真研究[J]. 舰船科学技术, 2012, 34(12): 108-113.

[18] 梁红, 张效民. 信号检测与估值[M]. 西安: 西北工业大学出版社, 2011.

[19] 朱埜. 主动声呐检测信息原理(上册): 主动声呐信号和系统分析基础[M]. 北京: 科学出版社, 2014: 98-102.

[20] SUTTON J L. Underwater acoustic imaging[J]. Proceedings of the IEEE, 1979, 67(4): 554-566.

[21] MURINO V, TRUCCO A. Three-dimensional image generation and processing in underwater acoustic vision[J]. Proceedings of the IEEE, 2000, 88(12): 1903-1948.

[22] KIRKEBO J E, AUSTENG A. Sparse cylindrical sonar arrays[J]. IEEE journal of oceanic engineering, 2008, 33(2): 224-231.

第 3 章　MIMO 声呐成像基本原理

MIMO 声呐成像方法对发射信号的要求不同于 MIMO 声呐目标参数估计方法。MIMO 声呐目标参数估计(如到达角估计)方法仅要求发射信号满足正交性(或低互相关性)。MIMO 声呐成像方法需要对匹配滤波输出进行波束形成处理，除了低互相关性要求外，还要求发射信号的自相关函数具有相同的主瓣和足够低的旁瓣。在分辨率方面，MIMO 声呐可以等效为更大孔径的虚拟 SIMO 声呐，因此具有高于传统 SIMO 声呐的角度分辨率，但是与使用多元发射阵和多元接收阵的主动声呐相比，MIMO 声呐并无角度分辨率优势。当 MIMO 声呐使用频率分集信号时，可以通过频带合成获得高于传统声呐的距离分辨率。

本章从对发射信号波形的要求入手，介绍利用 MIMO 声呐进行水下声成像的理论基础，从理论分析的角度给出发射信号需要满足的条件，在此基础上引出虚拟阵元(虚拟发射阵元、虚拟接收阵元)坐标的解析解，并设计出多种用于二维和三维成像的 MIMO 声呐阵型。此外，分析 MIMO 声呐的角度分辨率与距离分辨率，并讨论 MIMO 声呐用于成像时的优缺点。

3.1　MIMO 声呐成像模型

3.1.1　任意阵型下的信号模型

考虑单基地声呐成像问题，假设 MIMO 声呐由 M 元发射阵和 N 元接收阵组成，且两者具有任意阵型。设第 $m(m=1,2,\cdots,M)$ 个发射阵元的坐标为 $\boldsymbol{x}_{tm}$，第 $n(n=1,2,\cdots,N)$ 个接收阵元的坐标为 $\boldsymbol{x}_{rn}$。MIMO 声呐 M 个发射阵元在一个周期内同步发射正交信号。根据相关文献可知，并非所有的正交信号都可以用于 MIMO 声呐成像方法[1-2]。为了理论推导能够顺利进行，此处先假设发射信号满足 MIMO 声呐的成像要求。这些满足成像要求的发射信号有多种，如正交多相编码信号、零相关区编码信号、混沌序列信号，以及对这些编码信号进行优化后的恒模信号等[3-7]。

以正交多相编码信号为例，其由多个子码即 CW 脉冲信号组成，这些子码的相位是[0, 2π)内的随机值。当需要使用窄带发射信号时，可以适当增加单个子码的长度；当需要使用宽带发射信号时，可以适当减少单个子码的长度。无论是窄

带还是宽带相位编码信号，MIMO 声呐中第 $m(m=1,2,\cdots,M)$ 个发射信号可表示为

$$s_m(t) = \tilde{s}_m(t)\exp(\mathrm{j}\omega_0 t) \tag{3.1}$$

式中，$\omega_0 = 2\pi f_0$ 为载波角频率；f_0 既是载波频率也是发射信号的中心频率；

$$\tilde{s}_m(t) = \sum_{l_0=1}^{L_0}\mathrm{rect}\left[\frac{t-(l_0-1)T_0}{T_0}\right]\exp(\mathrm{j}\varphi_m^{l_0}) \tag{3.2}$$

为第 m 个发射信号的复包络；L_0 为子码个数；T_0 为单个子码长度；$\varphi_m^{l_0}$ 为第 m 个发射信号中第 l_0 个子码的相位。

将远场目标建模为 P 个理想散射点。由于 MIMO 声呐采用单基地布阵方式，第 $p(p=1,2,\cdots,P)$ 个散射点到所有发射阵元和接收阵元的入射角都是相同的。采用单个波形的传统主动声呐和采用多个正交波形的 MIMO 声呐坐标示意图如图 3.1 所示。其中，θ_p 为第 p 个散射点的俯仰角，ϕ_p 为其方位角，三角形代表发射阵元，空心圆代表接收阵元。如不做特殊表示，本书都是这种方式来表示物理发射阵元和物理接收阵元。

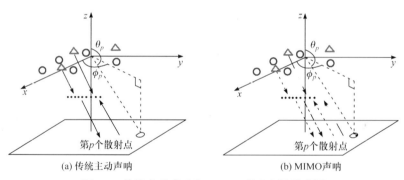

(a) 传统主动声呐   (b) MIMO 声呐

图 3.1   传统主动声呐和 MIMO 声呐坐标示意图

为简化分析，对信号模型进行合理的假设和简化：

(1) 忽略声线弯曲和传播损失(扩展损失和吸收损失)，主要考虑直达波成像；

(2) 忽略信道起伏、介质非线性作用等导致的波形畸变，回波可看作发射信号的拷贝；

(3) 成像声呐和目标相对静止，即低多普勒频移或者无多普勒频移的环境；

(4) 发射阵元和接收阵元均无指向性且不考虑障板效应；

(5) 在声呐工作频段内，散射点的散射系数保持恒定；

(6) 单个散射点的回波在所有接收阵元上是相干的；

(7) 接收阵元上的噪声为加性高斯白噪声且发射信号与噪声不相关。

根据这些假设和简化，接收阵元上的回波可以看作 M 个发射信号经过不同传播时延后的线性求和。因此，第 n 个接收阵元上的回波可表示为

$$x_n(t) = \sum_{p=1}^{P} \sigma_p \sum_{m=1}^{M} s_m(t - \tau_{tm}^p - \tau_{rn}^p) + z_n(t) \tag{3.3}$$

式中，σ_p 为第 p 个散射点的散射强度；τ_{tm}^p 为第 m 个发射阵元到第 p 个散射点的传播时延；τ_{rn}^p 为第 p 个散射点到第 n 个接收阵元的传播时延；$z_n(t)$ 为第 n 个接收阵元上的加性高斯白噪声。

在 MIMO 声呐的接收端，使用 M 个发射信号的拷贝对 N 个接收阵元上的回波分别进行匹配滤波处理，共获得 MN 个输出。当使用第 m 个发射信号的拷贝对第 n 个接收阵元上回波进行匹配滤波处理时，得到第 $[(m-1)N+n]$ 个输出，可表示为

$$y_{(m-1)N+n}(t) = x_n(t) * h_m(t) \tag{3.4}$$

式中，$*$ 表示代表卷积运算；

$$h_m(t) = \left[s_m(T-t) \right]^c \tag{3.5}$$

为与第 m 个发射信号对应的匹配滤波器的冲击响应函数；$T = L_0 T_0$ 为单个发射信号的长度。

将式(3.5)代入式(3.4)，得到

$$y_{(m-1)N+n}(t) = \left[\sum_{p=1}^{P} \sigma_p \sum_{m=1}^{M} s_m(t - \tau_{tm}^p - \tau_{rn}^p) \right] * \left[s_m(T-t) \right]^c + n(t) * \left[s_m(T-t) \right]^c \tag{3.6}$$

设发射信号与噪声不相关，得到

$$n(t) * \left[s_m(T-t) \right]^c = 0 \tag{3.7}$$

此时，式(3.6)可以重写为

$$\begin{aligned}
y_{(m-1)N+n}(t) &= \left[\sum_{p=1}^{P} \sigma_p \sum_{m=1}^{M} s_m\left(t - \tau_{tm}^p - \tau_{rn}^p\right) \right] * s_m^c\left(T-t\right) \\
&= \sum_{p=1}^{P} \sigma_p \left[s_m\left(t - \tau_{tm}^p - \tau_{rn}^p\right) * s_m^c\left(T-t\right) + \sum_{\substack{i=1 \\ i \neq m}}^{M} s_i\left(t - \tau_{ti}^p - \tau_{rn}^p\right) * s_m^c\left(T-t\right) \right]
\end{aligned} \tag{3.8}$$

根据卷积的定义，可以将式(3.8)中的卷积运算写成积分形式：

$$\begin{aligned}
y_{(m-1)N+n}(t) &= \sum_{p=1}^{P} \sigma_p \left\{ \int_{-\infty}^{+\infty} s_m\left(\tau - \tau_{tm}^p - \tau_{rn}^p\right) s_m^c\left[T-(t-\tau)\right] \mathrm{d}\tau \right. \\
&\left. + \sum_{\substack{i=1 \\ i \neq m}}^{M} \int_{-\infty}^{+\infty} s_i\left(\tau - \tau_{ti}^p - \tau_{rn}^p\right) s_m^c\left[T-(t-\tau)\right] \mathrm{d}\tau \right\}
\end{aligned} \tag{3.9}$$

已知自相关函数和互相关函数有如下的定义：

$$R_{m,m}(t) = \int_{-\infty}^{+\infty} s_m(\tau) s_m^c(\tau - t) \mathrm{d}\tau \tag{3.10}$$

$$R_{m,i}(t) = \int_{-\infty}^{+\infty} s_i(\tau) s_m^c(\tau - t) \mathrm{d}\tau \tag{3.11}$$

式中，$R_{m,m}(t)$ 为第 m 个发射信号的自相关函数；$R_{m,i}(t)$ 为第 m 个发射信号与其他发射信号之间的互相关函数。

将式(3.1)代入式(3.10)，得到

$$
\begin{aligned}
R_{m,m}(t) &= \int_{-\infty}^{+\infty} \tilde{s}_m(\tau) \exp(\mathrm{j}\omega_0\tau) s_m^c(\tau - t) \exp\left[-\mathrm{j}\omega_0(\tau - t)\right] \mathrm{d}\tau \\
&= \int_{-\infty}^{+\infty} \tilde{s}_m(\tau) \tilde{s}_m^c(\tau - t) \mathrm{d}\tau \exp(\mathrm{j}\omega_0 t) \\
&= \tilde{R}_{m,m}(t) \exp(\mathrm{j}\omega_0 t)
\end{aligned} \tag{3.12}
$$

式中，$\tilde{R}_{m,m}(t)$ 为发射信号自相关函数的复包络。

将式(3.1)代入式(3.11)，得到

$$R_{m,i}(t) = \tilde{R}_{m,i}(t) \exp(\mathrm{j}\omega_0 t) \tag{3.13}$$

式中，$\tilde{R}_{m,i}(t)$ 为发射信号互相关函数的复包络。

根据自相关函数和互相关函数表达式，式(3.9)可以直接写为

$$
\begin{aligned}
y_{(m-1)N+n}(t) &= \sum_{p=1}^{P} \sigma_p \left[R_{m,m}\left(t - \tau_{tm} - \tau_{rn} - T\right) + \sum_{\substack{i=1 \\ i \neq m}}^{M} R_{m,i}\left(t - \tau_{ti} - \tau_{rn} - T\right) \right] \\
&= \sum_{p=1}^{P} \sigma_p \left\{ \tilde{R}_{m,m}\left(t - \tau_{tm}^p - \tau_{rn}^p - T\right) \exp\left[-\mathrm{j}\omega_0\left(t - \tau_{tm}^p - \tau_{rn}^p - T\right)\right] \right. \\
&\quad \left. + \sum_{\substack{i=1 \\ i \neq m}}^{M} \tilde{R}_{m,i}\left(t - \tau_{ti}^p - \tau_{rn}^p - T\right) \exp\left[-\mathrm{j}\omega_0\left(t - \tau_{ti}^p - \tau_{rn}^p - T\right)\right] \right\}
\end{aligned} \tag{3.14}
$$

由式(3.14)可知，忽略掉回波的多普勒频移并假设发射信号与噪声不相关时，匹配滤波输出由发射信号的自相关函数项和互相关函数项组成。

对正交多相编码信号而言，当子码数量足够大(如 $L_0 \geqslant 128$)时，可以忽略掉匹配滤波输出中的互相关函数项，此时式(3.14)可简化为

$$y_{(m-1)N+n}(t) = \sum_{p=1}^{P} \sigma_p R_{m,m}\left(t - \tau_{tm}^p - \tau_{rn}^p - T\right) \tag{3.15}$$

进一步分析可知，正交多相编码信号的自相关函数主瓣本质上是子码(CW

脉冲信号)的自相关函数。由于这些 CW 脉冲信号子码具有相同的脉宽 T_0 和中心频率 f_0，因此正交多相编码信号的自相关函数都具有相同的主瓣。同时，当子码数量足够大时，自相关函数的旁瓣被抑制到很低的水平，与主瓣峰值相比可以忽略不计。

以子码个数 $L_0 = 256$ 的两个同频带多相编码信号为例，其相关函数包络如图 3.2 所示。其中，ACF1 为信号 1 的自相关函数包络，ACF2 为信号 2 的自相关函数包络，CCF 为两者的互相关函数包络。为了显示清晰，同时给出了整体图和局部放大图。ACF1、ACF2 和 CCF 均以 ACF1 的最大值为分母进行归一化。

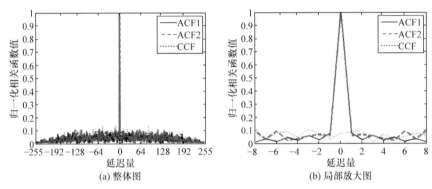

图 3.2　子码个数均为 256 的两个同频带多相编码信号的自相关函数和互相关函数包络

由图 3.2 可知，2 个多相编码信号的自相关函数主瓣包络相互重合，且旁瓣处于很低的水平。两者的互相关函数也远低于自相关函数的主瓣峰值。据此，可以忽略掉互相关函数和自相关函数的旁瓣，并认为自相关函数都具有相同的"图钉"形状。因此可以用相同的自相关函数 $R_0(t)$ 来代替 $R_{m,m}(t)$，得到

$$y_{(m-1)N+n}(t) = \sum_{p=1}^{P} \sigma_p R_0 \left(t - \tau_{tm}^p - \tau_{rn}^p - T \right) \tag{3.16}$$

对这 MN 个匹配滤波输出进行波束形成，调节阵列指向使得目标区域被多个窄波束覆盖。提取波束输出的强度或者计算波束内的回波时延，将所获得的强度或时延转换为目标的二维或三维像，即可完成成像处理。

3.1.2　对发射信号的要求

对比式(3.14)和式(3.16)可知，为了获得期望的成像效果，要求 MIMO 声呐的匹配滤波输出可简化为相同的自相关函数项。然而，并不是所有的正交信号都能满足这一要求。以 MIMO 声呐目标参数估计常用的频率分集(frequency diversity,

FD)信号(如 FD-CW 脉冲信号、FD-LFM 脉冲信号)为例,虽然其互相关函数处于很低的水平,但是自相关函数具有不同的载频,导致匹配滤波输出具有不同的载频,不能将匹配滤波输出直接输入波束形成器进行相干求和。

综合以上分析,MIMO 声呐成像处理对发射信号的要求如下。

(1) 为了获得式(3.14)~式(3.16)的简化效果(匹配滤波输出可以进行相干求和),不但要求 MIMO 声呐发射信号具有低互相关函数,也要求自相关函数具有相同的主瓣和很低的旁瓣。此时 MN 个匹配滤波输出可以进行波束形成处理,获得大孔径虚拟 SIMO 声呐类似的角度分辨率(这将在 3.2 节和第 4 章进行详细讨论)。与 MIMO 声呐目标参数估计中仅仅要求发射信号具有低互相关性相比,MIMO 声呐成像处理对发射信号的要求更高。

(2) 当使用 MIMO 声呐进行带宽合成以提高距离分辨率时,要求发射信号具有低互相关函数,同时要求自相关函数具有不同的频带范围,以便进行带宽合成(此时需要减小频带间隔以抑制谱泄漏造成的距离维高旁瓣)。例如,FD-LFM 脉冲信号可以合成更大带宽的信号,提高成像声呐的距离分辨率(此时角度分辨率与布阵相关)。这将在 3.3.2 小节和第 5 章进行详细叙述。

3.2 虚拟阵元和虚拟阵列

3.2.1 虚拟阵元坐标解析解

式(3.16)中,对第 p 个散射点的回波而言,MIMO 声呐上 MN 个匹配滤波输出可看作自相关函数 $R_0(t)$ 经过 MN 个不同时延通道后的结果,其中第 $[(m-1)N+n]$ 个匹配滤波输出通道的时延为

$$\tau_{(m-1)N+n}^p = \tau_{tm}^p + \tau_{rn}^p + T \tag{3.17}$$

式(3.17)的时延表达式可同时满足于远场和近场。一般而言,声呐成像在远场条件下进行,因此远场条件下的时延表达式为

$$\begin{aligned}\tau_{(m-1)N+n}^p &= 2\tau_0^p + T + (\tau_{tm}^p - \tau_0^p) + (\tau_{rn}^p - \tau_0^p) \\ &= 2\tau_0^p + T + \boldsymbol{u}_p^{\mathrm{T}}(\boldsymbol{x}_{tm} + \boldsymbol{x}_{rn})/c\end{aligned} \tag{3.18}$$

式中, τ_0^p 为坐标原点到第 p 个散射点的时延; $\boldsymbol{u}_p^{\mathrm{T}} = [\sin\theta_p\cos\phi_p, \sin\theta_p\sin\phi_p, \cos\theta_p]^{\mathrm{T}}$; c 为水下声波的传播速度。

假设存在由 1 个发射阵元和 MN 个接收阵元组成的 SIMO 声呐,其发射信号与 MIMO 声呐中某个发射阵元上的信号相同。为了获得良好的距离分辨效果,

对该 SIMO 声呐的回波进行匹配滤波(脉冲压缩)处理。由于只使用单个波形,因此该 SIMO 声呐的匹配滤波输出只含有自相关函数项,且该 SIMO 声呐发射信号的自相关函数也可表示为 $R_0(t)$。对远场中的第 p 个理想散射点而言,与该 SIMO 声呐中第 $[(m-1)N+n]$ 个接收阵元对应的匹配滤波输出时延为

$$\tau^p_{(m-1)N+n} = 2\tau^p_0 + T + \boldsymbol{u}^{\mathrm{T}}_p \boldsymbol{x}_{(m-1)N+n} / c \tag{3.19}$$

其中,$\boldsymbol{x}_{(m-1)N+n}$ 表示该 SIMO 声呐中第 $[(m-1)N+n]$ 个接收阵元坐标。

通过对比 MIMO 和 SIMO 声呐匹配滤波输出及各自的时延表达式,可以得到以下结果。

(1) M 发 N 收 MIMO 声呐的 MN 个匹配滤波输出与 1 发 MN 收 SIMO 声呐的匹配滤波输出,都可以表示为自相关函数 $R_0(t)$ 经过 MN 个时延通道后的结果,两者具有相同的输出。据此可知,经过匹配滤波处理,M 发 N 收的 MIMO 声呐可等效为 1 发 MN 收的虚拟 SIMO 声呐。

(2) 对比式(3.18)和式(3.19),可以获得虚拟阵元坐标的解析解。虚拟发射阵元位于坐标原点,虚拟接收阵元的坐标等于一对物理发射阵元与物理接收阵元的坐标之和。

令 $\boldsymbol{x}^{\mathrm{t}}$ 为虚拟发射阵元坐标,$\boldsymbol{x}^{\mathrm{r}}_{(m-1)N+n}$ 为虚拟接收阵元坐标,其表达式为

$$\begin{cases} \boldsymbol{x}^{\mathrm{t}} = \boldsymbol{0} \\ \boldsymbol{x}^{\mathrm{r}}_{(m-1)N+n} = \boldsymbol{x}_{\mathrm{t}m} + \boldsymbol{x}_{\mathrm{r}n} \end{cases} \tag{3.20}$$

其中,$\boldsymbol{0}$ 表示原点坐标。需指出的是,式(3.20)仅在远场工作环境下有效。当 MIMO 声呐在近场工作时,从式(3.17)到式(3.20)的近似不再成立。

MIMO 声呐虚拟阵元的获取流程如图 3.3 所示,其中十字标志为虚拟接收阵元。从图 3.3 可知,N 元接收阵上的回波经过匹配滤波处理后,获得了 MN 个匹配滤波输出(MF)。这 MN 个匹配滤波输出对应着 MN 个虚拟阵元。进一步分析可

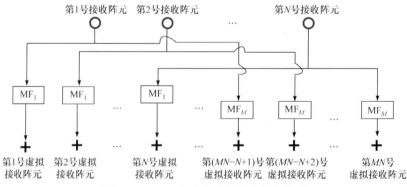

图 3.3　MIMO 声呐中虚拟阵元获取流程

知，这 MN 个匹配滤波输出可以分为 M 组，每组 N 个输出由 1 个发射信号的拷贝对 N 元接收阵回波进行匹配滤波得到。

根据虚拟阵元的坐标解析表达式可知，与 SIMO 声呐相比，MIMO 声呐可以节省大量阵元。节省的阵元数目 N_{saved} 可表示为

$$N_{\text{saved}} = MN + 1 - M - N \tag{3.21}$$

3.2.2　二维成像中的阵列设计

二维成像声呐多是使用直线阵对目标区域进行斜视成像(如侧扫成像和扇扫成像等)[8]。此外，利用具有空间三维分辨能力的矩形阵、柱面阵进行下视或正视成像，也可获得目标在二维方位维上分布的散射强度图，不过此种成像方式使用的阵列与三维成像相同。因此，将对该种成像方式的阵列设计归类于三维成像阵列设计。在本小节，主要讨论使用直线阵进行二维成像时 MIMO 声呐的阵型设计。

设发射阵列和接收阵列都为 ULA。当发射 ULA 和接收 ULA 共线时，其虚拟阵列也为直线阵且与发射 ULA 和接收 ULA 共线。不同的发射 ULA 和接收 ULA 将产生不同的虚拟直线阵。由于二维成像通常要使用接收 ULA，为了不失一般性，此处也将虚拟接收阵列设为 ULA。这需要虚拟接收阵列满足两点：①所有虚拟接收阵元相互分开；②虚拟接收阵元之间的间距相等。

设发射 ULA 的阵元间距为 d_t，接收 ULA 的阵元间距为 d_r。在二维坐标系上，第 m 个发射阵元的坐标可表示为 $\{[(m-1)-(M-1)/2]d_t,0\}^T$，第 n 个接收阵元的坐标为 $\{[(n-1)-(N-1)/2]d_r,0\}^T$。要使虚拟接收阵为 ULA，需要保证虚拟阵元的间距相等，即满足

$$\begin{aligned} \boldsymbol{x}_{r2} - \boldsymbol{x}_{r1} &= \left(\boldsymbol{x}_{t2} + \boldsymbol{x}_{r1}\right) - \left(\boldsymbol{x}_{t1} + \boldsymbol{x}_{rN}\right) \\ &= \left(\boldsymbol{x}_{t2} - \boldsymbol{x}_{t1}\right) + \left(\boldsymbol{x}_{r1} - \boldsymbol{x}_{rN}\right) \end{aligned} \tag{3.22}$$

将发射阵元坐标和接收阵元坐标代入式(3.22)，得到 $d_r = d_t + (1-N)d_r$。经过进一步推导，可知此时发射阵元和接收阵元间距满足：

$$d_t = N d_r \tag{3.23}$$

式(3.23)表明，当发射阵元间距等于接收阵元间距乘以接收阵元个数时，对应的虚拟阵列为 ULA。即 M 发 N 收的 MIMO 声呐等效于 1 发 MN 收的虚拟 ULA，且虚拟阵元间距为 d_r。图 3.4 给出了 4 发 3 收的 MIMO 声呐及虚拟 SIMO 声呐的示意图，其中空心矩形代表虚拟发射阵元，十字标志代表虚拟接收阵元。如不做特殊说明，本书都是如此表示虚拟发射阵元和虚拟接收阵元。

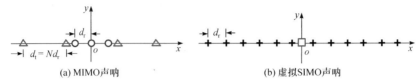

图 3.4   MIMO 声呐及与其等效的虚拟 SIMO 声呐示意图

图 3.4 中，4 发 3 收的 MIMO 声呐可等效为 1 发 12 收的虚拟 SIMO 声呐(接收阵为间距为 d_r 的 12 元 ULA)。此时，虚拟 SIMO 声呐的孔径等于 MIMO 声呐的发射与接收联合孔径，均为 $11d_r$。虚拟 SIMO 声呐的尺寸为 $11d_r$，而 MIMO 声呐的尺寸为 $9d_r$，这说明 MIMO 声呐可以使用更小的尺寸获得更大的孔径。

3.2.3   三维成像中的阵列设计

本小节利用式(3.20)设计多种可用于三维成像的 MIMO 声呐，并获得类似于传统三维成像声呐的角度分辨率[1,9]。由于仅有一个虚拟发射阵元且位于坐标原点，因此以下的虚拟阵列中仅标出虚拟接收阵元的位置。

1. 合成虚拟矩形平面阵

三维成像声呐通常使用矩形平面阵，这不但会导致三维成像声呐成本过高，也会导致系统尺寸和体积过大、系统重量过重。使用十字型 MIMO 声呐，可以获得等效的虚拟矩形平面阵，大大减少阵元个数，简化硬件复杂程度，从而降低三维成像声呐的成本、体积和重量。十字型 MIMO 声呐及与其等效的虚拟矩形平面阵如图 3.5 所示。

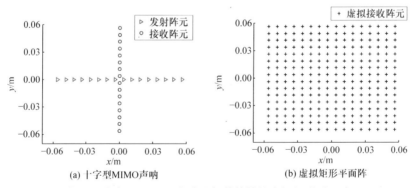

图 3.5   十字型 MIMO 声呐及与其等效的虚拟矩形平面阵

图 3.5 中，32 元 MIMO 声呐可等效为 1 发 256 收(发射阵元位于坐标原点)的矩形平面阵。与矩形平面阵相比，MIMO 声呐明显节省了阵元个数。除了图 3.5 中的十字阵型，具有类似垂直结构的 T 型阵和 L 型阵也可以等效于矩形平面阵。

此外，使用两个矩形阵也可以合成具有更多阵元的虚拟矩形平面阵，本小节不再做一一介绍。

由两条相互垂直的 ULA 组成的 MIMO 声呐所合成的虚拟矩形平面阵，其沿着 x 轴和 y 轴的阵列尺寸等于 MIMO 声呐的尺寸。若是想提高成像分辨率，仍不可避免地要扩大阵列尺寸(假设系统工作频率不变)。为了克服这一缺点，可以使用呈口字型布阵的 MIMO 声呐，简称口字型 MIMO 声呐。口字型 MIMO 声呐的发射阵和接收阵均由两条相互平行的 ULA 组成，且分别位于矩形的两条边上，如图 3.6(a)所示。

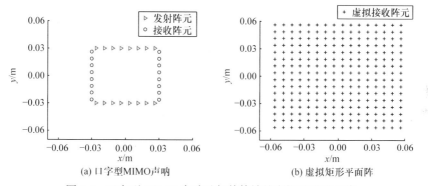

(a) 口字型MIMO声呐   (b) 虚拟矩形平面阵

图 3.6　口字型 MIMO 声呐及与其等效的虚拟矩形平面阵

与口字型 MIMO 声呐等效的虚拟矩形平面阵沿着 x 轴和 y 轴的尺寸为原 MIMO 声呐的 2 倍(口字型 MIMO 声呐的三维成像能力将在 4.3 节详述)。在获得相同的虚拟矩形平面阵的前提下，口字型 MIMO 声呐的物理尺寸约为十字型 MIMO 声呐的一半。这说明口字型 MIMO 声呐不但可以节省阵元个数，而且可以缩小成像阵列的物理尺寸。这一点对于安装在内部空间有限的水下平台上的成像声呐而言，尤为重要。

2. 合成虚拟柱面阵

矩形平面阵的边缘波束角度分辨率低于中央波束角度分辨率。另外，在成像应用中，有的时候需要在某个维度上获得等角度分辨的效果。此时，使用柱面阵是可行的选择，但是使用柱面阵必然会带来阵元个数过多、阵元在柱面上难以精确布置的问题。使用一条 ULA 和一条弧形阵，可以合成虚拟柱面阵。不但可以节省阵元个数，而且将阵元布置的工艺大大简化。此外，实际成像中使用柱面阵所导致的障板效应很明显，阵列重量也处于较重的水平，而 MIMO 声呐仅需两条支架，其障板效应更小，对应的声基阵也更加轻便。由一条 ULA 和一条弧形阵组成的 MIMO 声呐及与其等效的虚拟柱面阵如图 3.7 所示。

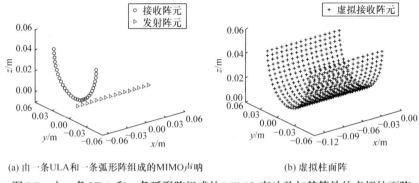

(a) 由一条ULA和一条弧形阵组成的MIMO声呐　　　　　(b) 虚拟柱面阵

图 3.7　由一条 ULA 和一条弧形阵组成的 MIMO 声呐及与其等效的虚拟柱面阵

图 3.7 所给出的并不是 ULA 和弧形阵的唯一组合方式,两者相对位置可以变化。为了保证所合成的虚拟阵列为柱面阵,要求 ULA 垂直于弧形阵所在的平面。与图 3.7(a)中的 MIMO 声呐相比,由一条 ULA 和两条弧形阵组成的 MIMO 声呐可以在获得相同虚拟柱面阵的同时缩小阵列的物理尺寸,对应的阵列结构如图 3.8 所示。

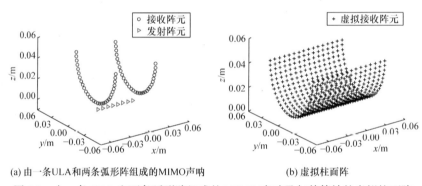

(a) 由一条ULA和两条弧形阵组成的MIMO声呐　　　　　(b) 虚拟柱面阵

图 3.8　由一条 ULA 和两条弧形阵组成的 MIMO 声呐及与其等效的虚拟柱面阵

为了直观地说明阵列尺寸的缩小效应,将具有相同虚拟柱面阵的两种 MIMO 声呐[分别见图 3.7(a)和图 3.8(a)]的物理尺寸示于图 3.9。图 3.9 中,弧形阵都具有相同的物理尺寸,但是图 3.9(a)中物理尺寸是图 3.9(b)中物理尺寸的 2 倍,即后者具有更小的物理尺寸。

除了使用弧形阵和 ULA 的组合方式,也可以使用圆环阵和 ULA 组成 MIMO 声呐,只需要将图 3.7(a)和图 3.8(a)中的弧形阵改为圆环阵并保证 ULA 垂直于圆环阵所在的平面即可。此时的虚拟阵列为全柱面阵,此处不再赘述。

3. 合成虚拟类球面阵

若要在二维方位维上获得等角度分辨的效果,使用球面阵是可行方案之一,

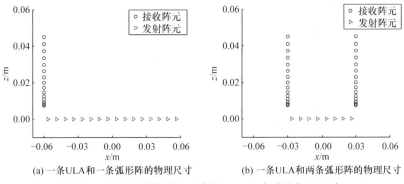

(a) 一条ULA和一条弧形阵的物理尺寸　　(b) 一条ULA和两条弧形阵的物理尺寸

图 3.9 具有相同虚拟柱面阵的 MIMO 声呐的物理尺寸

但球面阵庞大的阵元数目会导致系统成本过高。此外，由于所有阵元都是布置在球面上，庞大数目阵元的精确安装也是一大挑战。作为球面阵的替换，由两条弧形阵组成的 MIMO 声呐可以获得类似球面阵的虚拟阵列。如此，不但阵元个数显著减少，加工工艺的复杂度也大为降低。该型 MIMO 声呐及与其等效的虚拟类球面阵如图 3.10 所示。

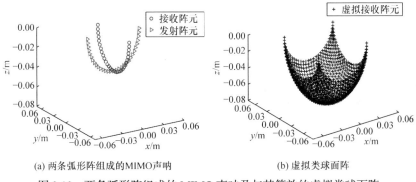

(a) 两条弧形阵组成的MIMO声呐　　(b) 虚拟类球面阵

图 3.10 两条弧形阵组成的 MIMO 声呐及与其等效的虚拟类球面阵

图 3.10(a)中，发射弧形阵和接收弧形阵互为拷贝(具有相同的阵列参数)，且两者在 xoy 平面上的投影是相互垂直的。对比图 3.10(a)和图 3.10(b)中阵列沿着 z 轴的物理尺寸可知，虚拟类球面阵沿着 z 轴的物理尺寸是 MIMO 声呐沿着 z 轴物理尺寸的 2 倍。这说明由两条弧形阵组成的 MIMO 声呐也可以缩小阵列尺寸。

3.3　MIMO 声呐角度分辨率和距离分辨率

3.3.1　MIMO 声呐角度分辨率

与使用相同阵元个数或相同阵列尺寸的 SIMO 声呐相比，MIMO 声呐具有更高的角度分辨率。当传统主动声呐的阵列结构与 MIMO 声呐相同时，MIMO 声呐并无角度分辨率优势。本小节以 MIMO 声呐与传统主动声呐的根本差异(发射波形是正交还是相干)为出发点，在 MIMO 声呐和传统主动声呐共用发射阵列与接收阵列的前提下，证明两者具有相同的远场波束图和近场波束图，即具有相同的角度分辨率[10]。

1. 波束图一致性的推导

考虑具有任意阵型结构的 M 发 N 收主动声呐。当 M 个发射阵元同时发射正交信号时，该声呐为 MIMO 声呐；当 M 个发射阵元同时发射相干信号时，该声呐则为传统主动声呐。设目标为单个理想散射点，其散射强度为 1。目标的三维坐标向量 r_0 可表示为

$$r_0 = r_0 \left[\sin\theta_0\cos\phi_0, \sin\theta_0\sin\phi_0, \cos\theta_0\right]^{\mathrm{T}} \tag{3.24}$$

式中，r_0 为目标到坐标原点之间的距离；θ_0 为目标的俯仰角；ϕ_0 为目标的方位角。在 r_0 足够大的前提下，目标位于阵列的远场区域。反之，当 r_0 足够小时，目标位于阵列的近场区域。该型阵列的三维坐标系统如图 3.11 所示。

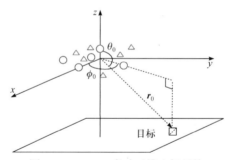

图 3.11　MIMO 声呐三维坐标系统

设发射阵到目标的导向矢量为 $M\times1$ 维列向量 $a_t(r_0)$，接收阵到目标的导向矢量为 $N\times1$ 维列向量 $a_r(r_0)$。由于近场表达式包含了远场表达式，因此将发射导向矢量和接收导向矢量写成近场的表达方式，即

$$\begin{cases} a_t(r_0) = \exp\left[-j\omega_0\left(\tau_{t1}^0, \tau_{t2}^0, \cdots, \tau_{tM}^0\right)\right]^{\mathrm{T}} \\ a_r(r_0) = \exp\left[-j\omega_0\left(\tau_{r1}^0, \tau_{r2}^0, \cdots, \tau_{rN}^0\right)\right]^{\mathrm{T}} \end{cases} \tag{3.25}$$

式中，τ_{tm}^0 表示第 m 个发射阵元到目标的时间延迟，$m = 1, 2, \cdots, M$；τ_{rn}^0 表示目标到第 n 个接收阵元的时间延迟，$n = 1, 2, \cdots, N$。

设 M 个发射阵元发射的信号均为功率相等的窄带脉冲。离散化后，每个发射

脉冲为 L 个点值，则 M 个发射阵元上的信号可表示为 $M \times L$ 维的矩阵 S_0。在发射之前，使用 $a_t^c(r_0)$ 对发射信号 S_0 进行加权。设经过发射加权后的发射信号为 S，仍是 $M \times L$ 维的矩阵且可以表示为

$$S = \left[a_t^c(r_0) I^T \right] \odot S_0 \tag{3.26}$$

式中，I 表示元素均为 1 的 $L \times 1$ 维列向量；$\odot$ 表示阿达马(Hadamard)积。在窄带信号模型下，忽略掉传播损失、多普勒频移和非线性作用后，接收阵上的回波可表示为

$$X = a_r(r_0) a_t^T(r_0) S \tag{3.27}$$

利用经过发射加权后的发射信号 S 对回波 X 进行匹配滤波处理，得到

$$\begin{aligned} Y &= XS^H \\ &= a_r(r_0) a_t^T(r_0) SS^H \end{aligned} \tag{3.28}$$

根据式(3.28)，可以得到

$$SS^H = \left\{ \left[a_t^c(r_0) I^T \right] \odot S_0 \right\} \left\{ \left[a_t^c(r_0) I^T \right] \odot S_0 \right\}^H \tag{3.29}$$

根据 Hadamard 积的性质，式(3.29)可以进一步改写为

$$\begin{aligned} SS^H &= \left\{ \left[a_t^c(r_0) I^T \right] \odot S_0 \right\} \left\{ \left[a_t^c(r_0) I^T \right]^H \odot S_0^H \right\} \\ &= \left\{ \left[a_t^c(r_0) I^T \right] \left[a_t^c(r_0) I^T \right]^H \right\} \odot \left(S_0 S_0^H \right) \\ &= L \left[a_t^c(r_0) a_t^T(r_0) \right] \odot \left(S_0 S_0^H \right) \end{aligned} \tag{3.30}$$

将式(3.30)代入式(3.28)，得到

$$\begin{aligned} Y &= a_r(r_0) a_t^T(r_0) L \left[a_t^c(r_0) a_t^T(r_0) \right] \odot \left(S_0 S_0^H \right) \\ &= L^2 a_r(r_0) a_t^T(r_0) \left[a_t^c(r_0) a_t^T(r_0) \right] \odot R_{S_0} \end{aligned} \tag{3.31}$$

其中，

$$R_{S_0} = \frac{1}{L} S_0 S_0^H \tag{3.32}$$

为原始发射信号 S_0 的协方差矩阵。

如前所述，当 M 个发射阵元发射正交信号时，该声呐为 MIMO 声呐，此时可以得到 R_{S_0} 为 $M \times M$ 维的单位矩阵 $I_{M \times M}$。MIMO 声呐的匹配滤波输出 Y_{MIMO} 可表示为

$$Y_{\mathrm{MIMO}} = L^2 a_{\mathrm{r}}(r_0) a_{\mathrm{t}}^{\mathrm{T}}(r_0) \left[a_{\mathrm{t}}^{\mathrm{c}}(r_0) a_{\mathrm{t}}^{\mathrm{T}}(r_0) \right] \odot I_{M \times M}$$

$$= L^2 a_{\mathrm{r}}(r_0) a_{\mathrm{t}}^{\mathrm{T}}(r_0) \tag{3.33}$$

当 M 个发射阵元发射相干信号时，该声呐为传统主动声呐，此时可以得到 R_{S_0} 为元素均是 1 的 $M \times M$ 维矩阵 $I_{M \times M}$。传统主动声呐的匹配滤波输出 Y_{phased} 可表示为

$$Y_{\mathrm{phased}} = L^2 a_{\mathrm{r}}(r_0) a_{\mathrm{t}}^{\mathrm{T}}(r_0) \left[a_{\mathrm{t}}^{\mathrm{c}}(r_0) a_{\mathrm{t}}^{\mathrm{T}}(r_0) \right] \odot I_{M \times M}$$

$$= L^2 a_{\mathrm{r}}(r_0) a_{\mathrm{t}}^{\mathrm{T}}(r_0) \left[a_{\mathrm{t}}^{\mathrm{c}}(r_0) a_{\mathrm{t}}^{\mathrm{T}}(r_0) \right]$$

$$= L^2 M a_{\mathrm{r}}(r_0) a_{\mathrm{t}}^{\mathrm{T}}(r_0) \tag{3.34}$$

对比式(3.33)和式(3.34)可以看出，传统主动声呐的匹配滤波输出 Y_{phased} 的表达式比 MIMO 声呐的匹配滤波输出 Y_{MIMO} 的表达式多了 M 这一项。这说明在阵元信号发射功率相等且都对回波进行匹配滤波的前提下，MIMO 声呐在目标方向上的回波幅度等于传统主动声呐所得回波幅度的 $1/M$。由于 M 为发射阵元个数，显然可知，传统主动声呐可获得发射阵增益，MIMO 声呐存在发射阵增益损失。

将式(3.33)和式(3.34)中的常系数项忽略，并对剩余项($N \times M$ 维矩阵)进行按列拉直，可以得到 MIMO 声呐和传统主动声呐的导向矢量。用 a_{MIMO} 和 a_{phased} 来分别表示 MIMO 声呐和传统主动声呐的导向矢量，其均为 $MN \times 1$ 维的列向量且可以表示为

$$a_{\mathrm{MIMO}} = a_{\mathrm{phased}} = \mathrm{vec} \left[a_{\mathrm{r}}(r_0) a_{\mathrm{t}}^{\mathrm{T}}(r_0) \right] \tag{3.35}$$

式(3.35)可以表示成导向矢量克罗内克(Kronecker)积的形式：

$$a_{\mathrm{MIMO}} = a_{\mathrm{phased}} = a_{\mathrm{t}}(r_0) \otimes a_{\mathrm{r}}(r_0) \tag{3.36}$$

其中，$\otimes$ 表示 Kronecker 积。由式(3.36)可知，MIMO 声呐和传统主动声呐的导向矢量均可表示为发射导向矢量与接收导向矢量的 Kronecker 积。在共用发射阵列与接收阵列的前提下，两者的导向矢量是相同的。

根据阵列波束图的定义及式(3.36)的导向矢量表达式，MIMO 声呐的波束图 $B_{\mathrm{MIMO}}(r;r_0)$ 可以直接写为

$$B_{\mathrm{MIMO}}(r;r_0) = \left[a_{\mathrm{t}}(r_0) \otimes a_{\mathrm{r}}(r_0) \right]^{\mathrm{H}} \left[a_{\mathrm{t}}(r) \otimes a_{\mathrm{r}}(r) \right] \tag{3.37}$$

式中，

$$r = r \left[\sin\theta \cos\phi, \sin\theta \sin\phi, \cos\theta \right]^{\mathrm{T}} \tag{3.38}$$

是同时适用于远场和近场的空间扫描向量；θ 和 ϕ 分别是与扫描向量对应的俯仰角和方位角；$a_{\mathrm{t}}(r)$ 是发射阵列的扫描导向矢量；$a_{\mathrm{r}}(r)$ 是接收阵列的扫描导向矢量。

利用 Kronecker 积的性质对式(3.37)进行推导，可以得到

$$
\begin{aligned}
B_{\mathrm{MIMO}}(\boldsymbol{r};\boldsymbol{r}_0) &= \left[\boldsymbol{a}_{\mathrm{t}}^{\mathrm{H}}(\boldsymbol{r}_0)\otimes\boldsymbol{a}_{\mathrm{r}}^{\mathrm{H}}(\boldsymbol{r}_0)\right]\left[\boldsymbol{a}_{\mathrm{t}}(\boldsymbol{r})\otimes\boldsymbol{a}_{\mathrm{r}}(\boldsymbol{r})\right] \\
&= \left[\boldsymbol{a}_{\mathrm{t}}^{\mathrm{H}}(\boldsymbol{r}_0)\boldsymbol{a}_{\mathrm{t}}(\boldsymbol{r})\right]\otimes\left[\boldsymbol{a}_{\mathrm{r}}^{\mathrm{H}}(\boldsymbol{r}_0)\boldsymbol{a}_{\mathrm{r}}(\boldsymbol{r})\right] \\
&= \underbrace{\left[\boldsymbol{a}_{\mathrm{t}}^{\mathrm{H}}(\boldsymbol{r}_0)\boldsymbol{a}_{\mathrm{t}}(\boldsymbol{r})\right]}_{B_{\mathrm{t}}(\boldsymbol{r};\boldsymbol{r}_0)}\underbrace{\left[\boldsymbol{a}_{\mathrm{r}}^{\mathrm{H}}(\boldsymbol{r}_0)\boldsymbol{a}_{\mathrm{r}}(\boldsymbol{r})\right]}_{B_{\mathrm{r}}(\boldsymbol{r};\boldsymbol{r}_0)} \\
&= B_{\mathrm{phased}}(\boldsymbol{r};\boldsymbol{r}_0)
\end{aligned} \tag{3.39}
$$

根据式(3.39)可知，MIMO 声呐的波束图 $B_{\mathrm{MIMO}}(\boldsymbol{r};\boldsymbol{r}_0)$ 可以表示为传统主动声呐的发射波束图 $B_{\mathrm{t}}(\boldsymbol{r};\boldsymbol{r}_0)$ 与接收波束图 $B_{\mathrm{r}}(\boldsymbol{r};\boldsymbol{r}_0)$ 的乘积。由于目标向量 $\boldsymbol{r}_0$ 和空间扫描向量 $\boldsymbol{r}$ 既可表示远场环境也可表示近场环境，因此式(3.39)的结论同时适用于远场环境和近场环境。由此可知，当共用发射阵列和接收阵列时，MIMO 声呐和传统主动声呐不但具有相同的远场波束图，也具有相同的近场波束图。必须注意的是，虽然 MIMO 声呐的波束图可以表示为主动声呐的发射波束图和接收波束图的乘积，但这并不表明 MIMO 声呐的发射波束图是有指向性的。由于使用正交发射信号，MIMO 声呐的声能量无法集中在某个角度上，其发射波束图是无指向性的；而传统主动声呐使用的是相干信号，其发射波束图 $B_{\mathrm{t}}(\boldsymbol{r};\boldsymbol{r}_0)$ 是有指向性的。

将式(3.25)的阵列导向矢量代入式(3.39)的波束图表达式，分别推导阵列的远场波束图和近场波束图表达式，仍可以得到与式(3.39)相同的结论。

当阵列在远场工作环境下，可以忽略距离项 r 和 r_0 对回波时延差的影响。此时，第 m 个发射阵元和第 n 个接收阵元到目标与波束扫描点的时延可表示为

$$
\begin{cases}
\tau_{\mathrm{t}m}^0 = \boldsymbol{x}_{\mathrm{t}m}^{\mathrm{T}}\boldsymbol{r}_0 / (r_0 c) \\
\tau_{\mathrm{t}m} = \boldsymbol{x}_{\mathrm{t}m}^{\mathrm{T}}\boldsymbol{r} / (rc) \\
\tau_{\mathrm{r}n}^0 = \boldsymbol{x}_{\mathrm{r}n}^{\mathrm{T}}\boldsymbol{r}_0 / (r_0 c) \\
\tau_{\mathrm{r}n} = \boldsymbol{x}_{\mathrm{r}n}^{\mathrm{T}}\boldsymbol{r} / (rc)
\end{cases} \tag{3.40}
$$

式中，$\boldsymbol{x}_{\mathrm{t}m}$ 和 $\boldsymbol{x}_{\mathrm{r}n}$ 分别为第 m 个发射阵元和第 n 个接收阵元的坐标；$\tau_{\mathrm{t}m}$ 为第 m 个发射阵元到波束扫描点的时延；$\tau_{\mathrm{r}n}$ 为波束扫描点到第 n 个接收阵元的时延；c 为信号在介质中的传播速度。此时，MIMO 声呐的波束图可表示为

$$
\begin{aligned}
B_{\mathrm{MIMO}}(\boldsymbol{r};\boldsymbol{r}_0) &= \sum_{m=1}^{M}\sum_{n=1}^{N}\exp\left[\mathrm{j}\omega_0\underbrace{(\boldsymbol{x}_{\mathrm{t}m}+\boldsymbol{x}_{\mathrm{r}n})}_{\text{虚拟接收阵元}}^{\mathrm{T}}(\boldsymbol{r}_0/r_0-\boldsymbol{r}/r)/c\right] \\
&= \underbrace{\sum_{m=1}^{M}\exp\left[\mathrm{j}\omega_0\boldsymbol{x}_{\mathrm{t}m}^{\mathrm{T}}(\boldsymbol{r}_0/r_0-\boldsymbol{r}/r)/c\right]}_{B_{\mathrm{t}}(\boldsymbol{r};\boldsymbol{r}_0)}\underbrace{\sum_{n=1}^{N}\exp\left[\mathrm{j}\omega_0\boldsymbol{x}_{\mathrm{r}n}^{\mathrm{T}}(\boldsymbol{r}_0/r_0-\boldsymbol{r}/r)/c\right]}_{B_{\mathrm{r}}(\boldsymbol{r};\boldsymbol{r}_0)} \\
&= B_{\mathrm{phased}}(\boldsymbol{r};\boldsymbol{r}_0)
\end{aligned}
$$

$$
\tag{3.41}
$$

由式(3.41)可知，远场情况下，MIMO 声呐与传统主动声呐具有相同的波束图，且该波束图与虚拟 SIMO 声呐的波束图是相同的。由于 MIMO 声呐和传统主动声呐的波束图都等于虚拟阵列的波束图，因此利用虚拟阵元或虚拟孔径扩展来说明 MIMO 声呐具有更优角度分辨率的观点并不恰当。事实上，无论是使用独立波形还是相干波形，只要是使用多元发射阵和多元接收阵，都会获得接收端孔径扩展的效果，此时的阵列分辨率为发射与接收联合分辨率。

当阵列在近场工作环境下，同一个角度上不同距离的扫描点到各阵元的时延差不再是固定值。因此，需要补偿扫描点到所有阵元的相移或时延。第 m 个发射阵元和第 n 个接收阵元到目标与波束扫描点的时延可表示为

$$\begin{cases} \tau_{tm}^0 = \sqrt{\left(\boldsymbol{x}_{tm} - \boldsymbol{r}_0\right)^{\mathrm{T}} \left(\boldsymbol{x}_{tm} - \boldsymbol{r}_0\right)} \Big/ c \\ \tau_{tm} = \sqrt{\left(\boldsymbol{x}_{tm} - \boldsymbol{r}\right)^{\mathrm{T}} \left(\boldsymbol{x}_{tm} - \boldsymbol{r}\right)} \Big/ c \\ \tau_{rn}^0 = \sqrt{\left(\boldsymbol{x}_{rn} - \boldsymbol{r}_0\right)^{\mathrm{T}} \left(\boldsymbol{x}_{rn} - \boldsymbol{r}_0\right)} \Big/ c \\ \tau_{rn} = \sqrt{\left(\boldsymbol{x}_{rn} - \boldsymbol{r}\right)^{\mathrm{T}} \left(\boldsymbol{x}_{rn} - \boldsymbol{r}\right)} \Big/ c \end{cases} \tag{3.42}$$

根据式(3.39)和式(3.43)，MIMO 声呐的近场波束图可直接表示为

$$\begin{aligned} B_{\mathrm{MIMO}}(\boldsymbol{r};\boldsymbol{r}_0) &= \sum_{m=1}^{M}\sum_{n=1}^{N}\exp\left[\mathrm{j}\omega_0\left(\tau_{tm}^0 + \tau_{rn}^0 - \tau_{tm} - \tau_{rn}\right)\right] \\ &= \underbrace{\sum_{m=1}^{M}\exp\left[\mathrm{j}\omega_0\left(\tau_{tm}^0 - \tau_{tm}\right)\right]}_{B_{\mathrm{t}}(\boldsymbol{r};\boldsymbol{r}_0)} \underbrace{\sum_{n=1}^{N}\exp\left[\mathrm{j}\omega_0\left(\tau_{rn}^0 - \tau_{rn}\right)\right]}_{B_{\mathrm{r}}(\boldsymbol{r},\boldsymbol{r}_0)} \\ &= B_{\mathrm{phased}}(\boldsymbol{r};\boldsymbol{r}_0) \end{aligned} \tag{3.43}$$

由式(3.43)可知，MIMO 声呐的近场波束图可以表示为传统主动声呐的近场发射波束图和近场接收波束图的乘积。因此，MIMO 声呐与传统主动声呐具有相同的近场波束图。同样需要注意的是，式(3.43)并不表明 MIMO 声呐的近场发射波束图可以表示为 $B_{\mathrm{t}}(\boldsymbol{r};\boldsymbol{r}_0)$，其近场发射波束图是无指向性的。

根据以上分析，可以得到如下结论。

(1) 在共用发射阵列与接收阵列的前提下，MIMO 声呐和传统主动声呐的波束图是完全相同的，即两者的角度分辨率是相同的。

(2) 对于使用多元发射和多元接收的 MIMO 声呐或传统主动声呐而言，其远场波束图和近场波束图均可表示为发射阵列波束图和接收阵列波束图的乘积。因此，与使用同一种阵列结构的传统主动声呐相比，MIMO 声呐并无接收孔径扩展的优势。

2. 典型 MIMO 声呐的波束图

以两种受关注程度较大的典型 MIMO 声呐为例, 给出其远场波束图、近场波束图。这两种 MIMO 声呐分别为阵元收发分置 MIMO 声呐(由共线但发射阵元与接收阵元不完全重合的两条 ULA 组成)和阵元收发合置 MIMO 声呐(由共线且发射阵元和接收阵元位置完全重合的两条 ULA 组成)。这两种典型 MIMO 声呐的示意图如图 3.12 所示。

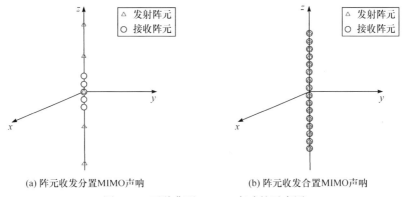

(a) 阵元收发分置MIMO声呐   (b) 阵元收发合置MIMO声呐

图 3.12 两种典型 MIMO 声呐的示意图

1) 阵元收发分置 MIMO 声呐

如图 3.12(a)所示, 发射 ULA 和接收 ULA 位于 z 轴上且几何中心与坐标原点重合。第 m 个发射阵元坐标 $\boldsymbol{x}_{tm}$ 和第 n 个接收阵元坐标 $\boldsymbol{x}_{rn}$ 分别为

$$\boldsymbol{x}_{tm} = \left[0, 0, \left(m-1-\frac{M-1}{2}\right)d_t\right]^{\mathrm{T}} \tag{3.44}$$

$$\boldsymbol{x}_{rn} = \left[0, 0, \left(n-1-\frac{N-1}{2}\right)d_r\right]^{\mathrm{T}} \tag{3.45}$$

此处发射阵元间距 d_t 与接收阵元间距 d_r 满足式(3.23)。

以发射阵列和接收阵列都是 5 元 ULA 为例, 给出其远场和近场的波束图。接收阵元间距 $d_r = \lambda/2$, 发射阵元间距 $d_t = 5d_r = 5\lambda/2$, 其中 λ 对应着频率为 100kHz 单频声波(在水下的传播速度为 1500m/s)的波长, 即 $\lambda = 0.015$m。远场波束图主瓣指向 $\theta_0 = 120°$。近场波束图的聚焦点到坐标原点距离 $r_0 = 1$m, 角度 $\theta_0 = 120°$, 波束扫描点位于以坐标原点为圆心、半径为 1m 的半圆上。

由图 3.13(a)可知, 阵元收发分置 MIMO 声呐与传统主动声呐的远场波束图相互重合。由此结果可知, 阵元收发分置 MIMO 声呐并没有获得更窄的主瓣。部分文献仅仅将 MIMO 声呐与没有发射波束的 SIMO 声呐相比, 或者与主动声呐的接收阵列进行对比，由此得出波形分集带来高角度分辨率的结论并不恰当。由图 3.13(b)的近场波束图可知，该型 MIMO 声呐与传统主动声呐的近场波束图也是相互重合的。因此，根据图 3.13 可以认为在共用发射阵列与接收阵列时，无论是远场还是近场工作环境，阵元收发分置 MIMO 声呐和传统主动声呐的角度分辨率是相同的。

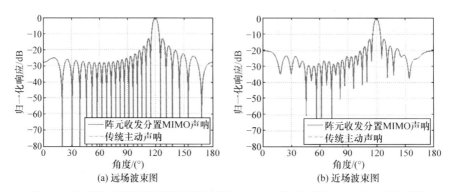

(a) 远场波束图   (b) 近场波束图

图 3.13   远场和近场情况下阵元收发分置 MIMO 声呐和传统主动声呐的波束图

2) 阵元收发合置 MIMO 声呐

如图 3.12(b)所示，阵元收发合置 MIMO 声呐的所有发射阵元与接收阵元相互重合，发射阵元数 M 等于接收阵元数 N，发射阵元间距 d_t 等于接收阵元间距 d_r。发射 ULA 和接收 ULA 均位于 z 轴上且几何中心与坐标原点重合。由以上设定可知，阵元收发合置 MIMO 声呐的阵元坐标为

$$\boldsymbol{x}_{tm} = \boldsymbol{x}_{rn} = \left[0, 0, \left(m - 1 - \frac{M-1}{2}\right)d_t\right]^{\mathrm{T}}$$

$$= \left[0, 0, \left(n - 1 - \frac{N-1}{2}\right)d_r\right]^{\mathrm{T}} \tag{3.46}$$

以 $M = N = 16$ 为例，给出这两种声呐的远场和近场波束图。发射阵元间距 d_t 和接收阵元间距 d_r 满足 $d_t = d_r = \lambda/2$。远场波束图主瓣指向 $\theta_0 = 120°$ 方向。近场波束图的聚焦点到坐标原点的距离 $r_0 = 1\text{m}$，角度 $\theta_0 = 120°$。所有波束扫描点均位于以坐标原点为圆心、半径为 1m 的半圆上。

由图 3.14(a)可知，阵元收发合置 MIMO 声呐与传统主动声呐具有相同的远场波束图。需要指出的是，Bekkermann 等认为阵元收发合置 MIMO 声呐波束图具有更低旁瓣和无波束形状损失的结论，没有充分考虑传统主动声呐的发射端扫描功能。当传统主动声呐的接收波束跟随发射波束进行空间扫描时，其波束图与阵元收发合置 MIMO 声呐的波束图是完全相同的。由图 3.14(b)的近场波束图可

知，在近场环境下，阵元收发合置 MIMO 声呐和传统主动声呐的波束图也是相同的。根据图 3.14 的波束图对比结果，可以认为当共用发射阵列和接收阵列时，不管是远场还是近场环境，阵元收发合置 MIMO 声呐的波束图和传统主动声呐波束图相同，MIMO 声呐不具有更低旁瓣。

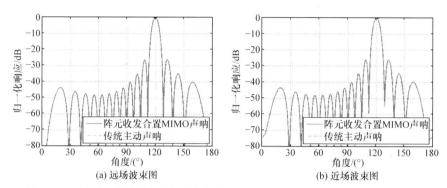

图 3.14 远场和近场情况下阵元收发合置 MIMO 声呐和传统主动声呐的波束图

尽管 MIMO 声呐和传统主动声呐具有相同的角度分辨率，但是两者有明显区别。传统主动声呐虽然可以利用发射阵增益来提高作用距离，但是其探测范围被束缚在发射主瓣内，需要使用多个脉冲周期才能完成整个空间的探测，这一点在成像应用中具有实时性差的缺点。MIMO 声呐由于使用正交信号而丢失发射阵增益，但是其仅仅用一个脉冲周期即可完成对整个空间的探测。MIMO 声呐既符合宽发射波束的要求，又能够灵活布置发射阵列而不受发射波束图的束缚，可以通过优化发射阵列和接收阵列而做到有效孔径的最大化。因此，在近距离的水下声成像应用中，MIMO 声呐比 SIMO 声呐和传统主动声呐都更有优势。

3.3.2 MIMO 声呐距离分辨率

传统声呐在单个脉冲周期内只能发射单个信号，因此其距离分辨率由该信号的带宽决定。为了获得更高的距离分辨率，传统声呐采用以下三种方法。

(1) 发射瞬时窄脉冲信号。通过发射脉冲宽度极小的瞬时脉冲信号获得大带宽，但平均发射功率较小，系统作用距离有限。

(2) 发射大时间带宽积(time bandwidth product, TBP)的 LFM 脉冲信号，既可以获得足够的发射功率，又可以通过匹配滤波等处理获得高距离分辨率，但在实现大带宽信号发射和处理时的成本太高。

(3) 发射步进频率信号。次序发射一组覆盖不同频带的脉冲信号照射同一目标区域，对不同频带的回波进行相干处理合成大带宽信号，在不增加发射端和接收端瞬时带宽的前提下获得高距离分辨率[11-15]。缺点是为了各个脉冲对应的回波相互分开，相邻脉冲之间必须留有足够的时间间隔，这导致信号的总体发射时间过长，难以对运动目标进行成像。

MIMO 声呐在单个脉冲周期内发射相互正交的信号，这些相互正交的信号频带可以相同，也可以相互分开。对同频带正交信号(如同频带正交多相编码信号)而言，其总的频带范围与单个频带范围是相同的，因此 MIMO 声呐的距离分辨率由单个发射信号的带宽决定。使用同频带正交信号的 MIMO 声呐信号处理模型已经在 3.1 节给出，其发射信号满足 3.1.2 小节的要求，可以获得 3.2 节中的虚拟 SIMO 声呐。可以认为，使用同频带正交信号的 MIMO 声呐可以获得与传统主动声呐相同的发射与接收联合孔径，但是其距离分辨率与传统主动声呐相同。

对频带相互分开的正交信号(频率分集信号，如中心频率不相等的 FD-CW 脉冲信号和 FD-LFM 脉冲信号等)而言，单个发射信号覆盖不同的带宽，其带宽由发射信号的总带宽决定。对回波进行匹配滤波处理可分离出不同频带上的回波分量，对这些回波分量进行相干合成，即可获得更大带宽的信号。此时，MIMO 声呐的距离分辨率高于传统主动声呐的距离分辨率。因此，MIMO 声呐可以在单个脉冲内完成步进频率系统在多个脉冲内才能完成的宽带信号合成[16]。此处 MIMO 声呐使用多个发射阵元是为了获得多个频带相互分开的发射信号，因此对发射阵列的阵型并无特殊要求。此时 MIMO 声呐的发射阵列一般无须满足式(3.23)，所获得的有效孔径几乎等于接收阵列孔径。下面给出利用频率分集信号合成更大带宽信号的理论步骤和仿真结果。

与 3.1 节中对发射信号的要求不同，本小节要求发射信号之间的互相关函数足够低且频谱连续。为了简化叙述，仅讨论使用同带宽、等脉宽且频带间隔相等的 FD-LFM 脉冲信号的情况。设第 m 个发射阵元发射的信号 $s_m(t)$ 为

$$s_m(t) = \frac{1}{\sqrt{T}} \mathrm{rect}\left(\frac{t}{T}\right) \exp\left[j2\pi\left(-\frac{B_0}{2}t + \frac{1}{2}\frac{B_0}{T}t^2\right) \right] \exp(j2\pi f_m t) \qquad (3.47)$$

式中，T 为信号的脉宽；B_0 为单个信号的带宽，

$$f_m = f_0 + \left(m - 1 - \frac{M-1}{2}\right)(B_0 + \Delta B) \qquad (3.48)$$

为第 m 个 LFM 脉冲信号的中心频率，其中 ΔB 为相邻脉冲信号的频带间隔，即后一个 LFM 脉冲信号的起始频率与前一个 LFM 脉冲信号的结束频率之差。

为了便于理解，将 M 发 N 收 MIMO 声呐划分为 M 个 1 发 N 收的 SIMO 声呐，其中第 m 个 SIMO 声呐由第 m 个发射阵元和 N 元接收阵组成，其发射信号为第 m 个 LFM 脉冲信号。MIMO 声呐分解为多个 SIMO 声呐示意图如图 3.15 所示。

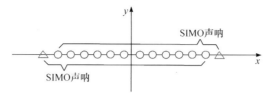

图 3.15 M 发 N 收 MIMO 声呐分解为 M 个 1 发 N 收 SIMO 声呐示意图

接收阵元上的回波为 M 个 SIMO 声呐的发射信号经过不同衰减和时延后的叠加，表达式与式(3.3)相同。使用第 m 个发射信号的拷贝对 N 个接收阵元上的回波进行匹配滤波处理，可分离出第 m 个 SIMO 声呐的回波分量。由于发射信号的频带相互分开，互相关函数较低，可以忽略。此时，匹配滤波输出可简化为第 m 个 LFM 脉冲信号的自相关函数项：

$$
\begin{aligned}
y_n^m(t) &= \sum_{p=1}^{P} \sigma_p R_{m,m}\left(t - \tau_{tm}^p - \tau_{rn}^p - T\right) \\
&= \left[\left(T - \left|t - \tau_{tm}^p - \tau_{rn}^p - T\right|\right)/T\right]\operatorname{sinc}\left[\pi \frac{B_0}{T} t\left(T - \left|t - \tau_{tm}^p - \tau_{rn}^p - T\right|\right)\right] \\
&\quad \times \exp\left[j2\pi f_m\left(t - \tau_{tm}^p - \tau_{rn}^p - T\right)\right]
\end{aligned}
\tag{3.49}
$$

式中，$y_n^m(t)$ 为第 m 个发射信号对第 n 个接收阵元上的回波进行匹配滤波处理时的输出，其对应着第 m 个 SIMO 声呐上第 n 个接收阵元上的脉冲压缩输出；

$$
R_{m,m}(t) = \left[\left(T - |t|\right)/T\right]\operatorname{sinc}\left[\pi \frac{B_0}{T} t\left(T - |t|\right)\right]
\tag{3.50}
$$

为第 m 个 FD-LFM 脉冲信号的自相关函数。

对第 m 个 SIMO 声呐上的匹配滤波输出进行波束形成，可以获得与该 SIMO 声呐对应的 Q 个波束输出。以时延波束形成为例，其表达式为

$$
B_q^m(t) = \sum_{n=1}^{N} A_{(m-1)N+n}^q y_n^m\left(t - \tau_{(m-1)N+n}^q\right)
\tag{3.51}
$$

式中，$B_q^m(t)$ 为与第 m 个 SIMO 声呐对应的第 $q(q=1,2,\cdots,Q)$ 个波束输出；$A_{(m-1)N+n}^q$ 为第 q 个波束下的幅度加权；$\tau_{(m-1)N+n}^q$ 为第 q 个波束下的时延量，其表达式为

$$
\tau_{(m-1)N+n}^q = \boldsymbol{u}_q^{\mathrm{T}}\left(\boldsymbol{x}_{tm} + \boldsymbol{x}_{rn}\right)/c
\tag{3.52}
$$

其中，$\boldsymbol{u}_q$ 为第 q 个波束角度对应的加权矢量。由式(3.52)可知，在进行接收波束形成时，一并补偿了发射阵元之间的时延量 $\boldsymbol{x}_{tm}/c$。这是由于这 M 个 SIMO 声呐的发射阵元之间存在时延差，会导致距离迁徙，降低成像分辨率。利用式(3.52)

将发射阵元之间的时延差校正到同一个参考位置上，可修正距离迁徙，保证良好的距离分辨率。

对 M 个 SIMO 声呐的波束输出进行求和，即可获得更大带宽的波束输出：

$$B_q(t) = \sum_{m=1}^{M} B_q^m(t) \tag{3.53}$$

其中，$B_q(t)$ 为第 q 个波束的最终输出。由式(3.53)可以看出，求和的本质是在对不同 SIMO 声呐的波束输出进行合成。由于这 M 个正交信号覆盖不同的频带范围，因此式(3.53)的求和过程相当于合成更大带宽的信号。利用 MIMO 声呐合成具有更大带宽信号的流程图如图 3.16 所示。

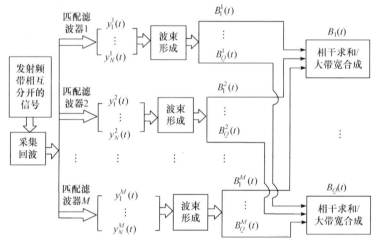

图 3.16　利用 MIMO 声呐合成具有更大带宽信号的流程图

根据式(3.51)～式(3.53)和图 3.16，可知 MIMO 声呐的每个波束输出均为 M 个具有相同带宽 B_0 但频带相互分开的 sinc 函数项的叠加。在相干求和之前，这些 sinc 函数都进行了距离校正，使得所有主瓣在时域上相互对齐。因此，忽略掉多普勒频移后，MIMO 声呐的距离模糊函数可表示为

$$\left|\chi(t)\right| = \left|\sum_{m=1}^{M} R_{m,m}(t)\right| = \left|\sum_{m=1}^{M} \frac{T-|t|}{T}\sin\left[\pi\frac{B_0}{T}t(T-|t|)\right]\exp(\mathrm{j}2\pi f_m t)\right| \tag{3.54}$$

将式(3.48)代入式(3.54)，并忽略掉与 m 无关的复指数项，得到

$$
\begin{aligned}
\left|\chi(t)\right| &= \left|\frac{T-|t|}{T}\mathrm{sinc}\left[\pi\frac{B_0}{T}t(T-|t|)\right]\sum_{m=1}^{M}\exp\left[\mathrm{j}2\pi m(B_0+\Delta B)t\right]\right| \\
&= \left|\frac{T-|t|}{T}\mathrm{sinc}\left[\pi\frac{B_0}{T}t(T-|t|)\right]\right|\left|\frac{\sin\left[\pi M(B_0+\Delta B)t\right]}{\sin\left[\pi(B_0+\Delta B)t\right]}\right|
\end{aligned} \tag{3.55}
$$

由式(3.55)可知，当使用 FD-LFM 脉冲信号时，MIMO 声呐的距离模糊函数为两个因式的乘积。前一个因式为 sinc 函数项，后一个因式为周期相差 M 倍的正弦函数之比。在$[-T, T]$内，sinc 函数项只有一个主瓣，其第一零点位于$\pm 1/B_0$附近，间距略大于$2/B_0$。在$[-T, T]$内，正弦函数之比项具有一系列栅瓣，其栅瓣位于分子和分母同时为 0 的 t 值上。令$\sin[\pi M(B_0 + \Delta B)t] = 0$ 和 $\sin[\pi(B_0 + \Delta B)t] = 0$，可算出后一个因式栅瓣位于$\pm 1/(B_0 + \Delta B)$的整数倍处，其中第一栅瓣位于$\pm 1/\Delta B$处。由于在$[-T, T]$内，sinc 函数项只具有单个主瓣，而正弦函数之比项具有一个主瓣和$2T/\Delta B$个栅瓣，因此本书称 sinc 函数项为慢变项，称正弦函数之比项为快变项。为了获得良好的互相关性，一般要求脉冲之间的频带间隔满足$\Delta B \geqslant 0$。若频带间隔ΔB过大，合成信号的频谱将不连续，导致合成信号的距离模糊函数出现高旁瓣。为了既满足独立性又抑制距离模糊函数的旁瓣级，本书选取频带间隔为零的情况，即$\Delta B = 0$。

为了直观描述，通过数值仿真给出宽带信号合成的效果。仿真中，发射阵元个数分别为 $M = 2$ 和 $M = 4$。LFM 脉冲信号的带宽为$B_0 = 10\text{kHz}$，脉宽为 $T = 2\text{ms}$。宽带信号合成的仿真结果如图 3.17 所示。

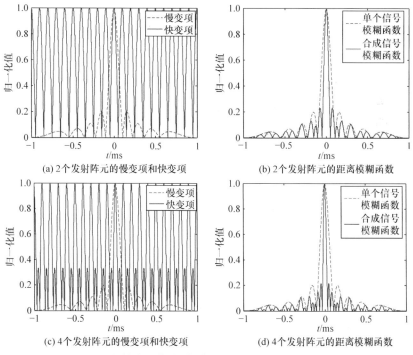

(a) 2 个发射阵元的慢变项和快变项　　(b) 2 个发射阵元的距离模糊函数

(c) 4 个发射阵元的慢变项和快变项　　(d) 4 个发射阵元的距离模糊函数

图 3.17　发射阵元数分别为 2 和 4 时 MIMO 声呐的仿真结果

图 3.17(a)和图 3.17(b)为 2 个发射阵元的仿真结果。从图 3.17(a)可知,快变项的第一栅瓣和慢变项的第一零点几乎重合,快变项其他栅瓣也对应着慢变项的低旁瓣。经过相乘后,合成的距离模糊函数仅有一个主瓣,且主瓣宽度明显低于单个信号模糊函数(慢变项)的主瓣宽度,旁瓣略有升高。类似地,图 3.17(c)和(d)为 4 个发射阵元的仿真结果。从中可知,合成信号的距离模糊函数具有更窄的主瓣,且旁瓣略有升高。对比图 3.17(b)和图 3.17(d)可以发现,发射阵元个数越多,合成信号的距离模糊函数主瓣越窄。

实际上,MIMO 声呐的距离模糊函数等于其合成信号的总带宽 B,即 M 个频带相互分开的正交信号的带宽之和:

$$B = MB_0 \tag{3.56}$$

通过理论分析和仿真结果可知,与传统声呐相比,MIMO 声呐在单个脉冲周期内即可合成具有更大带宽的信号,从而获得 M 倍传统方法的距离分辨率。与步进频率系统相比,MIMO 声呐的更大带宽信号合成是在单个脉冲周期内完成,避免了步进频率系统信号发射时间过长、难以对运动目标成像的缺点。

3.4　MIMO 声呐成像的优势和劣势

综上所述,与传统 SIMO 声呐相比,MIMO 声呐的优势如下。

(1) 使用更小的阵列尺寸、更少的阵元数合成大孔径虚拟阵列,从而在角度分辨率不变的前提下降低系统成本、减小阵列尺寸,或者在保持阵列尺寸不变或阵元个数不变的前提下提高角度分辨率。

(2) 使用多个小带宽频分信号,通过相干合成处理获得大带宽信号,从而在距离分辨率不变的前提下有效降低单个发射换能器的系统瞬时带宽,或者在系统瞬时带宽不变的前提下有效提高距离分辨率。

在带来一定优势的同时,MIMO 声呐的劣势如下。

(1) 多个发射换能器增加了发射端的系统复杂度,多个发射换能器之间的指向性误差、同步误差、幅相误差等容易导致后端处理中的虚拟孔径合成、大带宽合成失效。

(2) 多个发射波形之间互相关干扰、频带之间的谱泄漏会引起距离维高旁瓣,恶化成像质量,导致弱目标成像结果淹没在距离维旁瓣中。

针对 MIMO 声呐在成像应用时的劣势与不足,可通过阵列的精确加工和校准、接收端算法改进(如距离维旁瓣抑制)等加以克服。

3.5 本 章 小 结

本章给出了 MIMO 声呐成像的理论基础，对发射信号要求、虚拟阵元坐标的解析解、成像阵列设计、角度分辨率和距离分辨率等进行了探讨和研究，主要得出如下结论。

在 MIMO 声呐的成像应用中，为了对匹配滤波器的输出信号进行相干求和，要求发射信号的自相关函数具有相同的主瓣和低旁瓣，同时互相关函数也处于低水平。发射信号满足该条件后，M 发 N 收 MIMO 声呐的匹配滤波输出可以等效为 1 发 MN 收虚拟 SIMO 声呐上脉冲压缩的回波，即 M 发 N 收的 MIMO 声呐等效为 1 发 MN 收的虚拟 SIMO 声呐。

MIMO 声呐的虚拟发射阵元位于坐标原点，虚拟接收阵元坐标等于一对实际发射阵元与接收阵元坐标之和。利用该解析解，可以设计出多种适用于水下二维、三维成像的 MIMO 声呐阵型，达到节省阵元个数、缩小阵列尺寸的目的。

MIMO 声呐和传统主动声呐的波束图均为发射与接收联合波束图，其孔径为发射与接收联合孔径。MIMO 声呐的接收端孔径扩展来自于多元发射阵和多元接收阵的联合使用，而非正交波形的使用。因此，与传统主动声呐相比，MIMO 声呐没有角度分辨率优势，即波形分集并没有带来更优的角度分辨率，但是与传统 SIMO 声呐相比，MIMO 声呐具有更高的角度分辨率。同时，波形分集带来了宽发射波束，并将发射波束形成移至接收端完成，使得 MIMO 声呐获得了更灵活的阵列设计自由度，以及更有效的发射与接收联合孔径利用率。

在单个脉冲周期内，MIMO 声呐使用同频带正交信号时，其角度分辨率由发射与接收联合孔径决定，其距离分辨率由单个发射信号的带宽决定。当 MIMO 声呐使用频带相互分开的正交信号时，其距离分辨率由所有发射信号的总带宽决定，此时 MIMO 声呐具有更高的距离分辨率。但是此时 MIMO 声呐的发射阵列孔径一般较小(发射阵元间距较小)，以抑制角度-距离耦合，从而难以合成大孔径虚拟阵列。

参 考 文 献

[1] LIU X H, SUN C, ZHUO J, et al. Devising MIMO arrays for underwater 3-D short-range imaging[C]. Proceedings of IEEE OCEANS'12, Hamptin Roads, USA, 2012: 1-7.

[2] 刘雄厚. 密布式 MIMO 声呐成像技术研究[D]. 西安: 西北工业大学, 2014.

[3] LI J, STOICA P, ZHENG X. Signal synthesis and receiver design for MIMO radar imaging[J]. IEEE transactions on signal processing, 2008, 56(8): 3959-3968.

[4] LI J, XU L Z, STOICA P, et al. Range compression and signal optimization for MIMO radar: A cramér-rao bound

based study[J]. IEEE transactions on signal processing, 2008, 56(1): 218-232.

[5] HE H, STOICA P, Li J. Designing unimodular sequence sets with good correlations—Including an application to MIMO radar[J]. IEEE transactions on signal processing, 2009, 57(11): 4391-4405.

[6] HE H, STOICA P, LI J. On aperiodic-correlation bounds[J]. IEEE signal processing letter, 2010, 17(3): 253-256.

[7] 何茜. MIMO 雷达检测与估计理论研究[D]. 成都: 电子科技大学, 2010.

[8] SUTTON J L. Underwater acoustic imaging[J]. Proceedings of the IEEE, 1979, 67(4): 554-566.

[9] VAN TREES H L. Optimum Array Processing: Part Ⅳ of Detection, Estimation, and Modulation Theory[M]. Hoboken: John Wiley & Sons Inc., 2002.

[10] 刘雄厚, 孙超, 杨益新, 等. 单基地多输入多输出声呐的方位分辨力[J]. 声学学报, 2016, 41(2): 163-173.

[11] LEVANON N. Stepped-frequency pulse-train radar signal[J]. IEE proceedings-radar, sonar and navigation, 2002, 194(6): 297-309.

[12] LEVANON N, MOZESON E. Nullifying ACF grating lobes in stepped-frequency train of LFM pulses[J]. IEEE transactions on aerospace and electronic systems, 2003, 39(2): 694-703.

[13] RABIDEAU D J. Nonlinear synthetic wideband waveforms[C]. Proceedings of the 2002 IEEE Radar Conference, Long Beach, USA, 2002: 212-219.

[14] MARON D E. Frequency-jumped burst waveforms with stretch processing[C]. Proceedings of the IEEE International Conference on Radar, Arlington, USA, 1990: 274-279.

[15] GLADKOVA I, CHEBANOV D. Grating lobes suppression in stepped-frequency pulse[J]. IEEE transactions on aerospace and electronic systems, 2008, 44(4): 1265-1275.

[16] LIU X H, SUN C, YANG Y X, et al. High-range-resolution two-dimensional imaging using frequency diversity multiple-input-multiple-output sonar[J]. IET radar sonar & navigation, 2016, 10(5): 983-991.

第4章 基于虚拟阵列的 MIMO 声呐成像方法

传统成像声呐使用单个宽发射波束和多个窄接收波束的工作方式进行成像，其成像的角度分辨率主要由接收阵列孔径决定。为了提高角度分辨率，传统成像声呐需采用更大尺寸的接收阵列，这容易导致阵列体积过于庞大而难以安装在声呐平台上[1-2]。与传统声呐工作方式不同的是，MIMO 声呐利用正交信号获得宽发射波束，利用匹配滤波处理获得远多于实际发射与接收通道的滤波输出通道，从而可以使用更小的阵列尺寸、更少的阵元数获得期望的角度分辨率。本章根据第 3 章的虚拟阵元、虚拟阵列理论，给出可提高角度维成像性能的 MIMO 声呐成像方法。

4.1 MIMO 声呐二维成像

本节二维成像主要指二维扇扫成像，该成像方式的主要用途为获得平台前方区域的声呐图像(如前视成像、水下避障等)。将 MIMO 声呐用于二维扇扫成像，具有节省阵元个数的优点，有利于降低系统成本[3-5]。同时，当使用水下小尺寸平台(如 AUV、ROV)时，对 MIMO 声呐的发射阵列、接收阵列进行优化设计，并结合适当的处理方法，可以显著提高二维扇扫成像的角度分辨率。本节给出小尺寸 MIMO 声呐阵型、低成本 MIMO 声呐阵型，以及对应的二维扇扫成像方法。

4.1.1 二维成像的小尺寸阵型设计

不失一般性，假设 MIMO 声呐由共同位于 x 坐标轴上的 M 元发射 ULA 和 N 元接收 ULA 组成。其中，第 $m(m=1,2,\cdots,M)$ 个发射阵元的坐标为 $\{[(m-1)-(M-1)/2]d_t,0\}^T$，第 $n(n=1,2,\cdots,N)$ 个接收阵元的坐标为 $\{[(n-1)-(N-1)/2]d_r,0\}^T$。发射 ULA 的阵元间距 d_t 和接收 ULA 的阵元间距 d_r 满足 $d_t=Nd_r$。

设发射阵元数 M 和接收阵元数 N 为两个变量。同时，设二维成像所要求的接收孔径至少为 $(M_0N_0-1)d_r$。为获得期望的角度分辨率，MIMO 声呐的发射阵元和接收阵元数需满足

$$MN \geqslant M_0N_0 \tag{4.1}$$

为简化分析，取等式成立的情况进行分析，即 $MN=M_0N_0$。

此时，MIMO 声呐的物理尺寸 L_{MIMO} 为

$$
\begin{aligned}
L_{\mathrm{MIMO}} &= (M-1)Nd_{\mathrm{r}} = (MN-N)d_{\mathrm{r}} \\
&= (M_0N_0 - M_0N_0/M)d_{\mathrm{r}}
\end{aligned}
\tag{4.2}
$$

式中，M_0N_0 为固定值。分析可知，式(4.2)给出的 MIMO 声呐物理尺寸随着发射阵元数 M 的增加而增加。当发射阵元个数 M 取最小值 2 时，此时 MIMO 声呐的物理尺寸达到最小，表达式为

$$
L_{\mathrm{MIMO}} = Nd_{\mathrm{r}}
\tag{4.3}
$$

此时，MIMO 声呐的有效孔径(虚拟 ULA 的孔径)为

$$
D_{\mathrm{MIMO}} = (2N-1)d_{\mathrm{r}}
\tag{4.4}
$$

显然，当接收阵元个数 N 的值较大时，MIMO 声呐的有效孔径和物理尺寸满足

$$
\frac{D_{\mathrm{MIMO}}}{L_{\mathrm{MIMO}}} = \frac{2N-1}{N} \approx 2
\tag{4.5}
$$

当发射阵元数为 2、接收阵元数为 N 时，称该 MIMO 声呐为 2 发 N 收 MIMO 声呐。二维坐标系下，2 发 N 收 MIMO 声呐及与其等效的虚拟 SIMO 声呐如图 4.1 所示，此时与 MIMO 声呐等效的虚拟 SIMO 声呐的接收阵为 $2N$ 元 ULA。

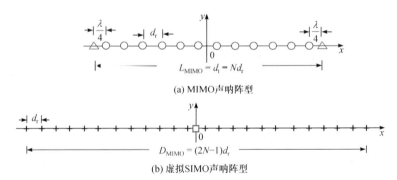

(a) MIMO声呐阵型

(b) 虚拟SIMO声呐阵型

图 4.1　二维坐标系下 2 发 N 收 MIMO 声呐及与其等效的虚拟 1 发 $2N$ 收 SIMO 声呐

图 4.1(a)中，MIMO 声呐的发射阵元与邻近接收阵元的间距只有 $\lambda/4$，这过小的间距给实际工程应用中的阵列加工带来了较大难度。为了克服这一缺点，可以将 MIMO 声呐的发射阵、接收阵放置于两条相互平行的直线上，令发射阵元间距 d_{t} 和接收阵元间距 d_{r} 满足 $d_{\mathrm{t}} = Nd_{\mathrm{r}}$，同时发射直线阵、接收直线阵的间距 L_y 设置为较小值以满足单基地成像要求(一般为几个波长或几十个波长)。如此，该阵型下 MIMO 声呐中发射阵元和接收阵元的坐标分别为

$$\boldsymbol{x}_{\mathrm{t}m} = \left\{ \left[(m-1)-(M-1)/2\right]d_{\mathrm{t}}, 0, L_y/2 \right\}^{\mathrm{T}} \tag{4.6}$$

$$\boldsymbol{x}_{\mathrm{r}n} = \left\{ \left[(n-1)-(N-1)/2\right]d_{\mathrm{r}}, 0, -L_y/2 \right\}^{\mathrm{T}} \tag{4.7}$$

此时虚拟接收阵元的坐标为

$$\boldsymbol{x}^{\mathrm{r}}_{(m-1)N+n} = \boldsymbol{x}_{\mathrm{t}m} + \boldsymbol{x}_{\mathrm{r}n}$$
$$= \left\{ \left[(m-1)N+n-(MN-1)/2\right]d_{\mathrm{r}}, 0, 0 \right\}^{\mathrm{T}} \tag{4.8}$$

由式(4.8)可知，此时对应的虚拟 SIMO 声呐的接收阵为 MN 元 ULA。该阵型在三维坐标系下的示意图如图 4.2(a)所示，对应的虚拟 SIMO 声呐如图 4.2(b)所示。对比图 4.2(b)和图 4.1(b)可知，两种阵型下的 MIMO 声呐具有相同的虚拟 SIMO 声呐。图 4.1(a)的 MIMO 声呐对阵列加工要求太高，而图 4.2(a)中的阵型更容易在工程上实现，因此具有更好的实用性。

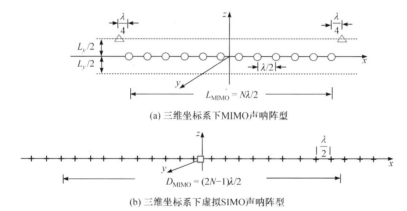

(a) 三维坐标系下MIMO声呐阵型

(b) 三维坐标系下虚拟SIMO声呐阵型

图 4.2　三维坐标系下 2 发 N 收 MIMO 声呐及与其等效的虚拟 1 发 $2N$ 收 SIMO 声呐

为了进一步说明物理尺寸和有效孔径之间的关系，将 2 发 N 收 MIMO 声呐、与 MIMO 声呐同物理尺寸的 1 发$(N+1)$收 SIMO 声呐和与 MIMO 声呐同角度分辨率的 1 发 $2N$ 收 SIMO 声呐的物理尺寸与有效孔径示于表 4.1。

表 4.1　MIMO 声呐和 SIMO 声呐的物理尺寸和有效孔径

声呐种类	物理尺寸	有效孔径
2 发 N 收 MIMO 声呐	Nd_{r}	$(2N-1)d_{\mathrm{r}}$
1 发$(N+1)$收 SIMO 声呐	Nd_{r}	Nd_{r}
1 发 $2N$ 收 SIMO 声呐	$(2N-1)d_{\mathrm{r}}$	$(2N-1)d_{\mathrm{r}}$

由表 4.1 可知，与等物理尺寸的 1 发$(N+1)$收 SIMO 声呐相比，2 发 N 收 MIMO

声呐的有效孔径约是其 2 倍。与等角度分辨率(有效孔径)的 1 发 2N 收 SIMO 声呐相比，2 发 N 收 MIMO 声呐的物理尺寸约为其 1/2，有效缩小了成像声呐的物理尺寸。

以合成 64 元虚拟 ULA 和 48 元虚拟 ULA 为例，给出不同 MIMO 声呐的物理尺寸，如图 4.3 所示。由图 4.3(a)可知，当 MIMO 声呐所合成的虚拟阵列为 64 元 ULA 时，发射阵元数分别为 2、4 和 8，对应的接收阵元数分别为 32、16 和 8，3 种组合下获得的阵列物理尺寸与接收阵元间距的比值分别为 32、48 和 56。显然，2 发 32 收 MIMO 声呐具有最小的阵列物理尺寸。由图 4.3(b)可知，当合成的虚拟阵列为 48 元 ULA 时，发射阵元数分别为 2、3、4 和 6，对应的接收阵元数分别为 24、16、12 和 8。这 4 种组合下获得的阵列物理尺寸与接收阵元间距的比值分别为 24、32、36 和 40，说明 2 发 24 收 MIMO 声呐具有最小的阵列物理尺寸。综合图 4.3 的结果可知，无论是合成 64 元虚拟 ULA 还是 48 元虚拟 ULA，MIMO 声呐的物理尺寸都随着发射阵元数 M 的增加而增加。当发射阵元数 M 取最小值 2 时，MIMO 声呐的物理尺寸最小。图 4.3 的结果直观地说明了 2 发 N 收 MIMO 声呐可以在获得所需角度分辨率时将阵列物理尺寸最小化。

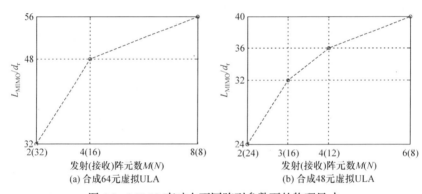

图 4.3　MIMO 声呐在不同阵列参数下的物理尺寸

4.1.2　二维成像的低成本阵型设计

低成本阵列设计的约束条件与 4.1.1 小节中小尺寸阵列设计类似。设 MIMO 声呐的发射阵元数 M 和接收阵元数 N 为两个变量，二维成像所要求的接收阵列孔径为 $(M_0 N_0 - 1) d_r$。因此，发射阵元数和接收阵元数满足

$$MN \geqslant M_0 N_0 \tag{4.9}$$

此时，MIMO 声呐所使用的阵元个数为

$$M + N = \sqrt{(M-N)^2 + 4MN}$$
$$\geqslant \sqrt{(M-N)^2 + 4M_0 N_0} \tag{4.10}$$

显然地，由于 M_0N_0 是定值，要使 $M+N$ 的值最小，就需要使得 $M-N$ 的绝对值 $|M-N|$ 最小。当 $M=N$ 时，$|M-N|=0$，$M+N$ 取得最小值。此时，可以得到

$$M = N \geqslant \sqrt{M_0N_0} \tag{4.11}$$

当式(4.11)中等式成立时，M 和 N 能够取到最小值，即

$$M = N = \sqrt{M_0N_0} \tag{4.12}$$

根据式(4.12)可知，当发射阵元数等于接收阵元数时，MIMO 声呐使用的阵元数最少，即 $2\sqrt{M_0N_0}$。

式(4.12)中 $\sqrt{M_0N_0}$ 的值并不能一直为整数。当 $\sqrt{M_0N_0}$ 的值为非整数时，需要对发射阵元数 M 和接收阵元数 N 在 $\sqrt{M_0N_0}$ 附近进行微调，并保证两者之差的绝对值 $|M-N|$ 最小。如此，在获得足够角度分辨率的前提下，使用的阵元个数最少。

分别以合成 64 元虚拟 ULA 和 48 元虚拟 ULA 为例，给出不同的阵列组合下使用的发射阵元与接收阵元总数 $M+N$，对应的结果如图 4.4 所示。图 4.4(a)给出了合成 64 元虚拟 ULA 时不同阵列参数下使用的阵元数。从中可以看到，当发射阵元数 M 分别为 2、4 和 8 时，对应的接收阵元数 N 分别为 32、16 和 8，发射阵元数与接收阵元数之差的绝对值 $|M-N|$ 分别为 30、12 和 0，而总的阵元数 $M+N$ 分别为 34、20 和 16。可以发现，发射阵元数与接收阵元数之差的绝对值越小，总的阵元数也越小。对于 64 元虚拟 ULA 而言，当发射阵元数与接收阵元数之差的绝对值为 0[图 4.4(a)中的 $M=N=8$ 处]时，可以保证 MIMO 声呐使用的阵元个数最少。图 4.4(b)给出了合成 48 元虚拟 ULA 时不同阵列参数下使用的阵元数。由于 $\sqrt{48}$ 为非整数，因此需要对发射阵元数和接收阵元数在 $\sqrt{48}$ 附近进行微调。可以看出，当发射阵元数和接收阵元数之差的绝对值最小时[图 4.4(b)中 $M=6$、

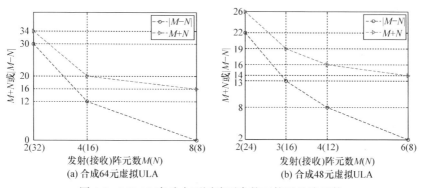

(a) 合成64元虚拟ULA   (b) 合成48元虚拟ULA

图 4.4 MIMO 声呐中不同阵列参数下使用的阵元数

$N = 8$ 处，此时 $|M - N| = 2$]，MIMO 声呐使用的阵元数最小，即 14。根据图 4.4 的结果，可以认为，为了在一定的有效孔径下获得最少的阵元数，应该尽量使得发射阵元数和接收阵元数之差的绝对值最小，即最小化 $|M - N|$。

4.1.3　二维成像波形设计

MIMO 声呐小尺寸阵型仅使用 2 个发射阵元，可直接采用 2 个正交编码信号作为发射波形，如正交相位编码信号、正交离散频率编码信号等[6-8]。此处忽略这些信号的表达式，读者可参考相关波形设计的文献。此外，针对 MIMO 声呐小尺寸阵型仅使用 2 个发射阵元这一特殊情况，4.1.6 小节给出了使用上、下调频 LFM 脉冲信号的方法。

MIMO 声呐低成本阵型使用的阵元数较多，需要使用具有良好自相关和互相关特性的正交编码信号。同时，为了降低成像结果中的距离维旁瓣，需使用优化算法(如模拟退火算法)对正交编码信号进行优化设计等。对应的波形优化方法已经成熟，此处不做赘述，可参考相关文献学习如何使用优化算法设计正交编码波形。

4.1.4　二维成像的基本流程

MIMO 声呐的信号发射、回波采集及匹配滤波等过程已经在 3.1 节给出。此处将二维扇扫成像中的信号发射、回波采集等过程省略，从匹配滤波输出入手，给出 MIMO 声呐二维成像的处理流程。二维成像中，M 发 N 收 MIMO 声呐的坐标系统如图 4.5 所示，其中 θ_p 为第 p 个散射点的入射方向与阵列法线方向的夹角。

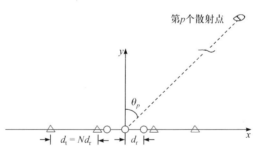

图 4.5　二维模型下 M 发 N 收 MIMO 声呐扇扫成像坐标系统

当 MIMO 声呐的发射信号满足 3.1.2 小节要求时，匹配滤波输出可以简化为自相关函数项，即

$$y_{(m-1)N+n}(t) = \sum_{p=1}^{P} \sigma_p R_0 \left(t - \tau_{tm}^{p} - \tau_{rn}^{p} - T \right) \tag{4.13}$$

若发射信号满足窄带信号条件，可以对匹配滤波输出进行相移波束形成处理，得到

$$B_q(t) = \sum_{m=1}^{M}\sum_{n=1}^{N} w_{(m-1)N+n}^{q} \sum_{p=1}^{P} \sigma_p R_m(t - \tau_{tm}^{p} - \tau_{rn}^{p} - T) \tag{4.14}$$

式中，

$$w_{(m-1)N+n}^{q} = A_{(m-1)N+n}^{q} \exp\left(-j2\pi f_0 \tau_{(m-1)N+n}^{q}\right) \tag{4.15}$$

为相移波束形成的复加权；f_0 为载波频率；$A_{(m-1)N+n}^{q}$ 为对应的幅度加权，

$$\tau_{(m-1)N+n}^{q} = \left[(m-1)N+n-1-\frac{MN-1}{2}\right]\frac{d_r \sin\theta_q}{c} \tag{4.16}$$

为对应的时延值；θ_q 为第 $q(q=1,2,\cdots,Q)$ 个波束的指向角。

若发射信号满足宽带信号条件，可以对匹配滤波输出进行时延波束形成处理，即

$$B_q(t) = \sum_{m=1}^{M}\sum_{n=1}^{N} A_{(m-1)N+n}^{q} \sum_{p=1}^{P} \sigma_p R_m(t - \tau_{tm}^{p} - \tau_{rn}^{p} - T - \tau_{(m-1)N+n}^{q}) \tag{4.17}$$

对式(4.14)、式(4.17)所表示的波束输出取绝对值，按照回波到达的时间先后顺序提取强度，即可获得目标区域的二维扇扫成像结果。M 发 N 收 MIMO 声呐的二维扇扫成像流程如图 4.6 所示。该流程既可以用于小尺寸 MIMO 声呐的二维成像，也可用于低成本 MIMO 声呐的二维成像。

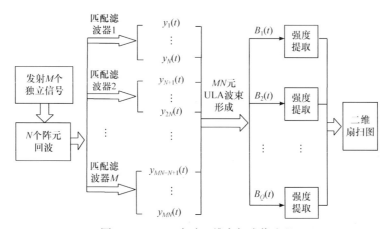

图 4.6 MIMO 声呐二维扇扫成像流程

4.1.5 二维成像仿真示例

1. 小尺寸 MIMO 声呐二维成像示例

按照前视声呐的二维成像要求进行仿真。一般而言，前视声呐采用宽发射波束照射整个目标场景，再使用直线阵进行多波束处理，获得水下场景的二维扇扫成像结果。仿真中，MIMO 声呐采用 2 发 32 收布阵方式。如前文所述，该型 MIMO 声呐具有小尺寸优势。假设该 MIMO 声呐安装于水下声呐载具(如 AUV)的头部，对前方进行二维成像。对应的成像场景示意图如图 4.7 所示。该 MIMO 声呐使用 2 个正交多相编码(8 相码)信号，子码个数 $L = 256$，单个子码长度 $T_0 = 0.05\text{ms}$，载波频率 $f_0 = 400\text{kHz}$。为了获得良好的自相关和互相关特性，使用模拟退火算法对 2 个正交多相编码进行优化，使得自相关函数旁瓣和互相关函数峰值均低于自相关函数主瓣峰值的 0.05 倍[6]。处理回波时，解调频率设为 380kHz，采样频率设为 200kHz。接收阵元上的噪声为加性高斯白噪声，带内信噪比为 10dB。

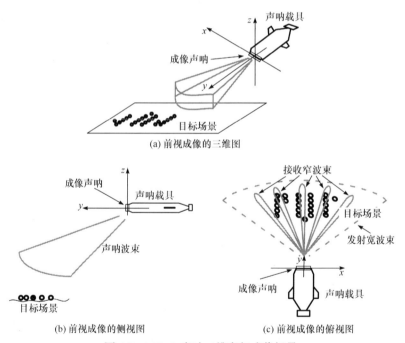

(a) 前视成像的三维图

(b) 前视成像的侧视图   (c) 前视成像的俯视图

图 4.7 MIMO 声呐二维扇扫成像场景

采用两种 SIMO 声呐进行对比：与 2 发 32 收 MIMO 声呐等角度分辨率(有效孔径)的 1 发 64 收 SIMO 声呐，与 2 发 32 收 MIMO 声呐等物理尺寸的 1 发 33 收 SIMO 声呐。SIMO 声呐的发射信号为 MIMO 声呐所用 2 个正交多相编码信号中的 1 个。MIMO 声呐和 SIMO 声呐均位于 x 轴上且以坐标原点为几何中心，对应的接收 ULA 设计频率均为 400kHz。仿真中所用 MIMO 声呐和 SIMO 声呐的阵列参数如表 4.2 所示。根据表 4.2 中三种声呐的物理尺寸和有效孔径可知，2 发 32 收 MIMO 声呐使用最小的物理尺寸(16λ)获得最大的有效孔径(31.5λ)。

表 4.2　仿真中 MIMO 声呐和 SIMO 声呐的物理尺寸和有效孔径

声呐种类	物理尺寸	有效孔径
2 发 32 收 MIMO 声呐	16λ	31.5λ
1 发 33 收 SIMO 声呐	16λ	16λ
1 发 64 收 SIMO 声呐	31.5λ	31.5λ

仿真中假设目标位于水底 $z = -0.1$m 的平面上，由多个等强度理想散射点组成，在角度维和距离维上形成"Fur"三个字母，如图 4.8(a)所示。接收阵元上的噪声为加性高斯白噪声，带内(380~420kHz)信噪比(信号功率与噪声功率之比)设为 10dB。使用相移波束形成器对匹配滤波输出进行多波束处理。波束指向角 −45°~45°，间隔为 1°，共形成 91 个波束。阵列幅度加权采用旁瓣级为−25dB 的切比雪夫(Chebyshev)窗。对波束输出进行归一化处理。

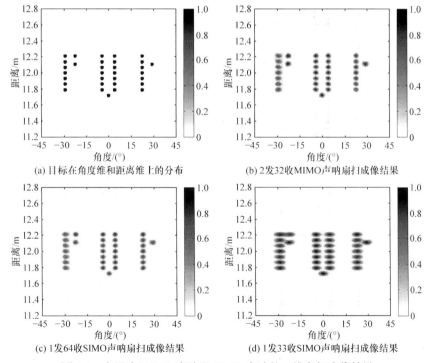

(a) 目标在角度维和距离维上的分布
(b) 2发32收MIMO声呐扇扫成像结果
(c) 1发64收SIMO声呐扇扫成像结果
(d) 1发33收SIMO声呐扇扫成像结果

图 4.8　小尺寸 MIMO 声呐和 SIMO 声呐的二维扇扫成像结果

仿真所得MIMO声呐和SIMO声呐的二维扇扫成像结果(等高线图)如图4.8(b)～(d)所示。从图 4.8(b)和图 4.8(c)可知，2 发 32 收 MIMO 声呐与 1 发 64 收 SIMO声呐具有类似的扇扫成像结果。2 发 32 收 MIMO 声呐使用 34 个阵元和 16λ 的物理尺寸，而 1 发 64 收 SIMO 声呐使用 65 个阵元和 31.5λ 的物理尺寸，前者使用的阵元数和阵列尺寸约为后者的一半。对比图 4.8(b)和图 4.8(d)可知，在使用相同物理尺寸(16λ)时，2 发 32 收 MIMO 声呐可获得高于 1 发 33 收 SIMO 声呐的角度分辨率。

2. 低成本 MIMO 声呐二维成像示例

改变 MIMO 声呐的阵列参数和信号数量，保持其他参数不变，进行低成本MIMO 声呐二维成像仿真。此处低成本声呐主要有两种，8 发 8 收 MIMO 声呐和4 发 16 收 MIMO 声呐。这两种低成本 MIMO 声呐均采用正交多相编码信号，并使用模拟退火算法对相关特性进行优化。8 发 8 收 MIMO 声呐使用的阵元数仅为16，而 4 发 16 收 MIMO 声呐使用的阵元数为 20。这两种声呐使用的阵元数均远低于 2 发 32 收小尺寸 MIMO 声呐，说明两者均可以获得更低的系统成本。

这两种低成本 MIMO 声呐的成像结果如图 4.9 所示。对比图 4.9 和图 4.8 可知，这两种低成本 MIMO 声呐可以获得与 2 发 32 收小尺寸 MIMO 声呐、1 发 64收 SIMO 声呐类似的角度分辨率。从图 4.9(a)可知，8 发 8 收 MIMO 声呐二维扇扫成像结果中具有较高的距离维旁瓣。这是因为 8 个发射阵元需要使用 8 个正交信号，产生的互相关干扰会提高成像结果中的距离维旁瓣。图 4.9(b)中，4 发 16收 MIMO 声呐的成像结果中距离维旁瓣低于 8 发 8 收 MIMO 声呐，这说明使用更少的发射阵元数有助于降低距离维旁瓣干扰。综合图 4.9 的二维扇扫成像结果可知，低成本 MIMO 声呐可以使用很少的阵元数获得期望的距离分辨率，但是其面临着距离维旁瓣干扰(此处的距离维旁瓣干扰主要来自发射信号之间的互相关干扰)的问题，需要进一步研究如何降低成像结果中的距离维旁瓣。

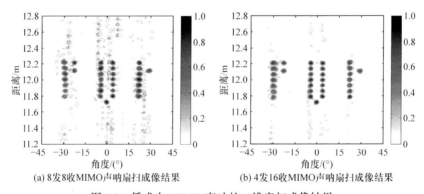

(a) 8发8收MIMO声呐扇扫成像结果   (b) 4发16收MIMO声呐扇扫成像结果

图 4.9   低成本 MIMO 声呐的二维扇扫成像结果

4.1.6　LFM 脉冲信号的设计与使用

前文 2 发 N 收 MIMO 声呐使用的信号为波形较复杂的正交多相编码信号，在恶劣水下环境中容易失真，从而导致匹配滤波的效果变差，进而恶化成像性能。本小节给出如何将更简单的波形，如 LFM 脉冲信号，应用到 2 发 N 收 MIMO 声呐的扇扫成像中[5]。

1. LFM 脉冲信号的设计与自相关和互相关特性分析

由 3.1.2 小节可知，为了对匹配滤波输出进行相干叠加，MIMO 声呐要求发射信号为同频带正交信号，即发射信号自相关函数具有相同的主瓣和低旁瓣，且互相关函数也处于低水平。紧扣这一要求，根据 2 发 N 收 MIMO 声呐仅使用 2 个发射阵元的特点，设计一对同频带、等脉宽、反向调频的 LFM 脉冲信号，表达式分别为[5]

$$s_1(t) = \frac{1}{\sqrt{T}} \mathrm{rect}\left(\frac{t}{T}\right) \exp\left[\mathrm{j}2\pi\left(f_1 t + \frac{0.5Bt^2}{T} \right) \right] \tag{4.18}$$

$$s_2(t) = \frac{1}{\sqrt{T}} \mathrm{rect}\left(\frac{t}{T}\right) \exp\left[\mathrm{j}2\pi\left(f_2 t - \frac{0.5Bt^2}{T} \right) \right] \tag{4.19}$$

式中，$s_1(t)$ 为上调频 LFM 脉冲信号；$s_2(t)$ 为下调频 LFM 脉冲信号；T 为脉宽；B 为带宽；f_1 为上调频 LFM 脉冲信号的起始频率和下调频 LFM 脉冲信号的截止频率；f_2 为下调频 LFM 脉冲信号的起始频率和上调频 LFM 脉冲信号的起始频率，满足 $f_2 - f_1 = B$。

进一步可以将发射信号表示为将基带包络调制到载波信号上，得到

$$\begin{aligned} s_1(t) &= \frac{1}{\sqrt{T}} \mathrm{rect}\left(\frac{t}{T}\right) \exp\left[\mathrm{j}2\pi\left(-\frac{B}{2}t + \frac{0.5Bt^2}{T} \right) \right] \exp\left[\mathrm{j}2\pi\left(\frac{f_1+f_2}{2} \right)t \right] \\ &= \tilde{s}_1(t) \exp\left(\mathrm{j}\omega_0 t \right) \end{aligned} \tag{4.20}$$

$$\begin{aligned} s_2(t) &= \frac{1}{\sqrt{T}} \mathrm{rect}\left(\frac{t}{T}\right) \exp\left[\mathrm{j}2\pi\left(\frac{B}{2}t - \frac{0.5Bt^2}{T} \right) \right] \exp\left[\mathrm{j}2\pi\left(\frac{f_1+f_2}{2} \right)t \right] \\ &= \tilde{s}_2(t) \exp\left(\mathrm{j}\omega_0 t \right) \end{aligned} \tag{4.21}$$

式中，$\tilde{s}_1(t)$ 和 $\tilde{s}_2(t)$ 分别为上、下调频 LFM 脉冲信号的基带包络；$\omega_0 = 2\pi f_0 = 2\pi(f_1+f_2)/2$，为中心角频率。

由于脉宽、频带范围相同，上、下调频 LFM 脉冲信号的自相关函数 $R_{1,1}(t)$ 和 $R_{2,2}(t)$ 是相同的，即

$$R_{1,1}(t) = R_{2,2}(t) = \frac{T-|t|}{T}\text{sinc}\left[\pi\frac{B}{T}t(T-|t|)\right]\exp(j\omega_0 t) \tag{4.22}$$

上、下调频 LFM 脉冲信号的互相关函数 $R_{1,2}(t)$ 可表示为将基带包络 $\tilde{R}_{1,2}(t)$ 调制到中心频率为 f_0 的载波上。由 2 个 LFM 脉冲信号的包络可以得到互相关函数包络 $\tilde{R}_{1,2}(t)$，其表达式为

$$\begin{aligned}
\tilde{R}_{1,2}(t) &= \int_{-\infty}^{+\infty}\tilde{s}_1(\tau)\tilde{s}_2^*(\tau-t)\mathrm{d}\tau \\
&= \int_{-\infty}^{+\infty}\frac{1}{\sqrt{T}}\exp\left[j\left(2\pi\frac{-B}{2}\tau+\frac{\pi B\tau^2}{T}\right)\right]\frac{1}{\sqrt{T}}\exp\left\{-j\left[2\pi\frac{B}{2}(\tau-t)-\frac{\pi B(\tau-t)^2}{T}\right]\right\}\mathrm{d}\tau \\
&= \int_{-\infty}^{+\infty}\frac{1}{T}\exp\left[j\left(-2\pi B\tau+\frac{\pi B\tau^2}{T}+\pi Bt+\frac{\pi B\tau^2+\pi Bt^2-2\pi Bt\tau}{T}\right)\right]\mathrm{d}\tau
\end{aligned}$$

$$\tag{4.23}$$

提取出与积分变量 τ 无关的项，得到

$$\tilde{R}_{1,2}(t) = \frac{1}{T}\exp\left[j\left(\pi Bt+\frac{\pi Bt^2}{T}\right)\right]\int_{-\infty}^{+\infty}\exp\left[j\left(-2\pi B\tau+\frac{2\pi B\tau^2}{T}-\frac{2\pi Bt\tau}{T}\right)\right]\mathrm{d}\tau \tag{4.24}$$

利用变量代换，将 $B\tau/T$ 作为新的积分变量，得到

$$\begin{aligned}
\tilde{R}_{1,2}(t) = \frac{1}{B}&\exp\left[j\left(\pi Bt+\frac{\pi Bt^2}{T}\right)\right] \\
&\times\int_{-\infty}^{+\infty}\exp\left\{j\left[2\pi(-T)\frac{B\tau}{T}+\frac{\pi}{B}(2T)\left(\frac{B\tau}{T}\right)^2\right]\right\}\exp\left(-j2\pi t\frac{B\tau}{T}\right)\mathrm{d}\left(\frac{B\tau}{T}\right)
\end{aligned} \tag{4.25}$$

对式(4.25)进行变量代换，令 $t'=B\tau/T$，$f'=t$，$f_1'=-T$，$B'=2T$ 和 $T'=B$，则式(4.25)中的积分表达式可以改写为

$$\begin{aligned}
&\int_{-\infty}^{+\infty}\exp\left\{j\left[2\pi(-T)\frac{B\tau}{T}+\frac{\pi}{B}(2T)\left(\frac{B\tau}{T}\right)^2\right]\right\}\exp\left(-j2\pi t\frac{B\tau}{T}\right)\mathrm{d}\left(\frac{B\tau}{T}\right) \\
&= \int_{-\infty}^{+\infty}\exp\left[j\left(2\pi f_1't'+\frac{\pi B'}{T'}t'^2\right)\right]\exp(-j2\pi f't')\mathrm{d}t'
\end{aligned} \tag{4.26}$$

从式(4.26)可知，式(4.25)中的积分表达式可以等效为某个 LFM 脉冲信号的傅里叶变换。该 LFM 脉冲信号的起始频率为 f_1'，带宽为 B'，脉宽为 T'。要获得 LFM 脉冲信号功率谱的解析表达式比较困难，这里利用驻定相位原理给出近

似表达式[9]。驻定相位原理要求 LFM 脉冲信号的 TBP 远大于 1。式(4.26)中 LFM 脉冲信号的 TBP 为

$$T'B' = 2BT \tag{4.27}$$

一般而言，使用 LFM 脉冲信号进行成像处理时，为了满足良好的压缩性，LFM 脉冲信号具有大的时间带宽积。例如，脉宽为 20ms，带宽为 20kHz，时间带宽积为 400，满足远大于 1 的要求。因此，直接对式(4.26)利用驻定相位原理进行推导，得到积分项的近似表达式为

$$\int_{-\infty}^{+\infty} \exp\left[j\left(2\pi f_1' t' + \frac{\pi B'}{T'} t'^2 \right) \right] \exp(-j2\pi f't') dt' \approx \sqrt{\frac{T'}{B'}} \mathrm{rect}\left(\frac{f'}{B'} \right) = \sqrt{\frac{B}{2T}} \mathrm{rect}\left(\frac{t}{2T} \right)$$
$$\tag{4.28}$$

根据式(4.28)，$\widetilde{R}_{1,2}(t)$ 的近似表达式为

$$\begin{aligned}
\widetilde{R}_{1,2}(t) &\approx \frac{1}{B} \exp\left[j\left(\pi Bt + \frac{\pi Bt^2}{T} \right) \right] \sqrt{\frac{B}{2T}} \mathrm{rect}\left(\frac{t}{2T} \right) \\
&= \frac{1}{\sqrt{2BT}} \mathrm{rect}\left(\frac{t}{2T} \right) \exp\left[j\left(\pi Bt + \frac{\pi Bt^2}{T} \right) \right]
\end{aligned} \tag{4.29}$$

最终，上调频和下调频 LFM 脉冲信号的互相关函数可近似表示为

$$R_{1,2}(t) \approx \frac{1}{\sqrt{2TB}} \mathrm{rect}\left(\frac{t}{2T} \right) \exp\left[j\left(\pi Bt + \frac{\pi Bt^2}{T} \right) \right] \exp(j\omega_0 t) \tag{4.30}$$

互相关特性可表示为互相关函数的绝对值最大值与自相关函数绝对值最大值之比。令 $R_{1,1}$、$R_{2,2}$ 和 $R_{1,2}$ 分别表示 $R_{1,1}(t)$、$R_{2,2}(t)$ 和 $R_{1,2}(t)$ 的绝对值最大值，得到

$$\frac{R_{1,2}}{R_{1,1}} = \frac{R_{1,2}}{R_{2,2}} = \frac{\max\left| R_{1,2}(t) \right|}{\max\left| R_{1,1} \right|} = \frac{\max\left| R_{1,2}(t) \right|}{\max\left| R_{2,2} \right|} \approx \frac{1}{\sqrt{2TB}} \tag{4.31}$$

式中，上、下调频 LFM 脉冲信号的 TBP 越大，分母值越大，所获得的互相关函数越低，波形的相关特性就越好，越有利于成像。以不同的脉宽 T 和带宽 B 为例，给出 $R_{1,2}/R_{1,1}$ 的值，如图 4.10 所示。

从图 4.10(a)和(b)可知，LFM 脉冲信号的 TBP 越大，其互相关函数就越小，即互相关特性越好。这符合式(4.26)的结论。图 4.10(c)中，在带宽 B 一定时(分别为 20kHz 和 40kHz)，随着脉宽 T 逐渐增大，$R_{1,2}$ 与 $R_{1,1}$ 的比值 $R_{1,2}/R_{1,1}$ 逐渐下降，达到很低的水平。图 4.10(d)中，在脉宽 T 一定时(分别为 4ms 和 8ms)，随

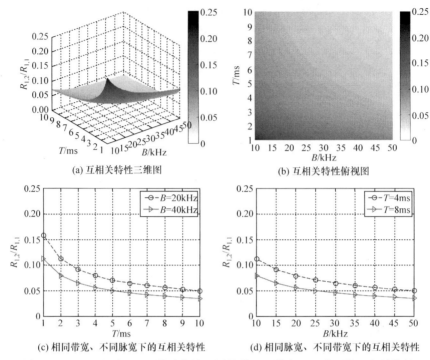

(a) 互相关特性三维图　　　　　　　　　　(b) 互相关特性俯视图

(c) 相同带宽、不同脉宽下的互相关特性　　(d) 相同脉宽、不同带宽下的互相关特性

图 4.10　上、下调频 LFM 脉冲信号不同脉宽 T 和带宽 B 组合下的互相关特性

着带宽逐渐增大，$R_{1,2}/R_{1,1}$ 的值逐渐下降，也达到很低的水平。以 TBP=160 的两组上、下调频 LFM 脉冲信号为例，给出其自相关函数和互相关函数的结果，如图 4.11 所示。第一组(窄带)脉宽 $T = 8$ms，带宽 $B = 20$kHz；第二组(宽带)脉宽 $T = 4$ms，带宽 $B = 40$kHz。

图 4.11 中，每组上、下调频 LFM 脉冲信号的自相关函数相互重合[图 4.11(b) 和(d)]，互相关函数处于很低水平。由于这两组信号的时间带宽积均为 160，因此互相关函数的高度几乎相同。第一组上、下调频 LFM 脉冲信号的带宽为 20kHz，第二组的带宽为 40kHz，因此第二组具有更高的距离分辨率。此外，第二组的脉宽为第一组的一半，其在进行匹配滤波时需要更低的运算量。图 4.11 说明，要想获得更高的距离分辨率和更低的匹配滤波运算量，增加信号带宽是可选方式之一。由于成像系统带宽的限制，发射信号带宽并不能任意增大，在具体使用时应该结合各项指标要求综合考虑。

根据以上推导与分析可知，使用等脉宽、同频带的上、下调频 LFM 脉冲信号，可以满足 2 发 N 收 MIMO 声呐在成像时对发射信号的要求。下面给出 2 发 N 收 MIMO 声呐使用上、下调频 LFM 脉冲信号进行二维扇扫成像的流程、仿真结果和实验结果。

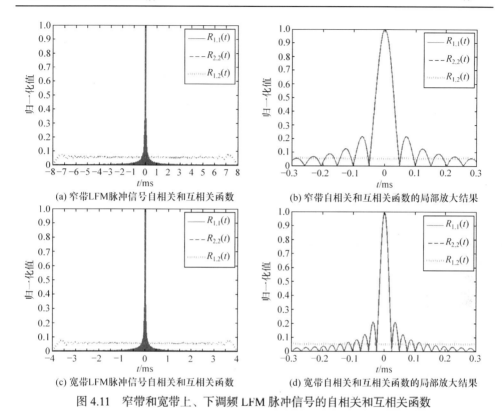

图 4.11 窄带和宽带上、下调频 LFM 脉冲信号的自相关和互相关函数

2. 使用 LFM 脉冲信号进行二维扇扫成像

成像过程中所需进行的简化和假设与 3.1.1 小节相同。2 发 N 收 MIMO 声呐的二维坐标系统如图 4.1 所示。使用 LFM 脉冲信号进行二维扇扫成像的流程与 4.1.4 小节相同，区别仅在于发射信号的不同，此处使用的发射信号为等脉宽、同频带的上调频和下调频 LFM 脉冲信号。当 LFM 脉冲信号具有大 TBP 时，匹配滤波输出中的互相关项可以忽略，匹配滤波器的输出可以简化为 LFM 脉冲信号的自相关函数项，即 sinc 函数项：

$$y_{(m-1)N+n}(t) = \sum_{p=1}^{P} \sigma_p R_{1,1}(t - \tau_{tm}^p - \tau_{rn}^p - T)$$

$$= \frac{T - \left| t - \tau_{tm}^p - \tau_{rn}^p - T \right|}{T} \mathrm{sinc} \left[\pi \frac{B}{T} \left(T - \left| t - \tau_{tm}^p - \tau_{rn}^p - T \right| \right) \right]$$

$$\times \exp \left[j\omega_0 \left(t - \tau_{tm}^p - \tau_{rn}^p - T \right) \right] \tag{4.32}$$

其中，m 的取值为 1 和 2。

由式(4.32)可知，使用上、下调频 LFM 脉冲信号时，2 发 N 收 MIMO 声呐的匹配滤波输出等效为传统 1 发 2N 收 SIMO 声呐使用上调频 LFM 脉冲信号(或下调频 LFM 脉冲信号)时的脉冲压缩输出。因此，现有的 ULA 波束形成算法可以直接用于处理 2N 个匹配滤波输出。下面对 MIMO 声呐成像所使用的波束形成方法进行具体分析。

1) 相移/时延波束形成

当 LFM 脉冲信号为窄带信号时，可使用相移波束形成对匹配滤波输出进行处理，也可以通过一维离散傅里叶变换来实现多波束处理，有利于硬件处理的快速实现。相移波束形成表达式见式(4.14)，对应的处理流程如图 4.6 所示。

当 MIMO 声呐的孔径或信号带宽较大时,相移处理难以获得所需要的延迟精度，导致相移波束形成器的成像分辨率低于时延波束形成器，位于边缘波束的目标成像输出出现幅度损失[10]。因此，为了获得较好的成像性能，可以使用时延波束形成处理[11]。下面给出时延波束形成的频域实现过程。

获得第 $[(m-1)N+n]$ 个匹配滤波输出 $y_{(m-1)N+n}(t)$ 的傅里叶变换(Fourier transform，FT)，即 $Y_{(m-1)N+n}(\omega)$ ，其中 ω 为 FT 表达式中的角频率变量。根据第 q 个主瓣下的时延量 $\tau_{(m-1)N+n}^{q}$ ，定义冲击函数 $\delta_{(m-1)N+n}^{q}\left(t-\tau_{(m-1)N+n}^{q}\right)$ ，获得其 FT 表达式 $H_{(m-1)N+n}^{q}(\omega)$:

$$H_{(m-1)N+n}^{q}(\omega)=\exp\left(-\mathrm{j}\omega\tau_{(m-1)N+n}^{q}\right) \tag{4.33}$$

利用 $H_{(m-1)N+n}^{q}(\omega)$ 补偿完 $Y_{(m-1)N+n}(\omega)$ 上所有频点的相移再求和，对求和结果取傅里叶逆变换(inverse Fourier transform，IFT)，即可获得最终的时域输出:

$$B_{q}(t)=\mathrm{IFT}\left[\sum_{m=1}^{2}\sum_{n=1}^{N}A_{(m-1)N+n}^{q}Y_{(m-1)N+n}(\omega)H_{(m-1)N+n}^{q}(\omega)\right] \tag{4.34}$$

2 发 N 收 MIMO 声呐使用频域时延波束形成处理的流程如图 4.12 所示。

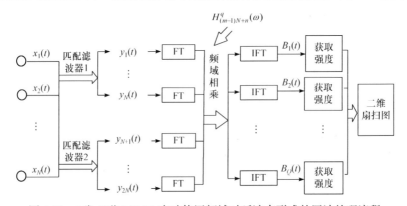

图 4.12 2 发 N 收 MIMO 声呐使用频域时延波束形成的回波处理流程

2) 移边带/基带波束形成

传统时延波束形成需要数倍于信号最高频率的采样频率，其计算量太大，并不适合于当下的实时成像处理要求。由于发射信号为带通信号，可以直接使用移边带波束形成进行处理[11-13]。

用频率为 f_D 的单频信号对回波进行解调并低通滤波，得到

$$\tilde{x}_n^{S}(t) = \tilde{x}_n^{B}(t)\exp\left[\mathrm{j}2\pi\left(f_0 - f_D\right)t \right] \tag{4.35}$$

式中，$\tilde{x}_n^{S}(t)$ 为第 n 个接收阵元上回波经过解调和低通滤波后的输出；$\tilde{x}_n^{B}(t)$ 为回波的基带信号。由式(4.35)可知，经过解调和低通滤波后，信号的最高频率为 $f_0 - f_D + B/2$。当 f_D 接近 f_0 时，接收端所需的采样频率将远远低于传统时延波束形成所需的采样频率，从而有效降低处理计算量。

同样地，发射信号也需解调到相同的频带上，并利用其对解调后的回波进行匹配滤波，得到降采样后的第 $[(m-1)N+n]$ 个匹配滤波输出 $\tilde{y}_{(m-1)N+n}^{S}(t)$，即

$$\tilde{y}_{(m-1)N+n}^{S}(t) = \tilde{y}_{(m-1)N+n}^{B}(t)\exp\left[\mathrm{j}2\pi\left(f_0 - f_D\right)t\right] \tag{4.36}$$

其中，

$$\tilde{y}_{(m-1)N+n}^{B}(t) = \sum_{p=1}^{P}\sigma_p \frac{T - \left|t - \tau_{tm}^{p} - \tau_{rn}^{p} - T\right|}{T}\operatorname{sinc}\left[\pi\frac{B}{T}\left(T - \left|t - \tau_{tm}^{p} - \tau_{rn}^{p} - T\right|\right)\right]\cdot\exp(\mathrm{j}\omega_0 t)$$

$$\tag{4.37}$$

为第 $[(m-1)N+n]$ 个匹配滤波输出的基带信号。

移边带波束形成的输出 $\tilde{B}_q^{S}(t)$ 可表示为

$$\tilde{B}_q^{S}(t) = \sum_{m=1}^{2}\sum_{n=1}^{N}\left[\tilde{w}_{(m-1)N+n}^{q}\right]^{c}\tilde{y}_{(m-1)N+n}^{S}\left(t - \tau_{(m-1)N+n}^{q}\right) \tag{4.38}$$

其中，

$$\tilde{w}_{(m-1)N+n}^{q} = A_{(m-1)N+n}^{q}\exp\left(-\mathrm{j}2\pi f_D\tau_{(m-1)N+n}^{q}\right) \tag{4.39}$$

对比式(4.14)和式(4.38)可知，移边带波束形成在相位延迟的基础上，还进行了时间延迟处理，更充分地补偿了各通道之间的延迟，因此可以获得更优的波束形成性能，从而保证了 MIMO 声呐获得更优的成像结果。

当 $f_D = f_0$ 时，移边带波束形成变为基带波束形成。相应的波束输出 $\tilde{B}_q^{B}(t)$ 可表示为

$$\tilde{B}_q^{B}(t) = \sum_{m=1}^{2}\sum_{n=1}^{N}\left[w_{(m-1)N+n}^{q}\right]^{c}\tilde{y}_{(m-1)N+n}^{B}\left(t - \tau_{(m-1)N+n}^{q}\right) \tag{4.40}$$

使用移边带波束形成的回波处理流程如图 4.13 所示。基带波束形成的处理流程与图 4.13 类似，只需将 $\tilde{y}^{S}_{(m-1)N+n}(t)$ 和 $\widetilde{B}^{S}_{q}(t)$ 改为 $\tilde{y}^{B}_{(m-1)N+n}(t)$ 和 $\widetilde{B}^{B}_{q}(t)$ 即可。

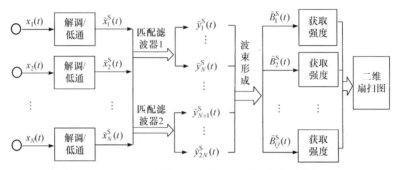

图 4.13　2 发 N 收 MIMO 声呐使用移边带(或基带)波束形成的回波处理流程

移边带波束形成的频域处理基本做法是先解调和低通滤波以搬移频带，并防止频谱混叠，再对搬移后的信号进行降采样，最后利用频域处理方法进行时延波束形成。此时，不同于相移波束形成处理仅补偿中心频点相位的做法，移边带波束形成需要对 $[f_0-f_D-B/2,\ f_0-f_D+B/2]$ 内所有频点上的相位进行补偿[11-13]。

根据式(4.36)对匹配滤波输出进行解调和低通滤波，再对 $\tilde{y}^{S}_{(m-1)N+n}(t)$ 进行傅里叶变换，得到其频域表达式 $\widetilde{Y}^{S}_{(m-1)N+n}(t)$。定义频域移相因子：

$$H^{q}_{(m-1)N+n}(\omega)-\exp\left[-\mathrm{j}(\omega+2\pi f_{\mathrm{D}})\tau^{q}_{(m-1)N+n}\right] \tag{4.41}$$

此处需注意式(4.41)与式(4.33)的不同。进行频域相乘并取傅里叶逆变换，得到

$$\widetilde{B}^{S}_{q}(t)=\mathrm{IFT}\left[\sum_{m=1}^{2}\sum_{n=1}^{N}A^{q}_{(m-1)N+n}\widetilde{Y}^{S}_{(m-1)N+n}(\omega)H^{q}_{(m-1)N+n}(\omega+2\pi f_{\mathrm{D}})\right] \tag{4.42}$$

当 $f_{\mathrm{D}}=f_0$ 时，移边带波束形成就变为基带波束形成：

$$\widetilde{B}^{B}_{q}(t)=\mathrm{IFT}\left[\sum_{m=1}^{2}\sum_{n=1}^{N}A^{q}_{(m-1)N+n}\widetilde{Y}^{B}_{(m-1)N+n}(\omega)H^{q}_{(m-1)N+n}(\omega+2\pi f_0)\right] \tag{4.43}$$

其中，$\widetilde{Y}^{B}_{(m-1)N+n}(t)$ 为 $\tilde{y}^{B}_{(m-1)N+n}(t)$ 的傅里叶变换。

3. 计算机仿真与水池实验

仿真中使用图 4.11 中的窄带和宽带 LFM 脉冲信号作为 MIMO 声呐的发射信号，分别考察窄带和宽带情况下各种波束形成算法的成像质量。此外，为了进一

步验证成像方法的有效性，在全消声水池进行了二维扇扫成像实验。

1) 窄带 LFM 脉冲信号的成像仿真

仿真中，除了发射信号外，MIMO 声呐的参数与图 4.8 中的相同。2 个窄带 LFM 脉冲信号的脉宽均为 8ms，频带范围分别是 390～410kHz 和 410～390kHz。水下目标参数也与图 4.8 中的相同。接收阵元上的噪声为加性高斯白噪声，带内信噪比为 10dB。使用传统的相移波束形成和时延波束形成时，采样频率为 2000kHz。移边带波束形成使用的参考频率 $f_D = 380$kHz，基带波束形成使用的 $f_D = 400$kHz。解调后，移边带波束形成的采样频率降为 100kHz，基带波束形成的采样频率降为 50kHz。波束形成器的扫描范围都是 $[-45°,45°]$，间隔为 1°，共形成 91 个波束。所有波束形成器均使用旁瓣级为 -25dB 的 Chebyshev 窗，并将成像结果进行归一化。目标的原始二维图(所有散射点在角度维和距离维上的分布)如图 4.8(a) 所示。2 发 32 收 MIMO 声呐使用传统相移波束形成、传统时延波束形成、移边带波束形成和基带波束形成的二维扇扫成像结果如图 4.14 所示。

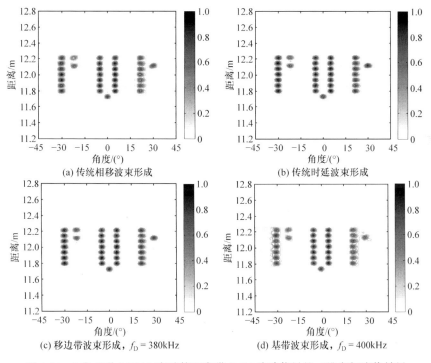

(a) 传统相移波束形成

(b) 传统时延波束形成

(c) 移边带波束形成，$f_D = 380$kHz

(d) 基带波束形成，$f_D = 400$kHz

图 4.14 2 发 N 收 MIMO 声呐使用窄带 LFM 脉冲信号的二维扇扫成像结果

对比图 4.14(a) 和图 4.14(b) 可知，传统时延波束形成比传统相移波束形成具有更少的旁瓣干扰，但是需要更大的计算量。对比图 4.14(b) 和图 4.14(c) 可知，移边带波束形成可以使用很低的采用频率(100kHz)获得与时延波束形成类似的扇扫图。由图 4.14(d)可知，虽然基带波束形成的采样频率仅为 50kHz，但是对应的扇扫图出现了较多的角度旁瓣干扰。综合图 4.14 的结果可知，移边带波束形成既可以降低处理运算量，也可以获得与传统时延波束形成类似的扇扫成像结果。

　　2) 宽带 LFM 脉冲信号的成像仿真

　　仿真中 2 个宽带 LFM 脉冲信号的脉宽均为 4ms，频带范围分别是 380～420kHz 和 420～380kHz。除此以外，仿真中的其他参数与图 4.14 所对应的仿真参数相同。MIMO 声呐采用传统时延波束形成、移边带波束形成和基带波束形成的二维扇扫成像结果如图 4.15 所示。

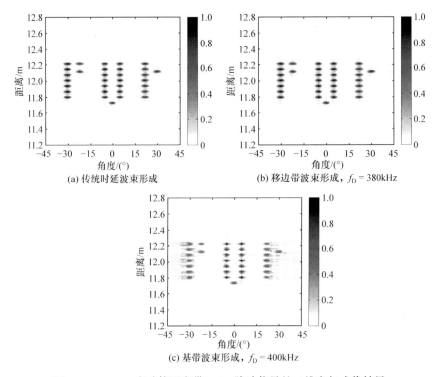

图 4.15　MIMO 声呐使用宽带 LFM 脉冲信号的二维扇扫成像结果

　　图 4.15(a)为 MIMO 声呐使用传统时延波束形成时的二维扇扫图，图 4.15(b)为使用移边带波束形成时的二维扇扫图。可以看出，移边带波束形成可以获得与传统时延波束形成类似的二维扇扫图，但是其采样频率仅为 100kHz，计算量明显要更低。图 4.15(c)为基带波束形成的二维扇扫成像结果，与图 4.15(a)和(b)对比后可以看到，虽然其采样频率仅为 50kHz，但是其成像结果出现了严重的

旁瓣干扰。综合图 4.15 中的二维扇扫成像结果可知，当发射信号为宽带 LFM 脉冲信号时，移边带波束形成既可以保证成像性能，又可以有效降低接收端的处理运算量。

3) 水池实验

实验在六面全消声水池进行。水池的长度、宽度、深度分别为 20m、8m、7m。实验中采用 2 个发射换能器和 32 个接收水听器。这 32 水听器组成 32 元接收 ULA，阵元间距为 0.01m(设计频率为 75kHz)。设水平面与 $z = 0$ 的平面重合，则 32 元 ULA 平行于 $z = -3.4$m 的平面且几何中心坐标为(0, 0, -3.4)(单位为 m，后同)。第 $n(n=1, 2,\cdots,32)$ 个水听器的 x 轴坐标为 $(n-16.5)\times0.01$，y 轴和 z 轴坐标分别为 0 和-3.6。2 个发射换能器的坐标分别为(-0.155, 0, -3.4)和(0.155, 0, -3.4)。目标为空心半圆柱铝桶，其几何中心坐标为(0, 9.9, -3.5)和(0.9, 7, -3.5)。2 个发射换能器、32 元 ULA、目标的实物图如图 4.16 所示，水池实验的原理图如图 4.17 所示。

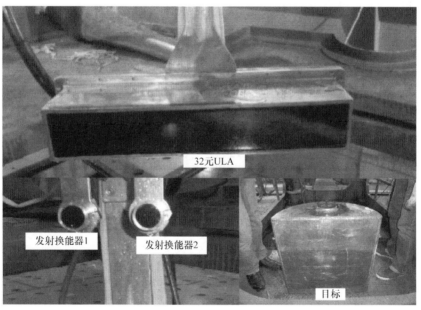

图 4.16 发射换能器 1、发射换能器 2、32 元 ULA 和目标的实物图

MIMO 声呐采用 2 发 31 收的布阵方式，其 31 元接收 ULA 由第 1 个到第 31 个水听器组成。SIMO 声呐由发射换能器 1 和 32 元 ULA 组成。实验中 SIMO 声呐和 MIMO 声呐的组成如表 4.3 所示。如此，MIMO 声呐和 SIMO 声呐均使用 32 个阵元和 31×0.01＝0.31m 的物理尺寸。MIMO 声呐使用频带范围分别为 65～85kHz 和 85～65kHz 的 LFM 脉冲信号，SIMO 声呐的发射信号为 65～85kHz 的上调频 LFM 脉冲信号，信号脉宽均为 8ms。实验中所用 2 个 LFM 脉冲信号的参

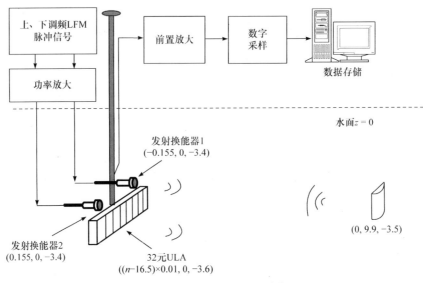

图 4.17　水池实验的原理图(单位：m)

数如表 4.4 所示。原始数采系统的采样频率为 1000kHz，对其利用 60kHz 的单频信号进行解调后，重新以 200kHz 的采样频率进行采样，并使用移边带波束形成处理获得多波束输出。MIMO 声呐和 SIMO 声呐均采用矩形窗作为幅度加权。

表 4.3　实验中 SIMO 声呐和 MIMO 声呐的组成

声呐类型	组成形式
SIMO 声呐	发射换能器 1 和 32 元 ULA
2 发 MIMO 声呐	发射换能器 1、2 和 31 元 ULA

表 4.4　实验中所用 2 个 LFM 脉冲信号的参数

发射换能器	频带范围/kHz	脉宽/ms
1	65～85	8
2	85～65	

　　MIMO 声呐和 SIMO 声呐的二维扇扫成像结果如图 4.18 所示。图 4.18(a)为 SIMO 声呐的二维扇扫成像结果，图 4.18(b)为 MIMO 声呐的二维扇扫成像结果。可以看出，沿着 x 轴方向，MIMO 声呐的二维扇扫成像结果具有更高的角度分辨率。为了更直观地对比两者的角度分辨率，将强度成像结果投影到 xoz 平面上(其中 z 轴代表了散射强度的大小)。从图 4.18(c)可知，MIMO 声呐的成像结果具有更高的角度分辨率。

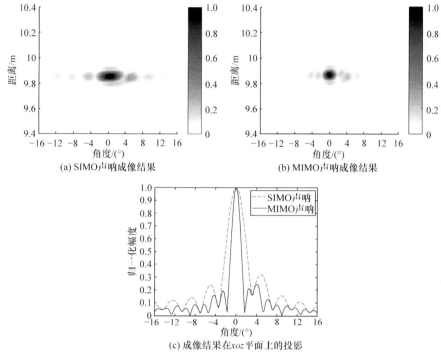

(a) SIMO声呐成像结果 (b) MIMO声呐成像结果

(c) 成像结果在xoz平面上的投影

图 4.18　水池实验中 MIMO 声呐和 SIMO 声呐的二维扇扫成像结果

　　根据计算机仿真结果和水池实验结果，可知等脉宽、同频带、反向调频的 LFM 脉冲信号满足 2 发 N 收 MIMO 声呐对发射信号的要求。使用该信号时，2 发 N 收 MIMO 声呐可以在不增加阵元个数、阵列物理尺寸和提高发射信号频率的前提下，获得 2 倍于 SIMO 声呐的角度分辨率。

4.2　MIMO 声呐条带式测深与成像

4.2.1　条带式测深与成像的原理和分辨率

　　安装在 AUV 和 ROV 等小型水下平台上的多波束测深与成像系统，大多采用三种基本阵型：十字阵、一条直线阵和一条弧形阵、收发合置矩形阵[14-16]。本小节主要关注十字阵型多波束测深系统。

　　如图 4.19(a)所示，十字阵由相互垂直的发射直线阵和接收直线阵组成，这些直线阵一般为 ULA。为了不破坏 AUV 的流体线型，十字阵中发射 ULA 和接收 ULA 的物理尺寸均不超出 AUV 的横向和纵向尺寸。如图 4.19(b)所示，测深过程中，发射 ULA 发射单个脉冲并“照亮”AUV 正下方的一个条带。接收 ULA 对该条带的回波进行多波束形成、时延估计等处理，获得该条带上的离散深度值。随着 AUV 往前航行，可陆续对下方的多个条带测深。将这些条带的深度综合拼接，获得一片水下区域的深度值，即水下三维地形。

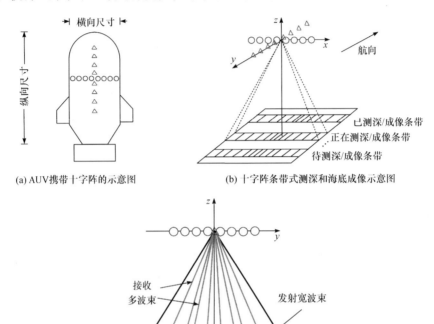

(a) AUV携带十字阵的示意图　　　　(b) 十字阵条带式测深和海底成像示意图

(c) 十字阵系统对水体进行扇扫成像示意图

图 4.19　AUV 携带十字阵示意图和十字阵系统逐条带测深与成像示意图

　　条带式测深声呐除了获得声呐载具下方的海深等海底地形信息，还可以提取条带中波束脚印上的强度，从而获得海底地貌信息。同时，可以对声呐平台正下方水体进行二维扇扫成像，获得水体的二维散射强度信息。因此，性能先进的条带式测深声呐系统一般同时具有测深、扫海(海底强度成像)、水体成像三个功能。这三个功能中，测深和扫海为常用功能。

　　在进行测深和扫海时，条带式测深系统的角度分辨率分为沿航向分辨率和垂直航向分辨率，如图 4.20 所示。发射 ULA 的孔径决定单个条带的宽度，即沿航向分辨率，接收 ULA 孔径决定垂直航向分辨率。若要提高角度分辨率，则需要提高发射 ULA 和接收 ULA 的有效孔径。

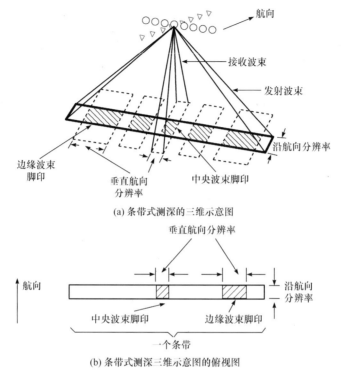

(a) 条带式测深的三维示意图

(b) 条带式测深三维示意图的俯视图

图 4.20 条带式测深系统与波束脚印、分辨率的关系

在测深过程中，发射 ULA 在一个发射接收周期内仅形成单个发射波束，该波束指向 AUV 正下方(发射波束指向发射 ULA 的法线方向)。因此，发射 ULA 可以采用大于半波长(如一个波长)的阵元间距，获得更窄的主瓣并避免栅瓣的干扰[14]。接收 ULA 需要进行多波束处理，其波束覆盖了从中央波束到边缘波束的区域。为避免接收波束出现栅瓣，接收 ULA 需采用半波长布阵。随着接收主瓣从中央波束指向边缘波束，接收孔径会逐渐变小，波束脚印会随之扩大，即边缘波束的分辨率低于中央波束(图 4.20)。这说明即便发射 ULA 和接收 ULA 具有相同的孔径，后者的角度分辨率也会低于前者。若要提高接收 ULA 孔径，传统方法为增加阵列尺寸或提高发射信号频率，而这又面临着内部空间限制和吸收损失增加的问题。事实上，大多数 AUV 的纵向尺寸都是大于横向尺寸的，留给发射 ULA 的空间足够多，而留给接收 ULA 的空间很有限。因此，如何在平台空间尺寸的约束下有效增加接收孔径，成为提高角度分辨率的关键因素之一。

4.2.2 条带式测深与成像阵型设计

根据 4.1.1 小节设计的 2 发 N 收 MIMO 声呐，本小节设计一种由 2 个发射 ULA 和一个接收 ULA 组成的工字型 MIMO 声呐[17]。如图 4.21(a)所示，将图 4.1

所示 2 发 N 收 MIMO 声呐中的 2 个发射阵元替换为 2 个发射子阵(在图中分别以 T_1 和 T_2 表示)，便获得了工字型 MIMO 声呐。这 2 个发射子阵均为阵元间距等于 d_t 的 M_0 元 ULA，且都与接收 ULA 垂直。MIMO 声呐沿 y 轴的物理尺寸 L_{MIMO}^y 等于单个发射子阵的尺寸，即

$$L_{\text{MIMO}}^y = (M_0 - 1)d_t \tag{4.44}$$

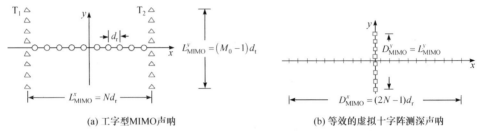

(a) 工字型MIMO声呐　　　　　　　　　　　(b) 等效的虚拟十字阵测深声呐

图 4.21　工字型 MIMO 声呐及其等效的虚拟十字阵测深声呐

工字型 MIMO 声呐沿 x 轴的物理尺寸 L_{MIMO}^x 等于两个子阵之间的距离

$$L_{\text{MIMO}}^x = Nd_r \tag{4.45}$$

如此布阵情况下，该 MIMO 声呐等效为发射孔径不变、接收孔径倍增的虚拟十字阵声呐，如图 4.21(b)所示。

由图 4.21 可知，工字型 MIMO 声呐的发射孔径 D_{MIMO}^y 等于虚拟十字阵声呐中发射 ULA 的物理尺寸，即 MIMO 声呐沿 y 轴的物理尺寸：

$$D_{\text{MIMO}}^y = (M_0 - 1)d_t = L_{\text{MIMO}}^y \tag{4.46}$$

工字型 MIMO 声呐的有效接收孔径等于虚拟十字阵声呐中接收 ULA 的物理尺寸，约为 MIMO 声呐中沿 x 轴的物理尺寸的 2 倍：

$$D_{\text{MIMO}}^x = (2N - 1)d_r \approx 2L_{\text{MIMO}}^x \tag{4.47}$$

由式(4.44)～式(4.47)可知，图 4.21(a)中具有 2 个发射子阵的工字型 MIMO 声呐，可以在不增加物理尺寸和发射信号频率的前提下，将接收端的角度分辨率倍增。此外，发射子阵的使用也获得了发射阵增益，保证了 MIMO 声呐的有效作用距离。

4.2.3　条带式测深与成像波形设计

工字型 MIMO 声呐使用 2 个发射阵发射脉冲信号照射目标场景。每个发射阵内部发射相干波形，获得相干处理增益与指向性。两个发射阵之间发射 2 个正交波形。这 2 个正交波形需满足 3.1.2 小节的自相关和互相关特性要求。因此，工字型 MIMO 声呐可使用正交编码信号，如正交多相编码信号、正交调频编码信

号等。同时，由于工字型 MIMO 声呐只需使用 2 个正交波形，可以使用 4.1.6 小节中的 2 个上、下调频 LFM 脉冲信号。一般而言，与正交编码信号相比，上、下调频 LFM 脉冲信号具有波形简单、稳健性高的优点。在实际使用时，工字型 MIMO 声呐的可以直接使用上、下调频 LFM 脉冲信号。

4.2.4　条带式测深与成像流程

工字型 MIMO 声呐进行条带式测深与成像时，回波处理所需的匹配滤波、波束形成与 4.1.1 小节中小尺寸 MIMO 声呐二维成像的匹配滤波、波束形成相同，此处忽略相关的公式推导。感兴趣的读者可以参考式(4.13)～式(4.17)的公式推导。

工字型 MIMO 声呐使用 4.1.6 小节中的一对等脉宽、同频带、反向调频的 LFM 脉冲信号作为发射信号。在同一时间内，T_1 和 T_2 分别发射上、下调频 LFM 脉冲信号，并"照亮"AUV 正下方的一个条带。在 1ping 内，N 元接收 ULA 上的回波来自该条带。对回波进行匹配滤波，获得 $2N$ 个自相关函数项(sinc 函数项)输出。对匹配滤波输出进行多波束形成并对波束输出进行回波时延估计，通过坐标转换获得单个条带的离散点深度。时延估计时可使用快速能量中心收敛法[16]、特征模型相关分析法[16]、加权时间平均(weighted mean time，WMT)法[14-16]、方位指示法[14-16]和分离波束相位差检测法等[16,18-19]。使用图 4.21(a)中的工字型 MIMO 声呐对单个条带进行测深的流程如图 4.22 所示。

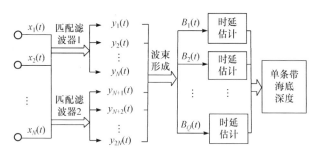

图 4.22　单条带回波处理与测深流程

如前所述，条带式测深声呐除了进行海底测深，也可以在平台行进过程中对海底进行扫海(海底强度成像)，或者对平台下方水体进行强度成像。扫海的基本原理是利用海底检测与强度提取方式，计算条带中每个波束脚印上的散射回波强度。水体成像的基本原理与二维扇扫成像类似，只是此时被照射的目标场景为声呐平台正下方的扇形水体。利用条带式测深声呐进行海底散射强度成像的处理流程如图 4.23 所示，对水体进行二维扇扫成像的处理流程如图 4.24 所示。综合图 4.22～图 4.24 可知，条带式测深声呐的测深、扫海、水体成像的回波处理流程中,匹配滤波、多波束形成等步骤是共用的,区别在于测深需要对波束输出进行时延估计,扫海需要检测海底并提取波束脚印上的散射强度,水体成像则需要按照回波到达先后顺序直接提取出波束输出上的强度信息。

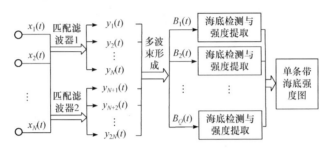

图 4.23   针对单条带回波的扫海(海底强度成像)流程

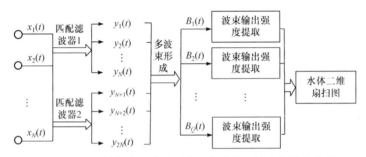

图 4.24   针对单条带回波的平台下方水体二维扇扫成像流程

4.2.5   条带式测深与扫海仿真示例

仿真示例考虑浅海测深问题。为简化分析,假设浅海声速剖面为等声速剖面。设 MIMO 声呐和 SIMO 声呐使用相同的工作频段(96~104kHz)、相同的阵列尺寸,且两者均安装于 AUV 正下方进行条带式测深与扫海。MIMO 声呐的发射子阵 T_1 和 T_2 均为 16 元 ULA,阵元间距为 0.93λ,其中 λ 为水下 100kHz 声波在声速 1500m/s 时的波长。MIMO 声呐的接收阵为 16 元 ULA,阵元间距为 $\lambda/2$。为了进行对比,设有一个十字阵声呐与 MIMO 声呐具有相同的物理尺寸,即发射阵为间距 0.93λ 的 16 元 ULA,接收阵为间距 $\lambda/2$ 的 17 元 ULA。此时,MIMO 声呐和十字阵声呐的尺寸相同,两者沿着 y 轴的物理尺寸均为 13.95λ,沿着 x 轴的物理尺寸均为 8λ。工字型 MIMO 声呐沿着 x 轴的孔径为 15.5λ,而十字阵声呐沿着 x 轴的孔径为 8λ,前者约是后者的 2 倍。AUV 携带工字型 MIMO 声呐和虚拟十字阵声呐的示意图如图 4.25 所示。图 4.25 解释了工字型 MIMO 声呐可以充分利用 AUV 的表面空间和尺寸进行布阵,从而使得接收孔径倍增,有效提高垂直航向分辨率。

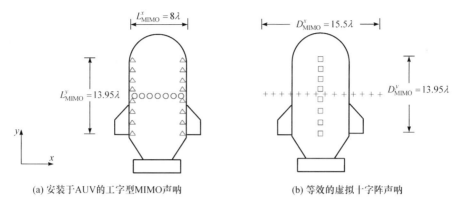

(a) 安装于 AUV 的工字型 MIMO 声呐   (b) 等效的虚拟十字阵声呐

图 4.25 AUV 携带工字型 MIMO 声呐和虚拟十字阵声呐的示意图

工字型 MIMO 声呐中 2 个子阵的发射信号为等脉宽、同频带的上、下调频 LFM 脉冲信号,其脉宽均为 15ms,频带范围分别是 96～104kHz 和 104～96kHz。传统十字阵声呐采用其中的上调频 LFM 脉冲信号。接收阵元上的噪声为加性高斯白噪声,带内信噪比为 10dB。接收端采用相移波束形成,幅度加权为−20dB 的 Chebyshev 窗。波束指向角为−44°～44°,间隔为 4°,即将每个条带划分为 23 个波束。采用 WMT 法对波束输出进行时延估计。

考察接收波束图性能。工字型 MIMO 声呐和十字阵声呐的接收波束图与主瓣宽度如图 4.26 所示。图 4.26(a)为主瓣指向 0°(接收直线阵法线方向)的结果,可知 MIMO 声呐具有更窄的主瓣波束。经过计算可知,工字型 MIMO 声呐的接收波束宽度在 0 处约为 7.2°,而对应的十字阵声呐波束宽度约为 13.8°。图 4.26(b) 是接收主瓣指向不同角度下的波束宽度,为−20dB 之间的波束宽度,简写为 BW_{-20dB}。由图 4.26(b)可知,工字型 MIMO 声呐的接收波束宽度约为十字阵声呐的一半,说明前者的接收孔径约为后者的 2 倍。

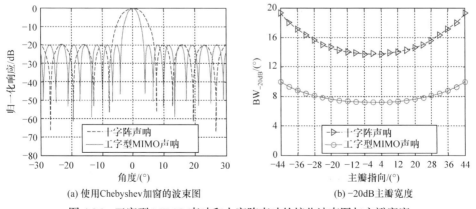

(a) 使用 Chebyshev 加窗的波束图   (b) −20dB 主瓣宽度

图 4.26 工字型 MIMO 声呐和十字阵声呐的接收波束与主瓣宽度

仿真中水底原始三维地形如图 4.27(a)所示，即在 AUV 正下方 $z = -60$m 的平面上有一圆锥形凸起，该凸起的顶点距离水面 40m。仿真中假设 AUV 一直停留在坐标原点处，并对其正下方的条带进行 21 次重复测深(重复 21ping)。该条带的二维地形如图 4.27(b)所示。十字阵声呐和工字型 MIMO 声呐的第 1 次测深结果分别如图 4.27(c)和 4.27(d)所示。

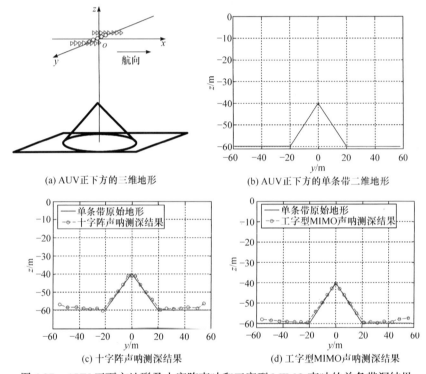

图 4.27　AUV 正下方地形及十字阵声呐和工字型 MIMO 声呐的单条带深结果

为了定量对比两种声呐的测深性能，给出了测深的均方根误差(root mean square errors，RMSE)，如图 4.28 所示。图 4.28(a)给出了每 ping 23 个波束上的测深 RMSE。从该结果可知十字阵声呐的测深 RMSE 在 1.4～1.5m，而工字型 MIMO 声呐的测深 RMSE 在 1.1～1.2m。图 4.28(b)给出了每个波束上 21 ping 的测深 RMSE，从该结果可知工字型 MIMO 声呐具有更小的测深 RMSE。综合图 4.28 的结果可知，工字型 MIMO 声呐具有更大的接收孔径和更高的跨航向分辨率，从而具有更高的测深精度。

为了进一步对比两种声呐的测深性能，将接收阵元上的带内信噪比进行修改，从-20dB 增加到 10dB，并在每个信噪比条件下计算一个波束上重复 21 ping 的测深 RMSE，对应的结果如图 4.29 所示。图 4.29(a)是 1 号波束(指向-44°)21 ping 的测深 RMSE，图 4.29(b)是 8 号波束(指向-16°)21 ping 的测深 RMSE，图 4.29(c)

是 12 号波束(指向 0°)21 ping 的测深 RMSE。综合图 4.29 可知，随着信噪比的增加，十字阵声呐和工字型 MIMO 声呐的测深 RMSE 都逐渐减小，但是工字型 MIMO 声呐具有更低的 RMSE。综合图 4.29 的结果可知，工字型 MIMO 声呐具有更高的测深精度。

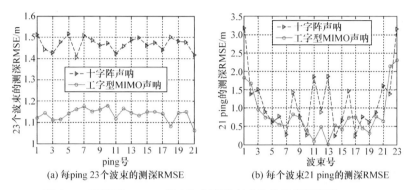

(a) 每 ping 23 个波束的测深 RMSE　　　　　　　(b) 每个波束 21 ping 的测深 RMSE

图 4.28　工字型 MIMO 声呐和十字阵声呐的单条带测深的 RMSE

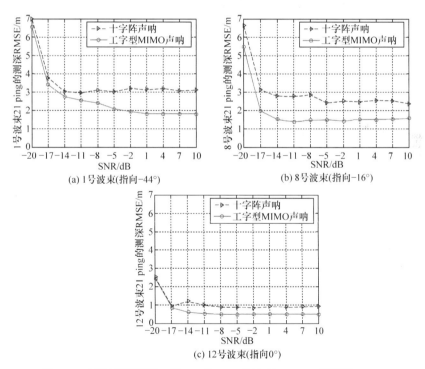

(a) 1 号波束(指向−44°)　　　　　　　(b) 8 号波束(指向−16°)

(c) 12 号波束(指向 0°)

图 4.29　不同信噪比下 1 号、8 号、12 号波束 21 ping 的测深 RMSE

　　在进行条带式测深的同时，可以提取出每个波束脚印上的散射强度，从而得到扫海结果。假设海底 60m 深度上存在多个等强度散射点组成的目标。利用工字型 MIMO 声呐和十字阵声呐进行扫海，以得到海底目标的散射强度图。仿真中声呐系统参数、环境参数均与图 4.27 的相同。扫海(海底强度成像)的三维坐标系示意图如图 4.30(a)所示，海底目标的分布示意图如图 4.30(b)所示。使用十字阵声呐获得的扫海结果如图 4.30(c)所示，使用工字型 MIMO 声呐获得的扫海结果如图 4.30(d)所示。

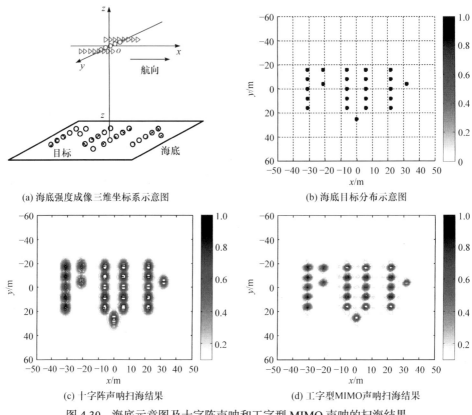

(a) 海底强度成像三维坐标系示意图　　　　　　　　(b) 海底目标分布示意图

(c) 十字阵声呐扫海结果　　　　　　　　　　(d) 工字型MIMO声呐扫海结果

图 4.30　海底示意图及十字阵声呐和工字型 MIMO 声呐的扫海结果

图 4.30(a)中声呐的航向为 x 轴正方向，接收阵位于 y 轴，这说明接收阵孔径和分辨率决定了跨航向(y 轴方向)分辨率。对比图 4.30(c)和图 4.30(d)的扫海结果可知，工字型 MIMO 声呐沿着 y 轴方向的分辨率优于十字阵声呐。由于工字型 MIMO 声呐的接收孔径是十字阵声呐的 2 倍，工字型 MIMO 声呐具有更高的跨航向分辨率。

4.3　MIMO 声呐三维正视成像

三维正视成像声呐主要用于对前方、下方等方向上的目标进行近距离三维成像。不同于 4.4 节的三维前视成像声呐(一般采用平行的多条直线阵采集回波)，三维正视成像声呐需使用平面阵、柱面阵接收回波,其角度分辨率主要由接收阵孔径决定。为了获得期望的角度分辨率,三维正视成像声呐需使用具有空间二维角度分辨能力的大规模阵列,导致系统成本极其高昂。MIMO 声呐利用虚拟阵列技术可以使用很少的物理阵元合成期望的虚拟平面阵、柱面阵等,可以显著降低阵元成本。本节给出利用 MIMO 技术进行三维正视成像的方法。

4.3.1 口字型 MIMO 声呐阵型设计

3.2.3 小节给出了多种用于三维正视成像的 MIMO 声呐阵型[20-21]。以虚拟阵列为矩形平面阵的 MIMO 声呐为例,可用于三维正式成像的 MIMO 声呐包括十字型 MIMO 声呐、L 型 MIMO 声呐、T 型 MIMO 声呐和口字型 MIMO 声呐。相比于十字型、L 型、T 型这三种 MIMO 声呐,口字型 MIMO 声呐不但可以减少阵元个数,还可以缩小阵列尺寸(横向和纵向尺寸均可缩减为十字型、L 型、T 型MIMO 声呐的一半)。本小节忽略十字型、L 型、T 型 MIMO 声呐的三维成像方法(感兴趣的读者可以参考相关文献[22-25]),给出口字型 MIMO 声呐三维正视成像的方法。

如图 4.31 所示,口字型 MIMO 声呐的发射阵和接收阵均为两条相互平行的 ULA,且阵元间距均为 $\lambda/2$。总的发射阵元数 M 和单个接收 ULA 的阵元数 M_0满足:

$$M = 2M_0 \tag{4.48}$$

总的接收阵元数 N 和单个接收 ULA 的阵元数 N_0 满足:

$$N = 2N_0 \tag{4.49}$$

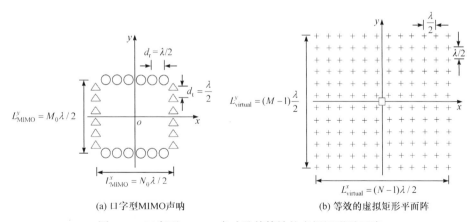

(a) 口字型MIMO声呐　　(b) 等效的虚拟矩形平面阵

图 4.31　口字型 MIMO 声呐及其等效的虚拟矩形平面阵

口字型 MIMO 声呐中第 $m(m=1,2,\cdots,M)$ 个发射阵元和第 $n(n=1,2,\cdots,N)$ 个

接收阵元的坐标分别为

$$\boldsymbol{x}_{tm} = \begin{cases} \dfrac{\lambda}{2}\left[-\dfrac{N_0}{2}, m-1-\dfrac{M_0-1}{2}, 0\right]^{\mathrm{T}}, & m=1,2,\cdots,M_0 \\[4mm] \dfrac{\lambda}{2}\left[\dfrac{N_0}{2}, m-1-\dfrac{3M_0-1}{2}, 0\right]^{\mathrm{T}}, & m=M_0+1,\cdots,M \end{cases} \tag{4.50}$$

$$\boldsymbol{x}_{rn} = \begin{cases} \dfrac{\lambda}{2}\left[n-1-\dfrac{N_0-1}{2}, -\dfrac{M_0}{2}, 0\right]^{\mathrm{T}}, & n=1,2,\cdots,N_0 \\[4mm] \dfrac{\lambda}{2}\left[n-1-\dfrac{3N_0-1}{2}, \dfrac{M_0}{2}, 0\right]^{\mathrm{T}}, & n=N_0+1,\cdots,N \end{cases} \tag{4.51}$$

根据口字型 MIMO 声呐中发射阵元和接收阵元的坐标，可以得到第 $[(m-1)N+n]$ 个虚拟接收阵元的坐标为

$$\boldsymbol{x}_{(m-1)N+n}^{\mathrm{r}} = \frac{\lambda}{2}\left[n-1-\frac{N-1}{2}, m-1-\frac{M-1}{2}, 0\right]^{\mathrm{T}} \tag{4.52}$$

由式(4.52)可知，该虚拟阵列为 MN 元矩形平面阵。

口字型 MIMO 声呐沿着 x 轴和 y 轴的物理尺寸为

$$L_{\mathrm{MIMO}}^{x} = N_0 \lambda / 2 \tag{4.53}$$

$$L_{\mathrm{MIMO}}^{y} = M_0 \lambda / 2 \tag{4.54}$$

与口字型 MIMO 声呐等效的虚拟矩形平面阵沿着 x 轴和 y 轴的物理尺寸为

$$L_{\mathrm{virtual}}^{x} = (N-1)\lambda / 2 \tag{4.55}$$

$$L_{\mathrm{virtual}}^{y} = (M-1)\lambda / 2 \tag{4.56}$$

由式(4.53)~式(4.56)可知，口字型 MIMO 声呐和虚拟矩形平面阵沿着 x 轴与 y 轴方向的尺寸满足：

$$L_{\mathrm{virtual}}^{x} = \frac{N-1}{N_0} L_{\mathrm{MIMO}}^{x} = \frac{2N_0-1}{N_0} L_{\mathrm{MIMO}}^{x} \tag{4.57}$$

$$L_{\mathrm{virtual}}^{y} = \frac{M-1}{M_0} L_{\mathrm{MIMO}}^{y} = \frac{2M_0-1}{M_0} L_{\mathrm{MIMO}}^{y} \tag{4.58}$$

在三维成像系统中，为了获得足够的角度分辨率，M_0 和 N_0 的值基本为数十甚至上百，因此式(4.57)和式(4.58)可以直接写为

$$L_{\mathrm{virtual}}^{x} \approx 2 L_{\mathrm{MIMO}}^{x} \tag{4.59}$$

$$L_{\mathrm{virtual}}^{y} \approx 2 L_{\mathrm{MIMO}}^{y} \tag{4.60}$$

由式(4.59)和式(4.60)可知，口字型 MIMO 声呐不但可以节省大量阵元，也可以获得 2 倍于自身尺寸的有效孔径。

4.3.2　口字型 MIMO 声呐波形设计

与二维成像所用 MIMO 声呐阵型相比，口字型 MIMO 声呐使用更多的发射阵元，在成像时需要更多的正交发射信号。在 1 ping 即对整个目标场景进行成像的工作模式下，匹配滤波输出中的自相关旁瓣干扰和互相关干扰远比 4.1 节中用于二维成像的 MIMO 声呐严重。因此，口字型 MIMO 声呐在设计正交波形时需要对波形进行优化，尤其是降低互相关函数造成的旁瓣干扰。总体而言，口字型 MIMO 声呐可用的波形优化方法包括以下几类：

(1) 使用模拟退火算法、遗传算法、蚁群优化算法等对正交编码信号进行优化，以降低自相关函数旁瓣和互相关函数[6-7]；

(2) 使用失配滤波器代替匹配滤波器[26]，在损失一定的匹配滤波处理增益的前提下，获得期望的自相关函数旁瓣和互相关函数；

(3) 对发射信号和接收滤波器进行联合优化[8]，获得较低的自相关函数旁瓣并尽可能抑制互相关函数的峰值。

4.3.3　三维正视成像流程

口字型 MIMO 声呐对应的三维成像坐标系统如图 4.32 所示，此处给出了正视三维成像的例子。使用口字型 MIMO 声呐进行三维成像的信号发射、回波采集、匹配滤波等过程的理论推导见式(3.1)～式(3.16)。

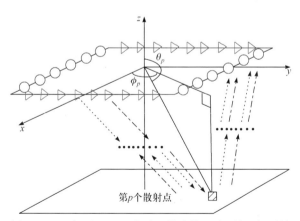

图 4.32　口字型 MIMO 声呐三维成像(远场)的坐标系统

在进行波束形成时，由于其匹配滤波输出可等效为矩形平面阵上回波的脉冲压缩输出，因此口字型 MIMO 声呐使用与矩形平面阵相同的二维波束形成。以

窄带信号为例，对应的相移波束形成输出为

$$B_q(t) = \sum_{m=1}^{M} \sum_{n=1}^{N} w_{(m-1)N+n}^q \sum_{p=1}^{P} \sigma_p R_0(t - \tau_{tm}^p - \tau_{rn}^p - T) \tag{4.61}$$

其中，$w_{(m-1)N+n}^q = A_{(m-1)N+n}^q \exp(-j2\pi f_0 \tau_{(m-1)N+n}^q)$ 为第 $[(m-1)N+n]$ 个匹配滤波输出的复加权，即虚拟矩形平面阵中坐标为 $\boldsymbol{x}_{tm} + \boldsymbol{x}_{rn}$ 的虚拟阵元的加权；$\tau_{(m-1)N+n}^q$ 的表达式为

$$\tau_{(m-1)N+n}^q = \left[\sin\theta_q \cos\phi_q \left(m - 1 - \frac{M-1}{2} \right) + \sin\theta_q \sin\phi_q \left(n - 1 - \frac{N-1}{2} \right) \right] \frac{\lambda}{2c} \tag{4.62}$$

获得波束输出后，有两种方法可获得目标的三维图。一种是直接估计这些波束内的回波时延，然后将时延转化为各个波束脚印上的 3D(三维)坐标，勾勒出水下目标或水下区域的三维立体图。另一种是按照回波到达的先后顺序，从空间二维波束输出中提取一系列 2D(二维)切片，将这些 2D 切片拼接成三维图，最终重构出目标的三维像。本书使用第一种方法，即直接估计目标区域的 3D 坐标。

直接估计目标区域的 3D 坐标需要对每个波束输出进行回波到达时间(time of arrival，TOA)估计[16]。需要注意的是，每个波束下估计出的时延要减去匹配滤波器的固定时延。设第 q 个波束上的回波时延为 TOA_q，则对应的波束脚印三维坐标可表示为

$$x_q = \frac{\text{TOA}_q \times c}{2} \sin\theta_q \cos\phi_q \tag{4.63}$$

$$y_q = \frac{\text{TOA}_q \times c}{2} \sin\theta_q \sin\phi_q \tag{4.64}$$

$$z_q = \frac{\text{TOA}_q \times c}{2} \cos\theta_q \tag{4.65}$$

根据式(4.63)～式(4.65)，就可以获得所有波束脚印的三维坐标。直接估计目标区域 3D 坐标的流程图如图 4.33 所示。

4.3.4　三维正视成像仿真示例

仿真时假设对一片水下地形进行三维正视成像。设水下声速为恒定值，即 1500m/s。口字型 MIMO 声呐的阵元数为 $M = N = 32$，$M_0 = N_0 = 16$。为了进行对比，采用接收阵列为 $32 \times 32 = 1024$ 元矩形平面阵的 SIMO 声呐。MIMO 声呐和 SIMO 声呐均位于 $z = 0$ 的平面上并以坐标原点为几何中心。MIMO 声呐沿着 x 轴

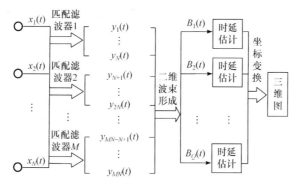

图 4.33　口字型 MIMO 声呐三维成像中的回波处理流程

和 y 轴的物理尺寸均为 $16 \times \lambda / 2 = 8\lambda$，SIMO 声呐对应的尺寸均为 $31 \times \lambda / 2 = 15.5\lambda$，MIMO 声呐的物理尺寸约为 SIMO 声呐的一半。如此，通过对比 MIMO 声呐与传统矩形平面阵 SIMO 声呐的三维成像结果，证明 MIMO 声呐可以使用更小的尺寸、更少的阵元数获得与传统大规模矩形平面阵类似的三维成像性能。

　　SIMO 声呐使用脉宽为 0.05ms、中心频率为 400kHz 的 CW 脉冲信号。MIMO 声呐使用优化后的正交多相编码信号，其载波频率为 400kHz，子码个数 $L = 256$，单个子码长度为 0.03ms。在接收端，采样频率为 2000kHz。无论是 SIMO 声呐还是 MIMO 声呐，接收阵元上的噪声均为加性高斯白噪声。由于成像距离较近，此处设带内信噪比为 10dB。进行波束形成时，两种声呐均采用旁瓣级为 –25dB 的 Chebyshev 加权。波束扫描采用等距离分辨原则，即沿 x 轴和 y 轴上每隔 1m 形成一个接收波束，总共形成 64 个向下的接收波束。获得 64 个波束输出后，对每个波束输出采用 WMT 法估计回波到达时延[14-16]。

　　水下目标场景中的海底为 $z = -10$m 的平面，其正中心有一个小型凸起。这种水下地形的表达式可由二维高斯分布来模拟，即

$$z = (-1)^{\overline{M}} H \cdot \exp[-\sigma_x(x - \mu_x)^2 - \sigma_y(y - \mu_y)^2] \tag{4.66}$$

其中，x、y 和 z 为水下地形的三维坐标；$\overline{M}$ 为布尔值，决定了水下地形是凸起($\overline{M}$ 为偶数)还是凹地($\overline{M}$ 为奇数)；H 为凸起的高度或凹地的深度；σ_x 为凸起或凹地沿着 x 轴的斜率；σ_y 为凸起或凹地沿着 y 轴的斜率；μ_x 和 μ_y 分别为凸起或凹地中心的 x 轴和 y 轴坐标。仿真中使用的水下三维地形参数如表 4.5 所示，其对应的原始三维地形和波束脚印上的真实三维地形分别如图 4.34(a) 和 (b) 所示。口字型 MIMO 声呐的三维成像结果如图 4.34(c) 所示，矩形平面阵 SIMO 声呐的三维成像结果如图 4.34(d) 所示。

表 4.5　水下地形参数

地形	高度	斜率	中心坐标
凸起($\overline{M}=2$)	2m	$\sigma_x=0.9,\sigma_y=0.9$	$u_x=0,u_y=0$

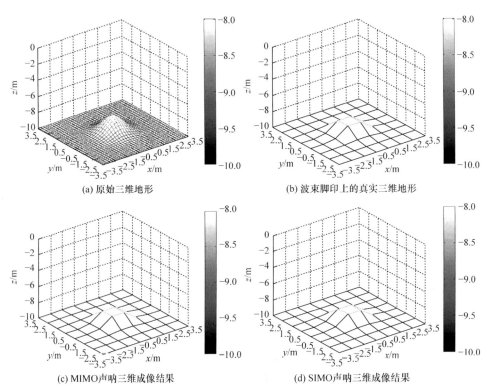

(a) 原始三维地形　　　　　　　　　　(b) 波束脚印上的真实三维地形

(c) MIMO声呐三维成像结果　　　　　　(d) SIMO声呐三维成像结果

图 4.34　三维地形及口字型 MIMO 声呐和矩形平面阵 SIMO 声呐三维成像结果

　　对比图 4.34(b)、(c)和(d)中的三维地形和成像结果可知，口字型 MIMO 声呐与 SIMO 声呐都能够准确地对水下三维地形进行成像，且两者的三维成像结果较为接近。为了定量分析 MIMO 声呐和 SIMO 声呐的三维成像性能，计算 MIMO 声呐和 SIMO 声呐成像结果的 RMSE。MIMO 声呐所估计的 x 轴、y 轴和 z 轴坐标的 RMSE 分别为 0.0053m、0.0051m 和 0.0103m，SIMO 声呐所估计的 x 轴、y 轴和 z 轴坐标的 MSE 分别为 0.0017m、0.0011m 和 0.0046m。MIMO 声呐成像结果的 RMSE 略大于 SIMO 声呐，但是性能满足三维成像需求。需指出的是，仿真中的 MIMO 声呐仅使用了 64 个阵元和 8λ 的物理尺寸(沿着 x 轴和 y 轴)，而 SIMO 声呐使用了 1 个发射阵元和 1024 元的矩形接收阵，并且其物理尺寸为 15.5λ。从使用阵元数、物理尺寸和三维成像性能的对比结果可知，口字型 MIMO 声呐不但可以节省大量阵元，也可以将自身物理尺寸缩小一半。

4.4 MIMO 声呐三维前视成像

4.3 节中的三维正视成像声呐一般作用距离较短(几米到几十米),可用于水下目标的近距离高分辨三维成像。如果要提高作用距离(百米级),则需要使用三维前视成像的工作模式。三维前视成像一般采用多条相互平行的直线阵采集回波,每条直线阵具有较大孔径以保证水平向高分辨能力[27]。除了三维前视成像,还有三维侧扫成像等工作方式,本节聚焦三维前视成像。在三维前视成像的工作模式下,给出适合的 MIMO 声呐阵型、正交波形和高分辨三维前视成像处理流程[28]。

4.4.1 三维前视成像阵型设计

如图 4.35(a)所示,MIMO 声呐三维前视成像的阵型由 2 个发射阵元和 M 条相互平行的 N 元接收直线阵组成(每条接收直线阵由 N 个接收阵元组成,共有 M 条接收直线阵)。其中,2 个发射阵元位于 M 条直线阵的两端,M 条直线阵相同且相互平行。图 4.35(a)是一种理想的阵型,该阵型的发射阵元和接收阵元间距过小($\lambda/4$),在实际应用中面临着难以加工的问题。可以采用与 4.1.1 小节类似的设计思路,将两个发射阵元放置于接收直线阵上方,同时保持 M 条接收直线阵不变。对应的 MIMO 声呐阵型如图 4.35(b)所示。图 4.35(b)中,2 个发射阵元的间距表示为 d_t。直线阵内部的阵元间距设为 d_r,满足 $d_t = N d_r$ 且 $d_r = \lambda/2$,λ 为接收直线阵的设计频率。相邻直线阵之间的距离均相同且为 d_z。一般而言,为了在垂直方向进行高分辨波束形成或者高分辨空间谱估计,相邻直线阵的间距可以设为 $d_z = \lambda/2$。发射阵元到最近的接收直线阵的距离 L_z 一般为几倍波长到几十倍波长,该距离满足单基地成像要求。与图 4.35(b)中 MIMO 声呐等效的虚拟 SIMO 声呐如图 4.35(c)所示。

当接收阵列设计频率对应的波长为 λ 时,得到 $d_r = \lambda/2$。此时,图 4.35 中 MIMO 声呐的水平尺寸(表示为 L_h)可写为

$$L_h = N d_r = N\lambda/2 \tag{4.67}$$

设相邻直线阵的间距满足 $d_z = \lambda/2$,此时,仅考虑接收阵,MIMO 声呐垂直尺寸(表示为 L_v)可写为

$$L_v = (M-1)d_z = (M-1)\lambda/2 \tag{4.68}$$

由于使用 2 个位于接收直线阵两端的发射阵元,MIMO 声呐的水平孔径(表示为 D_h)是接收直线阵的 2 倍,可表示为

$$D_h = (2N-1)d_r = (2N-1)\lambda/2 \tag{4.69}$$

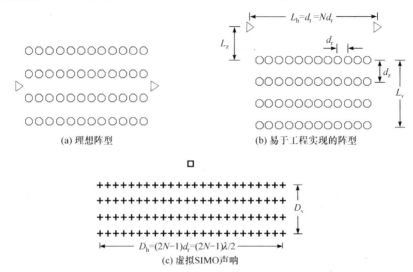

(a) 理想阵型   (b) 易于工程实现的阵型

(c) 虚拟SIMO声呐

图 4.35   MIMO 声呐三维前视成像的阵型及与其等效的虚拟 SIMO 声呐示意图

MIMO 声呐垂直孔径(表示为 D_v)可写为

$$D_v = (M-1)d_z = (M-1)\lambda/2 \tag{4.70}$$

由式(4.67)~式(4.70)可知，MIMO 声呐的水平孔径约是其水平尺寸的 2 倍，这说明可以在水平向获得更高的角度分辨率。MIMO 声呐的垂直孔径等于垂直尺寸，这说明垂直向的分辨能力并未改善。由于在水平向处理时可以获得更高的角度分辨率和更优的干扰抑制能力，从而将水平向波束输出导入垂直向高分辨处理时，能够改善垂直向的成像性能。

4.4.2   三维前视成像波形设计

由于此处 MIMO 声呐仅使用 2 个发射阵元，根据这一信息，可以设计满足要求的正交波形。一般而言，其发射波形可以为正交多相编码信号、正交离散频率编码信号等编码类信号。

同时，由于成像原理上的不同，三维前视成像的作用距离一般比三维正视成像远，因此所设计的正交波形需要考虑稳健性，以便在中远距离的水下环境中应用。综合这点要求，可使用 4.1.6 小节中的上、下调频 LFM 脉冲信号。

4.4.3   三维前视成像流程

三维前视成像的回波处理方式主要有两种。

方式 1：先利用每条水平直线阵获得目标场景的水平方向二维扇扫成像结果；再利用多条直线阵之间的相位差估计二维扇扫成像结果中每个分辨单元(或像素

点)的回波垂直到达角，最后将回波垂直到达角、到达时间等信息转化为该像素点的深度值，从而获得目标场景的三维成像结果。该处理方式一般用于海底的三维前视成像。

方式 2：利用多条直线阵获得多组水平波束输出，利用高分辨波束形成方法在垂直方向上处理具有相同指向角的水平波束输出，提高垂直方向的分辨能力，从波束输出中提取目标强度信息，构建目标的三维成像图。该处理方式一般用于水体中目标的三维前视成像。

这两种处理方式的区别主要在于垂直向处理方式不同。方式 1 利用垂直孔径对二维图像中分辨单元的垂直到达角进行估计，从而结合时延计算出该分辨单元的深度。一般而言，海底起伏较小，可以保证某个时刻只包含单个分辨单元的回波，此时问题可简化为单目标场景下高精度估计垂直到达角。对于复杂海底，同一时刻可能包含多个分辨单元的回波，此时一般而要解相干处理，再进行多目标高分辨、高精度垂直到达角估计。方式 2 利用小孔径垂直阵和高分辨波束形成提高垂直向的角度分辨率，再从水平、垂直波束输出中提取目标的几何外形信息。方式 2 的处理方式与三维正视成像类似。本小节以方式 2 为例，给出 MIMO 声呐三维前视成像流程。

基于 4.4.1 小节和 4.4.2 小节设计的 MIMO 声呐阵型和上、下调频 LFM 信号波形，对应高分辨三维前视成像的回波处理流程可概括如下。

首先，进行匹配滤波处理。使用这两个 LFM 脉冲信号的副本对每个接收 ULA 上的回波进行匹配滤波处理，每个 ULA 获得 $2N$ 元虚拟 ULA，则 M 条 ULA 获得 M 条 $2N$ 元虚拟 ULA。

其次，针对每条 $2N$ 元虚拟 ULA 进行水平向常规波束形成处理。针对每条 $2N$ 元虚拟 ULA，使用 $2N$ 元 ULA 的加权向量处理 $2N$ 个匹配滤波输出，获得 Q 个水平波束输出。M 条 ULA 共获得 M 组水平波束输出，每组包含 Q 个水平波束输出，总共获得 MQ 个水平波束输出。

最后，进行垂直向高分辨处理。针对这 MQ 个水平波束输出，将具有相同水平波束角的水平波束输出分为一组，则每组有 M 个波束输出，共获得 Q 组此类波束输出。针对具有相同水平波束角的 M 个波束输出，在垂直向使用高分辨处理算法(如 M 元 ULA 的 Capon 波束形成等)进行处理，获得垂直向高分辨输出。

为了叙述上的直观性，高分辨三维前视成像算法的基本处理流程如图 4.36 所示。

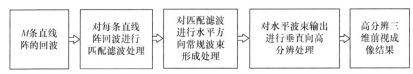

图 4.36　MIMO 声呐高分辨三维前视成像的回波基本处理流程

1. 匹配滤波处理

利用设计好的阵型和波形,通过 MIMO 声呐的 2 个发射阵元同时发射 2 个正交波形。使用 M 条接收直线阵(每条直线阵为 N 元 ULA)同时采集回波。第 $m(m=1,2,\cdots,M)$ 条接收 ULA 中第 $n(n=1,2,\cdots,N)$ 个接收阵元上的回波表示为 $x_n^m(t)$,则第 m 条接收 ULA 上的回波 $\boldsymbol{X}^m$ 可表示为

$$\boldsymbol{X}^m = \begin{bmatrix} x_1^m(t) \\ x_2^m(t) \\ \vdots \\ x_N^m(t) \end{bmatrix} \tag{4.71}$$

使用 2 个正交信号分别对接收 ULA 上的回波 $\boldsymbol{X}^m$ 进行匹配滤波,获得 $2N$ 个匹配滤波输出。第一个正交波形获得一组 N 个匹配滤波输出,另一个正交波形获得另一组 N 个匹配滤波输出。这两组共 $2N$ 个匹配滤波输出可等效为 $2N$ 元虚拟 ULA 上的脉冲压缩输出,且该虚拟 ULA 的阵元间距为 d_r。通过匹配滤波处理,每条接收 ULA 都获得了 $2N$ 元大孔径虚拟 ULA,等效于每条接收 ULA 都提高了角度分辨率。M 条接收 ULA 共获得 M 条 2 倍孔径的虚拟 ULA。

对第 m 条接收 ULA 所获得的 $2N$ 个匹配滤波输出而言,设其中某个匹配滤波输出为 $y_k^m(t)(k=1,2,\cdots,2N)$,则 $2N$ 个匹配滤波输出 $\boldsymbol{Y}^m$ 可表示为

$$\boldsymbol{Y}^m = \begin{bmatrix} y_1^m(t) \\ y_2^m(t) \\ \vdots \\ y_{2N}^m(t) \end{bmatrix} \tag{4.72}$$

2. 水平向常规波束形成处理

对 $2N$ 个匹配滤波输出 $\boldsymbol{Y}^m$ 进行水平向常规波束形成处理,获得 Q 个水平波束输出。第 $q(q=1,2,\cdots,Q)$ 个水平波束对应的扫描向量 $\boldsymbol{w}(\theta_q)$ 可表示为

$$w\left(\theta_q\right) = a \odot \exp\left\{-\mathrm{j}2\pi f_0 d_r \begin{bmatrix} 0 \\ 1 \\ \vdots \\ 2N-1 \end{bmatrix} \sin\theta_q / c\right\} \tag{4.73}$$

其中，θ_q 为第 q 个水平波束的扫描角度；a 为幅度加权向量；$\odot$ 为 Hadamard 积。对应的水平向常规波束输出 $p_{\mathrm{h}}^m\left(\theta_q\right)$ 可表示为

$$p_{\mathrm{h}}^m\left(\theta_q\right) = w^{\mathrm{H}}\left(\theta_q\right)Y^m \tag{4.74}$$

根据式(4.74)对所有 M 条大孔径虚拟 ULA 进行水平多波束处理，总共可获得 MQ 个水平波束输出。

3. 垂直向高分辨处理

获得水平向常规波束输出后，对具有相同水平波束指向角的波束输出进行垂直向高分辨处理。将具有相同水平波束角的水平波束输出归为一组，设第 q 组为 $p_{\mathrm{h}}\left(\theta_q\right)$，其表达式为

$$p_{\mathrm{h}}\left(\theta_q\right) = \begin{bmatrix} p_{\mathrm{h}}^1\left(\theta_q\right) \\ p_{\mathrm{h}}^2\left(\theta_q\right) \\ \vdots \\ p_{\mathrm{h}}^M\left(\theta_q\right) \end{bmatrix} \tag{4.75}$$

在垂直向使用高分辨空间谱估计方法处理每组具有相同水平波束角的水平波束输出。可用的高分辨处理方法有多种，包括 Capon 波束形成法、子空间法(如 MUSIC、ESPRIT 等)、稀疏类方法(如压缩感知)等。以 Capon 波束形成法为例，对第 q 组具有相同水平波束角的水平波束输出进行垂直向高分辨波束形成处理。设所获得的垂直向高分辨波束输出为 $p_{\mathrm{v}}\left(\phi_p\right)$，其表达式为

$$p_{\mathrm{v}}\left(\phi_p\right) = w^{\mathrm{H}}\left(\phi_p\right)R_q w\left(\phi_p\right) \tag{4.76}$$

其中，R_q 为第 q 组中 M 个输出构建的 $M \times M$ 维协方差矩阵；

$$w\left(\phi_p\right) = \frac{\left(R_q\right)^{-1} a_{\mathrm{v}}\left(\phi_p\right)}{a_{\mathrm{v}}^{\mathrm{H}}\left(\phi_p\right)\left(R_q\right)^{-1} a_{\mathrm{v}}\left(\phi_p\right)} \tag{4.77}$$

为垂直向 Capon 波束形成的加权向量；

$$\boldsymbol{a}_{\mathrm{v}}\left(\phi_p\right) = \exp\left\{-\mathrm{j}2\pi f_0 d_z \begin{bmatrix} 0 \\ 1 \\ \vdots \\ M-1 \end{bmatrix} \sin\phi_p / c \right\} \tag{4.78}$$

ϕ_p 为垂直向第 p 个波束对应的扫描角。每组获得 P 个垂直向高分辨波束输出，Q 组共获得 QP 个垂直向波束输出。

水平向处理和垂直向处理完成后，提取所有水平向、垂直向波束输出的强度，即可得到三维成像结果。MIMO 声呐高分辨三维前视成像算法的回波处理流程如图 4.37 所示。

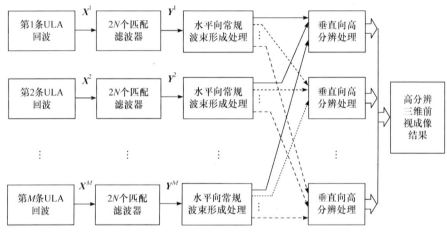

图 4.37　高分辨三维前视成像算法的回波详细处理流程

4.4.4　三维前视成像仿真示例

仿真考虑典型的水下三维前视成像过程。为简化分析，从多散射点目标的成像结果来验证 MIMO 声呐成像方法具有更优的三维前视成像性能。

1. 设定成像声呐和发射信号参数

假设发射信号为声波，其在水下的传播速度为 1500m/s。MIMO 声呐由 2 个发射换能器和 8 条接收 ULA 组成。每条接收 ULA 包含 128 个接收水听器，接收水听器阵元间距为 $\lambda/2$，其中 λ 对应 400kHz 声波信号在水下的波长。相邻两条接收 ULA 之间的间距为 $\lambda/2$。MIMO 声呐发射换能器所在直线与最近的接收 ULA 的距离为 $L_z = 16\lambda$。MIMO 声呐的几何中心位于三维坐标的原点处。SIMO 声呐具有 1 个发射换能器，其接收阵与 MIMO 声呐的接收阵相同。该发射换能器与最近的接收 ULA 的距离为 16λ。

MIMO 声呐的发射信号为一对同频段、等带宽、等脉宽的上、下调频 LFM 信号，带宽为 40kHz，脉宽为 40ms，频段为 380~420kHz。SIMO 声呐的发射信号为 MIMO 声呐所用的 2 个正交信号中的一个，即上调频 LFM 信号。SIMO 声呐的几何中心位于三维坐标的原点处。

2. 设定水下目标位置

仿真水下目标由 3 个散射点组成，分别设为 S_1、S_2 和 S_3。三个散射点对应的参数如表 4.6 所示。对应的成像场景图如图 4.38 所示。

表 4.6   水下目标中三个散射点的参数

散射点	斜距/m	水平角/(°)	垂直角/(°)	目标强度/dB
S_1	100	90	98	0
S_2	100	91.5	100	0
S_3	100	94	102	−5

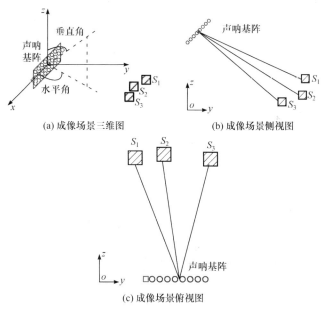

图 4.38   水下高分辨三维前视成像的场景示意图

3. 进行三维前视成像

使用 375kHz 的解调频率对回波进行解调。解调后，每个接收水听器上的采样频率为 200kHz，带内信噪比设为 0，所加噪声为高斯白噪声。信噪比采用功率信噪比定义，即成像声呐的工作频带内信号功率与噪声功率之比。水平向处理时，

MIMO 声呐和 SIMO 声呐都使用常规波束形成进行处理，且幅度加权均为 1。水平波束角扫描范围是 45°～135°，扫描间隔为 0.1°。垂直向处理时，MIMO 声呐和 SIMO 声呐均采用 Capon 波束形成处理，垂直波束扫描角从 90°～135°，扫描间隔为 0.1°。

　　SIMO 声呐和 MIMO 声呐三维前视成像的水平向和垂直向结果如图 4.39 所示。对比图 4.39(a)和图 4.39(c)可知，MIMO 声呐可以获得高于传统 SIMO 声呐的水平向角度分辨率。对比图 4.39(b)和图 4.39(d)可知，SIMO 声呐水平向角度分辨率不足，从而难以抑制水平向干扰，导致垂直向成像结果的目标强度偏离真实值。MIMO 声呐提高了水平向角度分辨率，所获得的垂直向成像结果的目标强度接近真实的目标强度，从而说明了 MIMO 声呐具有更优的垂直向成像性能。传统 SIMO 声呐和 MIMO 声呐三维前视成像的水平向和垂直向成像结果切片分别如图 4.40(a) 和图 4.40(b)所示。从图 4.40(a)可知，MIMO 声呐具有更高的水平向角度分辨率。从图 4.40(b)可知，MIMO 声呐成像结果中的目标强度更接近真实值，具有更优的垂直向成像性能。

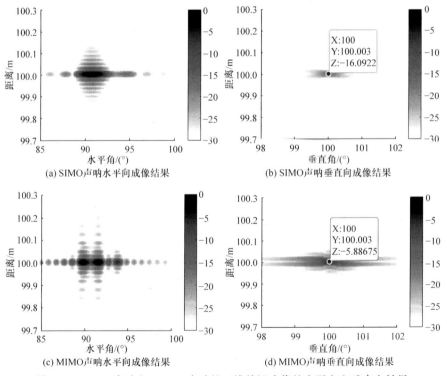

图 4.39　SIMO 声呐和 MIMO 声呐的三维前视成像的水平向和垂直向结果

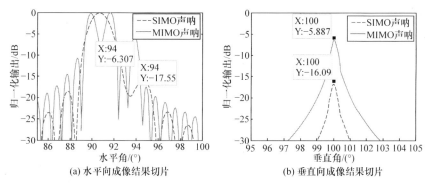

图 4.40 SIMO 声呐和 MIMO 声呐三维前视成像的水平向和垂直向成像结果切片

综合图 4.39 和图 4.40 的结果可知，MIMO 声呐可以在使用相同尺寸的前提下，有效改善三维前视成像的水平向分辨率(是同尺寸 SIMO 声呐的 2 倍)，同时获得更优的垂直向成像性能。

4.5　本　章　小　结

本章紧扣 MIMO 声呐可等效于更多阵元虚拟 SIMO 声呐的这一优点，给出了利用 MIMO 声呐进行水下二维扇扫成像、条带式测深及三维成像等多种方法。

在二维扇扫成像中，给出了小尺寸 MIMO 声呐成像方法和低成本 MIMO 声呐成像方法的基本原理与处理流程。同时，针对 2 发 N 收 MIMO 声呐，设计了等脉宽同频带上、下调频 LFM 脉冲信号。对该 LFM 脉冲信号的自相关和互相关特性进行了理论和仿真分析，并对接收端使用多种波束形成方法进行了理论分析、仿真与水池实验，指出移边带波束形成既可以获得满足要求的分辨率，也可以降低运算量。

给出了工字型 MIMO 声呐条带式测深的基本原理与处理流程。工字型 MIMO 声呐从 2 发 N 收 MIMO 声呐改进而来，即用 2 个相同的发射 ULA 代替 2 发 N 收 MIMO 声呐中的 2 个发射阵元。2 个 ULA 之间的发射信号是相互独立的，但是单个 ULA 内部的发射信号是相干的。如此，工字型 MIMO 声呐既可以获得子阵的发射阵增益，又可以获得波形分集增益。理论分析和仿真结果表明，工字型 MIMO 声呐可以充分利用水下平台如 AUV、ROV 等的内部空间，使得接收端的角度分辨率倍增。

在三维正视成像方面，给出了口字型 MIMO 声呐三维成像的基本原理与处理流程。从理论分析和计算机仿真结果证明了口字型 MIMO 声呐不但可以显著节省三维正视成像系统中的阵元数目，也可以将成像声呐的物理尺寸缩小一半。在三维前视成像方面，设计了具有 2 个发射阵元和多条接收直线阵的 MIMO 声呐阵型，并给出了易于工程实现的阵型，同时给出了三维前视成像的回波处理流程。利用数值仿真证明了 MIMO 声呐可以在使用相同尺寸的前提下，有效改善三维前视成像的水平向分辨率，同时改善垂直向成像性能。

参 考 文 献

[1] SUTTON J L. Underwater acoustic imaging[J]. Proceedings of the IEEE, 1979, 67(4): 554-566.

[2] MURINO V, TRUCCO A. Three-dimensional image generation and processing in underwater acoustic vision[J]. Proceedings of the IEEE, 2000, 88(12): 1903-1946.

[3] WANG D W, MA X Y, CHEN A L, et al. High-resolution imaging using a wideband MIMO radar system with two distributed arrays[J]. IEEE transactions on image processing, 2010, 19(5): 1280-1289.

[4] 王怀军. MIMO 雷达成像算法研究博士[D]. 长沙: 国防科技大学, 2010.

[5] SUN C, LIU X H, ZHUO J, et al. High-resolution 2-D sector-scan imaging using MIMO sonar with narrowband LFM pulses[C]. Proceedings of IEEE OCEANS'13, San Diego, USA, 2013: 1-5.

[6] DENG H. Polyphase code design for orthogonal netted radar systems[J]. IEEE transactions on signal processing, 2004, 52(11): 3126-3135.

[7] DENG H. Discrete frequency-coding waveform design for netted radar systems[J]. IEEE signal processing letters, 2004, 11(2): 179-182.

[8] LI J, STOICA P, ZHENG X. Signal synthesis and receiver design for MIMO radar imaging[J]. IEEE transactions on signal processing, 2008, 56(8): 3959-3968.

[9] CURLANDER J, MCDONOUGH R. Synthetic Aperture Radar: Systems and Signal Processing[M]. New York: John Wiley & Sons, 1991.

[10] LIU X H, SUN C, YANG Y X, et al. Compensating for intensity loss in a large-aperture MIMO sonar imaging system[J]. Journal of systems engineering and electronics, 2016, 27(1): 63-71.

[11] 田坦. 声呐技术[M]. 2 版. 哈尔滨: 哈尔滨工程大学出版社, 2010.

[12] PRIDHAM R G, MUCCI R A. Shifted sideband beamformer[J]. IEEE transactions on acoustics, speech, and signal processing, 1979, 27(6): 713-722.

[13] MUCCI R A. A comparison of efficient beamforming algorithms[J]. IEEE transactions on acoustics, speech, and signal processing, 1984, 32(3): 548-558.

[14] MOUSTIER C. State of the art in swath bathymetry survey systems[J]. International hydrographic review, 1988, 13(2): 25-54.

[15] JONG C D, LACHAPELLE G, SKONE S. Multibeam Sonar Theory of Operation[M]. Delft: Delft University Press, 2002.

[16] 吴英姿. 多波束测深系统地形跟踪与数据处理技术研究[D]. 哈尔滨: 哈尔滨工程大学, 2002.

[17] LIU X H, SUN C, ZHUO J, et al. High-resolution swath bathymetry using MIMO sonar system[J]. Journal of systems engineering and electronics, 2014, 25(5): 760-768.

[18] STERGIOPOUPOS S, ASHLEY A T. An experimental evaluation of split-beam processing as a broadband bearing estimator for linear array sonar systems[J]. Journal of the acoustical society of America, 1997, 102(6): 3556-3563.

[19] 洪泽. 多波束条带测深系统中的相位检测方法研究[D]. 哈尔滨: 哈尔滨工程大学, 1999.

[20] LIU X H, SUN C, ZHUO J, et al. Devising MIMO arrays for underwater 3-D short-range imaging[C]. Proceedings

of IEEE OCEANS'12, Hampton Roads, USA, 2012: 1-6.

[21] LIU X H, SUN C, YI F, et al. Underwater three-dimensional imaging using narrowband MIMO array[J]. Science China physics mechanics & astronomy, 2013, 56(7): 1346-1354.

[22] WANG D W, MA X Y, SU Y. Two-dimensional imaging via a narrowband MIMO radar system with two perpendicular linear arrays[J]. IEEE transactions on image processing, 2010, 19(5): 1269-1279.

[23] WANG D W, MA X Y, CHEN A L, et al. High-resolution imaging using a wideband MIMO radar system with two distributed arrays[J]. IEEE transactions on image processing, 2010, 19(5): 1280-1289.

[24] DUAN G Q, WANG D W, MA X Y, et al. Three-dimensional imaging via wideband MIMO radar system[J]. IEEE geoscience and remote sensing letters, 2010, 7(3): 445-449.

[25] MA C Z, YEO T S, TAN C S, et al. Three-dimensional imaging of targets using colocated MIMO radar[J]. IEEE transactions on geoscience and remote sensing, 2011, 49(8): 3009-3021.

[26] 刘雄厚, 孙超, 卓颉, 等. 基于凸优化方法的 MIMO 成像声呐的失配滤波处理[J]. 西北工业大学学报, 2013, 31(3): 367-372.

[27] KRAEUTNER P, BRUMLEY B, GUO H, et al. Rethinking forward-looking sonar for AUV's: Combining horizontal beamforming with vertical angle-of-arrival estimation[C]. Proceedings of IEEE OCEANS'07, Vancouver, Canada, 2007: 1-7.

[28] LIU X H, ZHANG C, CHEN H Y, et al. An MIMO sonar array for high-resolution 3D forward-looking imaging[C]. Proceedings of IEEE OCEANS'19, Marseille, France, 2019: 1-5.

第 5 章 基于带宽合成的 MIMO 声呐成像方法

MIMO 声呐使用频分正交信号时，可以用匹配滤波处理分离出不同频带上的回波。对这些不同频带的匹配滤波分量在波束域进行求和，可以合成具有更大带宽信号的波束输出。因此，MIMO 声呐可以在一个周期内进行大带宽信号合成，避免了步进频率系统使用多个周期而导致的目标距离迁徙等缺点。当 MIMO 声呐的发射阵元数足够多时，可以合成具有很大带宽的超宽带(ultra-wideband，UWB)信号。如此，不但可以提高距离分辨率，也可以改善角度分辨率。本章给出利用 MIMO 声呐进行大带宽信号和超宽带信号的合成方法，并将之应用到水下声成像领域。

5.1　信号设计基本准则

当 MIMO 声呐进行带宽合成以提高距离分辨率时，多个发射阵元同时发射频带相互分开的正交信号[1-3]。这些频分信号包括频分连续波(FD-CW)脉冲信号、频分线性调频(FD-LFM)脉冲信号、频分相位编码脉冲信号等[4-8]。下面对不同的频分信号进行分析。

1. 频分连续波脉冲信号

设 MIMO 声呐使用一组 M 个频分连续波脉冲信号作为发射信号，其中第 m 个频分连续波脉冲信号的波形表达式为

$$s_m(t) = \frac{1}{\sqrt{T}} \text{rect}\left(\frac{t}{T}\right) \exp\left(\text{j} 2\pi f_m t\right) \tag{5.1}$$

式中，T 为单个频分连续波脉冲信号的脉冲宽度；

$$f_m = f_0 + \left(m - 1 - \frac{M-1}{2}\right)\Delta f \tag{5.2}$$

为第 m 个频分连续波脉冲信号的中心频率，Δf 为相邻信号的频率间隔，即后一个频分连续波脉冲信号的中心频率与前一个频分连续波脉冲信号的中心频率之差。以 1 组 3 个频分连续波脉冲信号为例，对应的幅频响应示意图如图 5.1 所示。

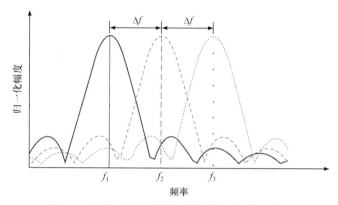

图 5.1　频分连续波脉冲信号的幅频响应示意图

2. 频分线性调频脉冲信号

频分线性调频脉冲信号在 3.3.2 小节已经给出。为保证频分 MIMO 声呐成像内容的完整性，此处重新给出表达式。第 m 个 FD-LFM 脉冲信号的波形表达式为

$$s_m(t) = \frac{1}{\sqrt{T}} \text{rect}\left(\frac{t}{T}\right) \exp\left[\text{j}2\pi\left(-\frac{B_0}{2}t + \frac{1}{2}\frac{B_0}{T}t^2 \right) \right] \exp\left(\text{j}2\pi f_m t \right) \qquad (5.3)$$

式中，B_0 为单个 FD-LFM 脉冲信号的带宽；

$$f_m = f_0 + \left(m - 1 - \frac{M-1}{2} \right)(B_0 + \Delta B) \qquad (5.4)$$

为第 m 个 FD-LFM 脉冲信号的中心频率，ΔB 为相邻信号的频带间隔，即后一个 LFM 脉冲信号的起始频率与前一个 LFM 脉冲信号的结束频率之差。由式(5.4)可知，相邻 FD-LFM 脉冲信号的中心频率间隔为 $B_0 + \Delta B$。以 1 组 3 个 FD-LFM 脉冲信号为例，对应的幅频响应示意图如图 5.2 所示。

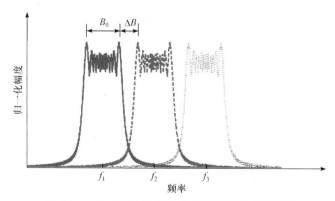

图 5.2　3 个 FD-LFM 脉冲信号的幅频响应示意图

3. 频分相位编码脉冲信号

除了 FD-CW 脉冲信号、FD-LFM 脉冲信号外，具有不同载波频率的编码类信号也可以用于频分 MIMO 声呐的带宽合成处理。以相位编码(phase coding, PC)脉冲信号为例，当这些信号具有不同的载波频率时，第 m 个频分相位编码(FD-PC)脉冲信号的波形表达式为

$$s_m(t) = \sum_{l_0=1}^{L_0} \mathrm{rect}\left[\frac{t-(l_0-1)T_0}{T_0}\right] \exp(\mathrm{j}\varphi_m^{l_0})\exp(\mathrm{j}2\pi f_m t) \tag{5.5}$$

式中，T_0 为 FD-PC 脉冲信号中每个子码的脉冲宽度；L_0 为子码个数；$\varphi_m^{l_0}$ 为第 m 个 FD-PC 脉冲信号中第 l_0 个子码的相位；

$$f_m = f_0 + \left(m-1-\frac{M-1}{2}\right)\Delta f \tag{5.6}$$

为第 m 个 FD-PC 码脉冲信号的中心频率，Δf 为相邻信号的频率间隔。以 1 组 3 个 FD-PC 脉冲信号为例，对应的幅频响应示意图如图 5.3 所示。

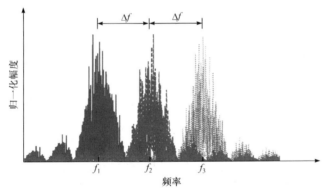

图 5.3　3 个 FD-PC 脉冲信号的幅频响应示意图

4. 频分脉冲信号的分析

使用 MIMO 声呐进行带宽合成时，在频分脉冲信号设计方面主要考虑两点：

(1) 为了降低互相关函数干扰，要求各脉冲信号之间的频谱重叠部分足够小，即要求相邻频分脉冲信号之间的频带间隔足够大；

(2) 为了抑制带宽合成时的距离维旁瓣，要求各脉冲信号之间的频带空隙足够小，即尽可能减小谱泄漏。

基于这两点考虑，需要优化频分脉冲信号的频带重叠程度和频带间隔，同时抑制互相关函数干扰和自相关函数谱泄漏，以抑制成像结果中的距离维旁瓣。

要达到这一目的，FD-CW 脉冲信号中脉宽 T 和频率间隔 Δf 需要同时优化。由于 FD-CW 脉冲信号的带宽是其脉宽的倒数，需要较大的脉宽来减小频带重叠

以抑制互相关函数。同时，需要设置小频率间隔并使用较多的信号数量来合成期望的带宽(这一点与频率步进成像类似)。因此，MIMO 声呐使用 FD-CW 脉冲信号时，需要使用较多的发射阵元数。这不但会带来处理上的复杂度，也会提高系统成本。如果约束 MIMO 声呐的发射阵元数较少(如仅有 4 个发射阵元)，在设计信号时，使用 FD-CW 脉冲信号合成的信号带宽较小，难以支撑高分辨成像。类似地，FD-PC 脉冲信号中子码脉宽 T_0 和频率间隔 Δf 也需要同时优化。因此，FD-PC 脉冲信号也面临着与 FD-CW 脉冲信号相同的问题。

　　不同于 FD-CW 脉冲信号和 FD-PC 脉冲信号，FD-LFM 脉冲信号在时间带宽积足够大的前提下，可以有效抑制互相关函数干扰。同时，通过优化相邻信号之间的频率间隔，FD-LFM 脉冲信号可以有效减少谱泄漏。因此，式(5.3)和式(5.4)所示的 FD-LFM 脉冲信号参数设计只需满足时间带宽积 $TB_0 \gg 1$ 和频带间隔 $\Delta B = 0$ 即可。

　　以 4 个发射阵元为例，给出 FD-LFM 脉冲信号合成的仿真结果。仿真中，4 个 FD-LFM 脉冲信号的带宽均为 $B_0 = 5\mathrm{kHz}$，脉宽均为 10ms。相邻 FD-LFM 脉冲信号的中心频率间隔为 5kHz，频带间隔为 $\Delta B = 0$。4 个 FD-LFM 脉冲信号的频带范围如图 5.4(a)所示，分别为 390~395kHz、395~400kHz、400~405kHz、405~410kHz。合成 LFM 脉冲信号的频带范围如图 5.4(b)所示，可知该频带范围是 390~410kHz。合成 LFM 脉冲信号的频带响应起伏较大，相邻频带的连接处存在一些凹槽，会形成谱泄漏从而产生高旁瓣。为了进行对比，给出了单个 LFM 脉冲信号的自相关函数。单个 LFM 脉冲信号的脉宽为 10ms，频带范围为 390~410kHz，如图 5.4(c)所示，主瓣附近局部放大图如图 5.4(d)所示。从图 5.4(c)和(d)的自相关函数可知，合成 LFM 脉冲信号、单个 LFM 脉冲信号具有类似的主瓣响应，但是合成 LFM 脉冲信号在远离主瓣的区域存在高旁瓣(约为–25dB)。该高旁瓣的来源主要有两个，其一是互相关函数函数干扰形成了旁瓣，见图 5.4(c)中 9ms 和–9ms 附近区域；其二是多个 FD-LFM 脉冲信号的频带不连续、合成频带的带内起伏形成了谱泄漏，从而导致了高旁瓣，具体可见图 5.4(d)中具有一定周期性的高旁瓣(约在 $-1.00\mathrm{ms}$、$-0.80\mathrm{ms}$、$-0.60\mathrm{ms}$、$-0.40\mathrm{ms}$、$0.40\mathrm{ms}$、$0.60\mathrm{ms}$、$0.80\mathrm{ms}$、$1.00\mathrm{ms}$ 等处)。

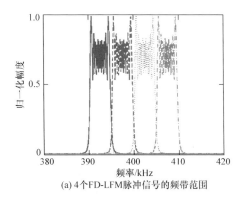

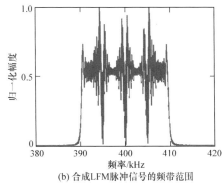

(a) 4个FD-LFM脉冲信号的频带范围　　　　　　　　(b) 合成LFM脉冲信号的频带范围

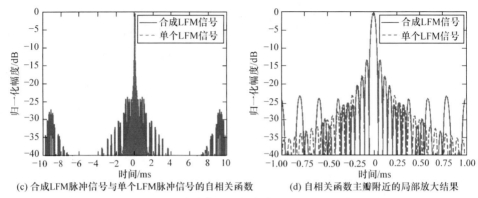

(c) 合成LFM脉冲信号与单个LFM脉冲信号的自相关函数　　　(d) 自相关函数主瓣附近的局部放大结果

图 5.4　FD-LFM 脉冲信号的频带合成与自相关函数示意图

5.2　大带宽信号合成与成像

本节给出 MIMO 声呐利用一组小带宽频分脉冲信号合成大带宽信号的基本原理，并将其应用于距离维高分辨成像[9]。根据 5.1.4 小节讨论结果，本节使用 FD-LFM 脉冲信号作为 MIMO 声呐的发射信号。

5.2.1　二维扇扫成像

1. 二维扇扫成像中的大带宽信号合成

MIMO 声呐采用间距为 d_r 的 N 元 ULA 作为接收阵列。大带宽信号合成对发射阵列的阵型无特殊要求。为了便于工程上实现，此处将发射阵列设为 M 元 ULA，但是发射阵元间距 d_t 和接收阵元间距 d_r 并不需要满足式(3.23)的要求。以位于同一条直线阵上的发射 ULA 和接收 ULA 为例，设发射阵元和接收阵元的二维坐标分别为

$$x_{tm} = \left[(m-1) - \frac{M-1}{2} d_t, 0 \right] \tag{5.7}$$

$$x_{rn} = \left[(n-1) - \frac{N-1}{2} d_r, 0 \right] \tag{5.8}$$

满足式(5.7)和式(5.8)的 MIMO 声呐的阵型和相应的二维坐标系统如图 5.5 所示。图 5.5(a)为发射阵元和接收阵元相互分开的布阵情况，图 5.5(b)为发射阵元和接收阵元相互重叠的布阵情况，其中 θ 为方位角。当 θ 对应第 p 个散射点时，可以将 θ 改写为第 p 个散射点的入射角，即 θ_p；当 θ 对应第 q 个波束时，可以将 θ 改写为第 q 个波束扫描角，即 θ_q。

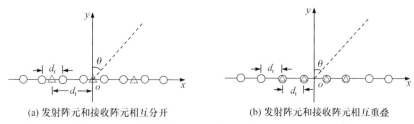

(a) 发射阵元和接收阵元相互分开　　　(b) 发射阵元和接收阵元相互重叠

图 5.5　用于带宽合成二维扇扫成像的 MIMO 声呐阵型

设 MIMO 声呐中 M 个发射阵元发射 FD-LFM 脉冲信号。二维扇扫成像中的信号发射、回波接收、匹配滤波、波束形成和大带宽信号合成等过程已由式(3.47)～式(3.53)给出。根据图 5.5 中的阵型，可知式(3.52)中第 q 个波束下的时延补偿量为

$$\tau_{(m-1)N+n}^{q} = \boldsymbol{u}_q^{\mathrm{T}}(\boldsymbol{x}_{tm} + \boldsymbol{x}_{rn})/c$$

$$= \frac{\left[(m-1)d_t + (n-1)d_r\right]\sin\theta_q}{c} \tag{5.9}$$

式中，$\boldsymbol{u}_q = [\sin\theta_q, \cos\theta_q]^{\mathrm{T}}$ 为扇扫成像声呐的空间二维扫描向量；θ_q 为第 q 个波束上的扫描角。

对 MN 个匹配滤波输出进行多波束形成，提取这些波束输出的强度值，即可获得目标区域的二维扇扫图。MIMO 声呐二维扇扫成像中大带宽信号合成的回波处理流程如图 5.6 所示。

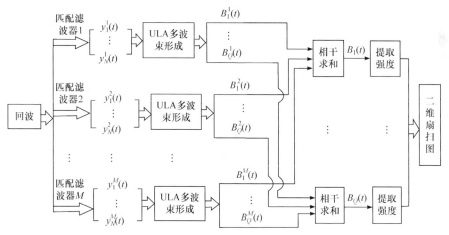

图 5.6　二维扇扫成像中大带宽信号合成的回波处理流程

2. 二维成像数值仿真和水池实验

1) 数值仿真

仿真中 MIMO 声呐示意图如图 5.5(b)所示。MIMO 声呐使用 2 个发射阵元和

32 元接收 ULA。发射阵元和接收阵元间距满足 $d_{\mathrm{t}} = d_{\mathrm{r}} = \lambda / 2$，其中 λ 为水下 400kHz 声波对应的半波长。MIMO 声呐使用 2 个 FD-LFM 脉冲信号，脉宽均为 4ms，频带范围分别为 375~400kHz 和 400~425kHz。采用 1 发 32 收的 SIMO 声呐进行对比，其发射信号是脉宽为 4ms、频带范围为 375~425kHz 的 LFM 脉冲信号。

接收阵元上的带内信噪比设为 10dB，所加噪声为加性高斯白噪声。接收端采用时延波束形成和矩形幅度加权窗。波束扫描角 θ_q 的覆盖范围为 –45°~45°，间隔为 1°，共形成 91 个波束。目标在角度和距离上的分布如图 4.8(a)所示，MIMO 声呐和 SIMO 声呐的成像结果如图 5.7 所示。图 5.7(a)和图 5.7(b)分别对应着 MIMO 声呐中 375~400kHz 和 400~425kHz 两个频段的扇扫图。图 5.7(c)为经过大带宽信号合成的扇扫图。可以看出，经过宽带信号合成后，MIMO 声呐扇扫图的距离分辨率明显获得改善。图 5.7(d)为 SIMO 声呐使用单个 375~425kHz 频段 LFM 脉冲信号的扇扫图。对比图 5.7(c)和(d)可知，MIMO 声呐进行大带宽信号合成的扇扫图与 SIMO 声呐直接使用大带宽信号的扇扫图具有相同的成像分辨率。对比图 5.7(c)和(d)的角度分辨率可知，此时 MIMO 声呐的角度分辨率等同于接收 ULA 的角度分辨率。

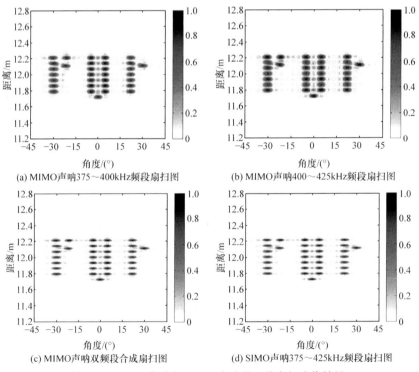

图 5.7　MIMO 声呐和 SIMO 声呐的二维扇扫成像结果

2) 水池实验

水池实验使用 3 个发射换能器和 26 个水听器,并使用一个充满空气的半圆柱铝桶作为目标,设备如图 4.16 所示。26 个水听器组成 26 元接收 ULA,阵元间距为 0.01m(设计频率为 75kHz)。26 元 ULA 平行于水面(设水平为 $z = 0$)且几何中心坐标为(0,0,−3.4)(单位为 m,后同)。第 $n(n = 1, 2, \cdots, 16)$ 个水听器的 x 轴坐标为 $(n−12.5)×0.01$,y 轴和 z 轴坐标分别为 0 和−3.5。3 个发射换能器的坐标分别为(−0.02, 0, −3.4)、(0, 0, −3.4)和(0.02, 0, −3.4)。半圆柱铝桶的几何中心坐标为(0, 9.9 ,−3.5)。实验原理框架图如图 5.8 所示。

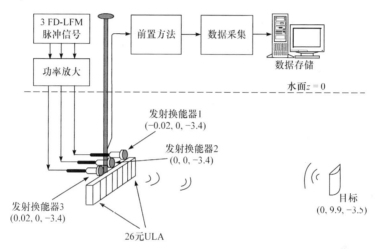

图 5.8　水池实验的原理框架图(单位:m)

实验中,发射换能器 1、2 和 3 发射一组 3 个 FD-LFM 脉冲信号,具体参数如表 5.1 所示。将 3 个发射换能器和 26 元 ULA 进行组合,获得 SIMO 声呐和 MIMO 声呐,具体如下:发射换能器 2 和 26 元 ULA 组成 1 发 26 收 SIMO 声呐,发射换能器 1、2 和 26 元 ULA 组成 2 发 MIMO 声呐,3 个发射换能器和 26 元 ULA 组成 3 发 MIMO 声呐。对应的声呐类型和声呐组成形式如表 5.2 所示。接收端的数采频率为 250kHz。SIMO 声呐和 MIMO 声呐均采用时延波束形成和矩形幅度窗,并按照图 5.6 的流程来处理回波,获得二维扇扫成像结果。

表 5.1　实验中所用 3 个 FD-LFM 脉冲信号的参数

发射换能器	频带范围/kHz	脉宽/ms
1	55～65	
2	65～75	8
3	75～85	

表 5.2　实验中 SIMO 声呐和 MIMO 声呐的组成形式

声呐类型	组成形式
SIMO 声呐	发射换能器 2 和 26 元 ULA
2 发 MIMO 声呐	发射换能器 1、2 和 26 元 ULA
3 发 MIMO 声呐	发射换能器 1、2、3 和 26 元 ULA

　　图 5.9(a)为 SIMO 声呐的二维扇扫成像结果，图 5.9(b)为 2 发 MIMO 声呐的扇扫成像结果，图 5.9(c)为 3 发 MIMO 声呐的扇扫成像结果。从二维扇扫成像结果可以得出，SIMO 声呐的距离分辨率最低，2 发 MIMO 声呐的距离分辨率更高，3 发 MIMO 声呐的距离分辨率最高。这是因为 SIMO 声呐使用发射换能器 2，其发射的信号频带范围是 65～75kHz，带宽仅为 10kHz。2 种 MIMO 声呐分别使用 2 个发射换能器和 3 个发射换能器，其在接收端合成信号的频带范围分别是 55～75kHz(2 发 MIMO 声呐)和 55～85kHz(3 发 MIMO 声呐)，对应的带宽分别为 20kHz 和 30kHz。

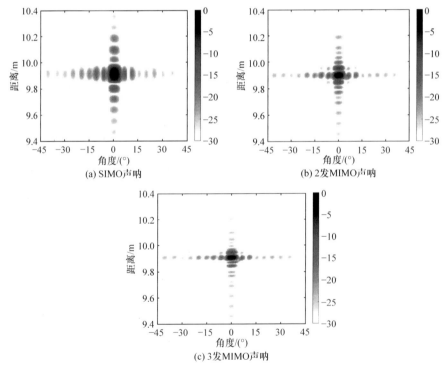

图 5.9　SIMO 声呐和 2 种 MIMO 声呐的二维扇扫成像结果

　　进一步，将 SIMO 声呐和 2 种 MIMO 声呐的二维扇扫成像结果的角度维和距离维投影示于图5.10。图5.10(a)为距离维投影,其主要反映距离分辨率。图5.10(b)为角度维投影,其主要反映角度分辨率。根据图 5.10(a)的距离维投影可知,SIMO声呐所获得的距离分辨率最低,2发MIMO声呐的距离分辨率较高,3发MIMO声呐的距离分辨率最高。由图5.10(b)的角度维投影可知,由于SIMO声呐和2种MIMO声呐的发射孔径较小,且使用相同的接收阵列,从而三者具有类似的角度分辨率。

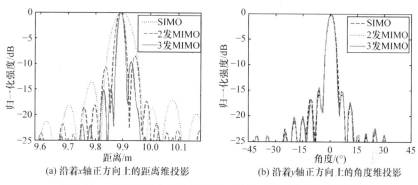

(a) 沿着x轴正方向上的距离维投影 (b) 沿着y轴正方向上的角度维投影

图 5.10 二维扇扫成像结果沿着 x 轴和 y 轴正方向上的投影

5.2.2 三维成像

1. 三维成像中的大带宽信号合成

与二维扇扫成像类似,此处 MIMO 声呐使用多个发射阵元是为了获得频带相互分开的发射信号,因此接收端的分辨率主要由接收阵列决定。为进行三维成像,此时 MIMO 声呐需要使用矩形平面阵、柱面阵和球面阵等阵列。设 MIMO 声呐的接收阵列是阵元数为 $N = N_0 \times N_0 = N_0^2$ 的矩形平面阵,发射阵列为 M 元均匀 ULA,对应的阵型如图 5.11 所示,三维坐标系统如图 5.12 所示。图 5.12 中,θ 和 ϕ 分别为俯仰角和方位角。θ 和 ϕ 可以为第 p 个散射点的入射角,即 θ_p 和 ϕ_p;也可以为第 q 个波束的扫描角,即 θ_q 和 ϕ_q。

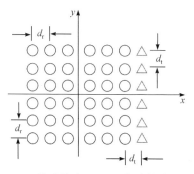

图 5.11 三维成像中 MIMO 声呐的阵型示意图

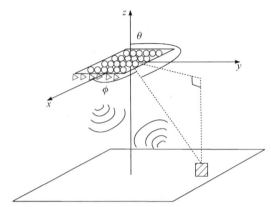

图 5.12　MIMO 声呐宽带信号合成三维成像中的三维坐标示意图

以图 5.11 中发射阵列为 ULA、接收阵列为矩形平面阵的布阵方式为例，给出三维成像的流程。此时，第 m 个发射阵元的三维坐标为

$$\boldsymbol{x}_{tm} = \left[\frac{N_0-1}{2}d_r + d_t, \left(m-1-\frac{M-1}{2} \right)d_t, 0 \right]^T \tag{5.10}$$

接收阵元沿着 x 轴和 y 轴的三维坐标为

$$\boldsymbol{x}_{rn} = \left[\left(n_x-1-\frac{N_0-1}{2} \right)d_r, \left(n_y-1-\frac{N_0-1}{2} \right)d_r, 0 \right]^T \tag{5.11}$$

其中，$n=(n_y-1)N_0+n_x$；$n_x=1,2,\cdots,N_0$，为沿着 x 轴正方向第 n_x 列的接收阵元编号；$n_y=1,2,\cdots,N_0$，为沿着 y 轴正方向第 n_y 行的接收阵元编号。例如，当 $n=4N_0+7$ 时，对应着沿着 x 轴正方向上第 7 列、沿着 y 轴正方向上第 5 行的接收阵元。

将 MIMO 声呐的大带宽信号合成方法运用到水下三维声成像时，所涉及的信号发射、回波接收、匹配滤波、波束形成和宽带信号合成等理论推导过程已经由式(3.47)～式(3.53)给出，对应的处理流程如图 3.16 所示。

此时，第 q 个波束下的空间矢量为

$$\boldsymbol{u}_q = \left[\sin\theta_q\cos\phi_q, \sin\theta_q\sin\phi_q, \cos\theta_q \right]^T \tag{5.12}$$

第 q 个波束下的时延补偿量为

$$
\begin{aligned}
& \tau^q_{(m-1)N+n} \\
&= \boldsymbol{u}^T\left(\boldsymbol{x}_{tm} + \boldsymbol{x}_{rn} \right)/c \\
&= \frac{\left\{ \left[(n_x-1)d_r + d_t \right]\sin\theta_q\cos\phi_q + \left[\left(m-1-\dfrac{M-1}{2} \right)d_t + \left(n_y-1-\dfrac{N_0-1}{2} \right)d_r \right]\sin\theta_q\sin\phi_q \right\}^T}{c}
\end{aligned}
$$

$$\tag{5.13}$$

利用式(5.13)中的时延补偿量，对匹配滤波输出进行波束形成和宽带信号合成，可获得空间二维角度下的波束输出。针对这些波束输出，先估计波束内的回波时延，然后将时延转化为各个波束脚印上的3D(三维)坐标，从而获得水下目标或水下区域的三维立体图。估计目标区域3D坐标的流程图如图5.13所示。

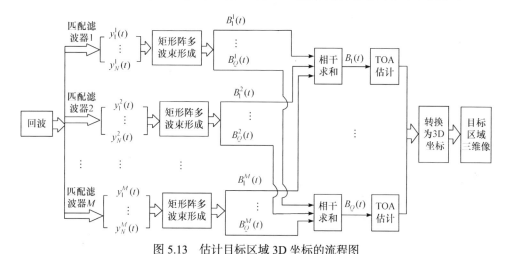

图 5.13　估计目标区域 3D 坐标的流程图

假设第 q 个波束上的回波时延为 TOA_q，对应的波束脚印三维坐标可表示为

$$x_q = \frac{\text{TOA}_q \times c}{2}\sin\theta_q \cos\phi_q \tag{5.14}$$

$$y_q = \frac{\text{TOA}_q \times c}{2}\sin\theta_q \sin\phi_q \tag{5.15}$$

$$z_q = \frac{\text{TOA}_q \times c}{2}\cos\theta_q \tag{5.16}$$

由式(5.14)~式(5.16)可知，所估计的波束脚印三维坐标由波束回波输出的回波时延 TOA_q 决定，而回波时延 TOA_q 与合成信号的带宽有关。信号带宽越大，匹配滤波后的距离主瓣宽度就越小，所估计的回波时延精度就越高，从而获得的三维坐标估计值也就越精准。

根据式(5.10)~式(5.16)，就可以获得所有波束脚印的三维坐标。此外，该方法也可以同时获取波束脚印上的散射强度值。第 q 个波束脚印的强度值 A_q 为

$$A_q = \max\left|B_q(t)\right| \tag{5.17}$$

2. 三维成像数值仿真

仿真中,水下待成像区域的三维地形由第4章中二维高斯分布的公式[式(4.66)]

得到。该地形为水下 $z = -10$m 的平面上有一个底面为圆周的凸起。目标区域的原始三维地形如图 4.34(a)所示。

MIMO 声呐的阵型如图 5.11 所示,其发射阵列为 4 元 ULA,接收阵列为 32× 32 = 1024 元矩形平面阵。发射阵元间距 d_t 和 d_r 满足 $d_t = d_r = \lambda/2$,其中 λ 对应水下 400kHz 声波信号对应的波长。SIMO 声呐的单个发射阵元位于坐标原点,其接收阵列与 MIMO 声呐的矩形平面阵相同。MIMO 声呐的 4 个发射阵元的 FD-LFM 脉冲信号的频带范围分别为 390~395kHz、395~400kHz、400~405kHz 和 405~410kHz,脉宽均为 2ms。SIMO 声呐发射频带范围为 397.5~402.5kHz、脉宽为 2ms 的 LFM 脉冲信号。

目标区域散射点的散射强度设为 1。接收端的带内信噪比设为 10dB(噪声为加性高斯白噪声),采样频率设为 2000kHz。接收波束形成采用等距离分辨规则,即分别沿 x 轴和 y 轴每隔 1m 形成一个波束,共形成 $8 \times 8 = 64$ 个接收波束。每个接收波束上的复加权通过如下方式获得:

(1) 获得 64 个波束脚印上的真实三维坐标[图 4.34(b)],根据波束脚印的真实三维坐标,计算出每个波束脚印对应的俯仰角和方位角;

(2) 针对某个波束指向角,接收矩形平面阵上的复加权等于 2 个相互垂直的 32 元 ULA 复加权的 Kronecker 积,且每个 ULA 采用旁瓣级为-20dB 的 Chebyshev 窗作为幅度加权。

获得 64 个波束输出后,采用 WMT 法估计每个波束输出上的回波时延,并根据式(5.14)~式(5.16)获得波束脚印下的三维坐标值,获得目标区域的三维像。MIMO 声呐和 SIMO 声呐的三维成像结果如图 5.14 所示。

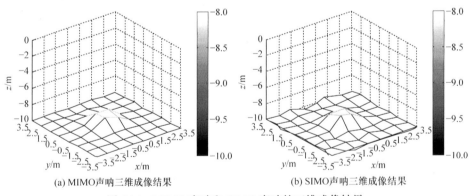

(a) MIMO声呐三维成像结果　　　　　　(b) SIMO声呐三维成像结果

图 5.14　MIMO 声呐和 SIMO 声呐的三维成像结果

图 5.14(a)和图 5.14(b)分别为 MIMO 声呐和 SIMO 声呐的估计的目标区域三维成像结果。从三维成像结果可以看出,MIMO 声呐和 SIMO 声呐均能获得目标区域的三维轮廓。从直观上看,MIMO 声呐所获得的三维成像效果更好。为了进

行定量对比, 利用图 4.34(b)中的 64 个波束脚印的 x 轴、y 轴和 z 轴坐标真实值计算两种声呐成像结果的 RMSE。其中, MIMO 声呐所估计的 x 轴、y 轴和 z 轴坐标的 RMSE 分别为 0.0487m、0.0461m 和 0.2070m, SIMO 声呐所估计的 x 轴、y 轴和 z 轴坐标的 RMSE 分别为 0.0944m、0.1039m 和 0.4540m。从定性分析结果可知, MIMO 声呐所获得的三维图具有更小的 RMSE(尤其是 z 轴所表示深度结果的 RMSE), 因此其三维成像结果更精确。

5.3 超宽带信号合成与成像

本节主要给出 MIMO 声呐利用一组小带宽频分脉冲信号合成 UWB 信号的基本原理, 并将其应用于角度维和距离维高分辨成像。与 5.2 节类似, 本节只使用 FD-LFM 脉冲信号。

目前, 对于窄带信号、宽带信号和超宽带信号的定义并不统一。针对超宽带信号的定义, 已知的划分方式有三种。第一种方式认为相对带宽(带宽和中心频率之比)大于 3%的信号为超宽带信号[10-11], 第二种方式认为相对带宽大于 25%的信号为超宽带信号[11-12], 第三种方式认为相对带宽大于 100%的信号为超宽带信号[11,13]。以上这些划分方式都是针对超宽带无线电通信和超宽带雷达系统, 并非超宽带声呐系统的划分方式。在声呐成像领域, 虽然已有部分文献对超宽带信号的应用进行了探索[14-17], 但是目前几乎还没有明确的超宽带声呐这一概念。本书采用第三种超宽带信号的划分方式, 将带宽和中心频率之比大于 100%的信号称为超宽带信号[11,13], 并将对应的声呐称作超宽带声呐。

超宽带信号具有一系列优点, 如容易穿透耗损介质、回波中包含丰富的目标信息成分、抑制多途和具有高空间分辨率等[11]。本书关注声呐系统使用超宽带信号所带来的高角度和高距离分辨率。传统成像声呐的硬件系统难以发射超宽带信号, 同时其接收机也难以直接处理超宽带信号。本节借鉴 5.2 节中的大带宽信号合成方法, 通过增加 MIMO 声呐中发射阵元个数, 使得最终合成的信号成为超宽带信号, 达到同时增加距离分辨率和角度分辨率的目的。

需指出的是, 成像声呐的发射端和接收端硬件系统对超宽带信号的频率响应在整个频段内很难保持一致。此外, 水体介质对不同频带声波的吸收率也不一致。对于频率响应的不一致性, 可以通过在成像之前进行标定以获得频带内不同频点上的响应, 以此抑制频率响应起伏。对于吸收率不一致, 可以根据信号的传播路程来估计不同频点上的吸收损失大小, 并利用估计结果对回波进行补偿。在本节中, 为了简化分析, 不考虑系统对不同频点上的响应差异和水体介质的吸收, 即忽略由频带宽度过大而带来的起伏。

5.3.1 二维扇扫成像

1. 超宽带信号的高角度分辨率

设超宽带信号的最低频率为 f_L，最高频率为 f_H，其信号带宽为

$$B = f_H - f_L \tag{5.18}$$

为了获得更高的角度分辨率，要求 MIMO 声呐中接收 ULA 的设计频率 f_D 满足[16]：

$$f_L \geqslant f_D \tag{5.19}$$

显然，发射信号最低频率和接收阵列设计频率满足式(5.19)后，单个频点上的波束图容易出现栅瓣。随着频率逐渐从最小值 f_L 变为最大值 f_H，单频点波束图的主瓣会逐渐变窄，但是栅瓣个数逐渐增多。当合成信号的总带宽足够大，这些栅瓣会得到有效抑制[16]。这可以利用接收 ULA 在整个频带范围内的总体波束图加以解释。

由于发射信号为超宽带信号，接收 ULA 的总体波束图可以表示为频带范围内所有单个频点上波束图的叠加。近似地，将 $[f_L, f_H]$ 频带划分为 K 个离散的单频点，则接收 ULA 的波束图可表示为

$$B(\theta; \theta_0) = \sum_{k=1}^{K} B_k(\theta; \theta_0) \tag{5.20}$$

其中，$B(\theta; \theta_0)$ 为接收 ULA 在主瓣指向 θ_0 时频带内的总体波束图；$B_k(\theta; \theta_0)$ 对应着第 k 个频点上的波束图。这 K 个频点上的 K 个波束图主瓣均指向 θ_0 方向，但是不同频点波束图的栅瓣却位于不同的位置。因此，按照式(5.20)求和之后，波束图主瓣会由于相互叠加而得到增强，而波束图栅瓣会由于位置相互错开而被抑制。

为了直观地说明问题，以设计频率为 100kHz 的 24 元 ULA 为例，给出单个频点波束图和整个频带内的总体波束图。假设超宽带信号的频带范围为 100~400kHz，按照 1kHz 为间隔将 300kHz 的带宽划分为 301 个单频点。100kHz、200kHz 和 300kHz 分别对应的单频点波束图和 100~400kHz 内的总体波束图如图 5.15 所示。

由图 5.15(a)~(c)可知，随着单频点频率 f_k 的增大，对应的波束图主瓣越来越窄，但是栅瓣逐渐出现并增多。由图 5.15(d)可知，超宽带信号的频带内总体波束图具有很窄的主瓣(与 $f_k = 100kHz$ 的单频点波束图相比)，同时其旁瓣也处于较低的水平。这说明利用具有大带宽的超宽带信号，不但可以获得高距离分辨率，也可以通过设定发射信号频率大于阵列设计频率来获得高角度分辨率。

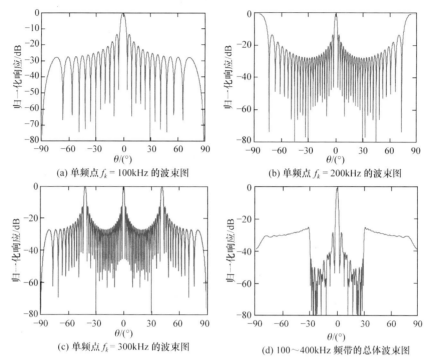

图 5.15 接收阵列为 24 元 ULA 时的单频点波束图和超宽带频带内总体波束图

2. MIMO 声呐二维扇扫成像中的超宽带信号合成

传统声呐成像系统难以在一个周期内发射与处理具有大带宽的超宽带信号。为了解决这一问题，仿照 5.2 节中的大带宽信号合成方法，通过增加 MIMO 声呐的发射阵元数，达到合成超宽带信号的目的。在进行超宽带信号合成二维扇扫成像时，所使用的 MIMO 声呐阵型如图 5.5 所示。假设 MIMO 声呐的 M 个发射阵元发射的 M 个 FD-LFM 脉冲信号中，其最低频率值为 f_L，最高频率值为 f_H，每个 LFM 脉冲信号的带宽为 B_0。根据 3.3.2 小节和 5.2 节中的宽带信号合成理论可知，总跨度为 $[f_L, f_H]$ 的超宽频带被划分为带宽均为 B_0 的 M 个子频带，即

$$B = f_H - f_L = MB_0 \tag{5.21}$$

式(5.21)虽然与式(3.56)具有相同的表达式，但是此处的超大带宽 B 不仅仅是为了获得更高的距离分辨率，同时也为了获得更高的角度分辨率。

二维扇扫成像中超宽带信号合成的理论推导和流程与 5.2.1 小节中大带宽信号合成相同，此处不重复叙述。但两者仍有不同之处：利用 MIMO 声呐合成超宽带信号时，使用的发射阵元个数更多，发射信号的最低频率 f_L 大于接收阵列设计频率 f_D，最终的带宽 B 远大于 5.2.1 小节中获得的信号带宽。

3. 二维成像数值仿真与水池实验

1) 数值仿真

仿真目的在于证明 MIMO 声呐通过超宽带信号合成, 可以获得与 UWB 声呐类似的距离分辨率与角度分辨率。仿真时 MIMO 声呐使用 10 元发射 ULA 和 24 元接收 ULA。发射 ULA 和接收 ULA 均位于 x 轴上且都以坐标原点为几何中心。发射阵元和接收阵元间距均等于 100kHz 信号对应的半波长。根据式(5.21), 将带宽 100~400kHz 的频带范围划分为 10 个子带, 每个发射阵元发射单个子带内的 LFM 脉冲信号。设单个脉冲信号的脉宽为 2ms, 10 个发射阵元在一个周期内同时发射带宽为 $B_0 = 30$kHz 的 FD-LFM 脉冲信号, 频带范围分别为 100~130kHz、130~160kHz、160~190kHz、190~220kHz、220~250kHz、250~280kHz、280~310kHz、310~340kHz、340~370kHz 和 370~400kHz。为了进行对比, 假设 UWB 声呐使用 1 个发射阵元和与 MIMO 声呐相同的 24 元 ULA, 其在一个周期内发射脉宽为 2ms, 带宽为 100~400kHz 的单个 UWB-LFM 脉冲信号(实际中成像声呐很难发射具有如此大带宽的 LFM 脉冲信号, 仿真中假设其可行)。10 个 FD-LFM 脉冲信号和单个 UWB-LFM 脉冲信号的频谱如图 5.16 所示。

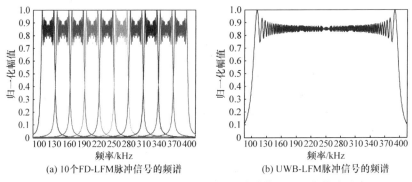

(a) 10个FD-LFM脉冲信号的频谱　　　　　(b) UWB-LFM脉冲信号的频谱

图 5.16　MIMO 声呐所用 10 个 FD-LFM 脉冲信号和超宽带声呐所用
单个 UWB-LFM 脉冲信号的频谱

对比 MIMO 声呐和 UWB 声呐的角度分辨率, 即考察两者的波束图。MIMO 声呐的波束图可以按照如下方式得到: 将 30kHz 子带的频带按照 1kHz 的步长分为 31 个频点, 将这 31 个频点上的波束图叠加, 获得 30kHz 子带对应的波束图; 将 10 个子带上的波束图叠加, 获得最终的波束图。超宽带声呐的波束图直接通过将 100~400kHz 内所有频点(1kHz 间隔)上的波束图进行叠加来获得。MIMO 声呐和 UWB 声呐的波束图如图 5.17 所示。其中, 图 5.17(a)为主瓣指向 0°时的整体波束图, 图 5.17(b)为主瓣指向 0°时的局部波束图, 图 5.17(c)为主瓣指向 30°时的整体波束图, 图 5.17(d)为主瓣指向 30°时的局部波束图。从不同主瓣指向下的整体波束图和局部波束图可知，MIMO声呐与UWB声呐的波束图几乎是相互重叠的，这说明两者的角度分辨率是相同的。

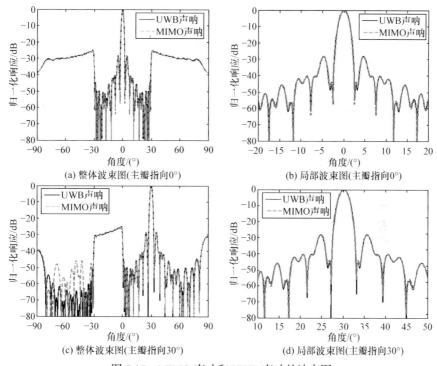

图 5.17　MIMO声呐和UWB声呐的波束图

对比 MIMO 声呐发射信号和 UWB 声呐发射信号的距离分辨率，即考察两者的距离模糊函数，如图 5.18 所示。图 5.18(a)为距离模糊函数的整体图，图 5.18(b)为距离模糊函数在主瓣附近的局部图。从图 5.18(a)可知，MIMO 声呐的距离模糊函数的旁瓣略高于 UWB 声呐的距离模糊函数，但是这些旁瓣的最大值仅为 0.06144，在大多数情况下并不影响成像声呐的距离维分辨效果。从图 5.18(b)

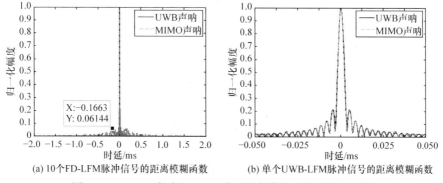

图 5.18　MIMO声呐和UWB声呐发射信号的距离模糊函数

可知，MIMO 声呐和 UWB 声呐的距离模糊函数主瓣几乎相互重叠，这说明两者有相同的距离分辨率。

接下来利用两种声呐进行二维扇扫成像仿真。仿真中的目标参数、接收阵列、信噪比、波束形成算法等与 5.2.1 小节中的仿真参数相同，其区别仅在于发射阵元个数和发射信号的不同。MIMO 声呐和 UWB 声呐的二维扇扫成像结果如图 5.19 所示。

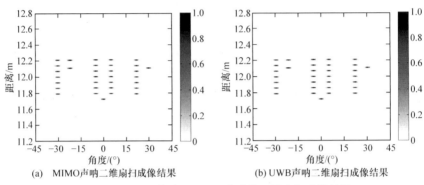

(a) MIMO 声呐二维扇扫成像结果　　　　　　(b) UWB 声呐二维扇扫成像结果

图 5.19　MIMO 声呐和 UWB 声呐的二维扇扫成像结果

图 5.19(a) 为 MIMO 声呐利用 FD-LFM 脉冲信号在接收端进行超宽带信号合成所获得的二维扇扫成像结果，图 5.19(b) 对应着 UWB 声呐直接使用 UWB-LFM 脉冲信号获得的二维扇扫成像结果。从成像结果可知，当发射信号覆盖相同的频带范围时，MIMO 声呐和 UWB 声呐具有相同的二维扇扫成像结果。此外，对比图 5.7 中利用大带宽信号合成所获得的二维扇扫成像结果，可以发现图 5.19 中的扇扫成像结果具有更高的距离分辨率和角度分辨率。这说明利用 MIMO 声呐进行超宽带信号合成，可以避免直接发射和处理单个 UWB 信号，在不增加系统发射和处理带宽的前提下获得与 UWB 声呐类似的成像结果。

2) 水池实验

水池实验的目的在于验证 MIMO 声呐通过 UWB 信号合成获得高于传统成像声呐(实验中的 SIMO 声呐)的距离分辨率与角度分辨率。水池实验采用与 5.2.1 小节中相同的实验平台。实验中的 3 个发射换能器、16 个接收水听器(形成 16 元 ULA)、目标的位置如图 5.20 所示。发射换能器 1、2 和 3 分别发射 7.5~12.5kHz、12.5~17.5kHz 和 17.5~22.5kHz 的 FD-LFM 脉冲信号，其脉宽均为 8ms。

由于发射信号的最低频率为 7.5kHz，实验中选取第 1、3、5、7、9、11、13 和 15 号水听器组成 8 元 ULA，其对应的设计频率为 7.5kHz。MIMO 声呐由 3 个发射换能器和 8 元 ULA 组成。SIMO 声呐由发射换能器 2 和 8 元 ULA 组成。SIMO 声呐和 MIMO 声呐均采用矩形幅度窗和时延波束形成，并按照图 5.6 对回波进行处理获得成像结果。SIMO 声呐和 MIMO 声呐的二维扇扫成像结果如图 5.21 所示。

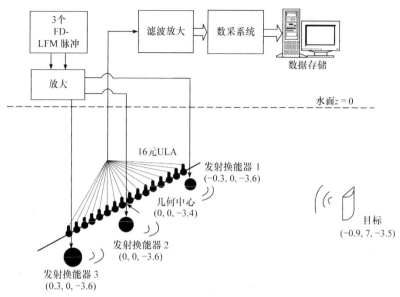

图 5.20 超宽带信号合成水池实验的原理框架图(单位: m)

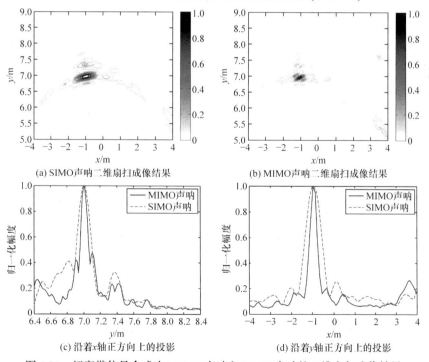

(a) SIMO声呐二维扇扫成像结果

(b) MIMO声呐二维扇扫成像结果

(c) 沿着x轴正方向上的投影

(d) 沿着y轴正方向上的投影

图 5.21 超宽带信号合成中 MIMO 声呐和 SIMO 声呐的二维扇扫成像结果

图 5.21(a)为 SIMO 声呐的二维扇扫成像结果，图 5.21(b)为 MIMO 声呐的二维扇扫成像结果。明显可以看出，MIMO 声呐的距离分辨率和角度分辨率均高于 SIMO 声呐。图 5.21(c)为两种声呐的强度成像结果沿着 x 轴正方向上的投影(反映距离分辨率)，从中可以看出 MIMO 声呐具有更高的距离分辨率。图 5.21(d)为两种声呐的强度成像结果沿着 y 轴正方向上的投影(反映角度分辨率)，从中可以看出 MIMO 声呐具有更高的角度分辨率。根据水池实验的结果可知，MIMO 声呐可以在接收端进行超宽带信号合成，最终获得高于传统成像声呐(实验中的 SIMO 声呐)的距离分辨率与角度分辨率。

5.3.2 三维成像

1. 三维成像中的超宽带信号合成

MIMO 声呐三维成像中的超宽带信号合成与 5.2.2 小节中的大带宽信号合成部分具有类似的理论知识。此处所涉及的信号发射、回波接收、匹配滤波、波束形成和超宽带信号合成等理论推导过程已经由 5.2.2 小节给出，此处不重复叙述。

选择图 5.11 中的 MIMO 声呐阵型，即发射阵列为 M 元 ULA、接收阵列为 $N = N_0 \times N_0$ 元矩形平面阵。MIMO 声呐的三维坐标系如图 5.12 所示。接收阵的设计频率 f_D 与发射信号的最低频率 f_L 满足 $f_L \geqslant f_D$。为了抑制波束图栅瓣，需要保证合成信号的总带宽足够大。利用 MIMO 声呐进行超宽带信号合成时，对回波进行处理以获得三维像的流程见图 5.13(直接估计波束脚印 3D 坐标)。

2. 三维成像数值仿真

1) 角度分辨率和距离分辨率

仿真首先考察 MIMO 声呐和 UWB 声呐的角度分辨率与距离分辨率。

以发射阵为 10 元 ULA、接收阵为 $32 \times 32 = 1024$ 元矩形平面阵为例，给出 MIMO 声呐的波束图。MIMO 声呐的 10 个发射阵元在一个周期内发射脉宽 $T_0 = 2\text{ms}$、子带宽 $B_0 = 30\text{kHz}$ 的 FD-LFM 脉冲信号，频谱如图 5.16(a)所示。UWB 声呐的单个发射阵元位于坐标原点，使用与 MIMO 声呐相同的接收阵列。UWB 声呐发射脉宽为 2ms、带宽为 100~400kHz 的单个 UWB-LFM 脉冲信号，其频谱如图 5.16(b)所示。

图 5.22 为 MIMO 声呐和 UWB 声呐在 u_x 空间和 u_y 空间的波束图，其中 $u_x = \sin\theta\cos\phi$，$u_y = \sin\theta\sin\phi$。图 5.22(a)和(b)分别为 MIMO 声呐和 UWB 声呐的波束图俯视图，从中可以看出，MIMO 声呐和 UWB 声呐具有几乎相同的波束图。图 5.22(c)和(d)分别为 MIMO 声呐和 UWB 声呐 3D 波束图在 $u_y = 0$ 和 $u_x = 0$ 处的切片。从图 5.22(c)和(d)可知，MIMO 声呐和 UWB 声呐的波束图 2D 切片基本重

合。根据图 5.22 的波束图结果，可以认为 MIMO 声呐与 UWB 声呐具有相同的角度分辨率。

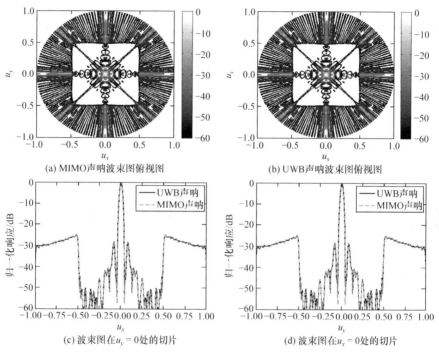

(a) MIMO声呐波束图俯视图

(b) UWB声呐波束图俯视图

(c) 波束图在$u_y = 0$处的切片

(d) 波束图在$u_x = 0$处的切片

图 5.22　MIMO 声呐和 UWB 声呐的波束图

此外，由 MIMO 声呐利用 10 个 FD-LFM 脉冲信号合成的 UWB 信号和 UWB 声呐直接使用单个 UWB-LFM 脉冲信号所获得的距离模糊函数如图 5.18 所示。从图 5.18 可知，在发射信号总带宽相同的前提下，MIMO 声呐和 UWB 声呐具有相同的距离模糊函数，即三维成像时的距离分辨率也是相同的。

2) 三维成像仿真

三维成像仿真中，保持 MIMO 声呐和 UWB 声呐的参数及相应的发射信号不变。接收阵元上的信噪比、接收端波束指向角、波数个数、幅度加权等参数，均与图 5.14 所使用的参数相同。水下三维地形如图 4.34(a)所示，其波束脚印的真实三维地形如图 4.34(b)所示。MIMO 声呐和 UWB 声呐的三维成像结果分别如图 5.23(a)和(b)所示。

通过对比图 5.23 和图 4.34(b)可知，MIMO 声呐和 UWB 声呐均可以获得与原三维地形接近的成像结果。MIMO 声呐所估计的 x 轴、y 轴和 z 轴坐标的 RMSE 分别为 0.0091m、0.0094m 和 0.0108m，UWB 声呐所估计的 x 轴、y 轴和 z 轴坐标的 RMSE 分别为 0.0091m、0.0075m 和 0.0098m。从定性分析结果可知，MIMO

声呐和 UWB 声呐所获得的三维图具有几乎相同的 RMSE。结合三维成像结果和 RMSE，可以认为 MIMO 声呐与 UWB 声呐具有相同的三维成像能力。

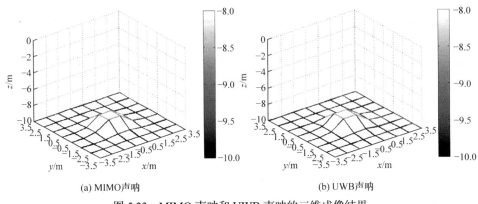

(a) MIMO声呐　　　　　　　　　　　　　　　(b) UWB声呐

图 5.23　MIMO 声呐和 UWB 声呐的三维成像结果

5.4　利用互相关函数的带宽合成

在 5.1 节信号设计基本准则中，要求频分脉冲信号之间的互相关函数足够低。这是一种传统思路，认为多个频分脉冲信号之间的互相关函数是有害部分，在进行波形设计时需要设置一定的频带间隔以尽可能抑制互相关函数，从而降低成像结果中的距离维旁瓣。本节提出一种反向思路，即认为互相关函数是有利的。这些相邻频分脉冲信号的互相关函数可以填充自相关函数之间的频带空隙，从而抑制谱泄漏，使得合成的距离维成像结果具有更低的旁瓣[18-19]。因此，通过优化脉宽、带宽，可以获得具有一定高度的互相关函数。这些互相关函数与自相关函数一起，可以形成具有低旁瓣的距离维剖面(range profile)。本节给出利用高互相关 FD-CW 脉冲信号的高分辨、低旁瓣距离维剖面合成方法。

5.4.1　波形设计

假设 MIMO 声呐使用 M 个发射阵元，对应着一组 M 个 FD-CW 脉冲信号。FD-CW 脉冲信号的波形表达式如式(5.1)和式(5.2)所示。需要对 FD-CW 脉冲信号的脉宽、频率间隔进行优化处理，同时利用对每个 FD-CW 脉冲进行幅度加窗的方式，合成最终的低旁瓣距离维剖面。

这 M 个 FD-CW 脉冲信号的幅度窗可表示为

$$\boldsymbol{a} = \begin{bmatrix} a_1 & a_2 & \cdots & a_M \end{bmatrix}^{\mathrm{T}} \tag{5.22}$$

其中，a_m 是正值，表示第 $m(m = 1, 2, \cdots, M)$ 个 FD-CW 脉冲信号上的幅度加权。

采用式(5.22)中的幅度加权,合成的距离维剖面 $R(t)$ 可以简化为所有自相关函数和互相关函数之和,即

$$R(t)=\left[\sum_{m=1}^{M}a_m s_m(t)\right]*\left[\sum_{m=1}^{M}a_m s_m(t)\right] \tag{5.23}$$

显然,为了抑制式(5.23)中合成的距离维剖面 $R(t)$ 的旁瓣,需要同时对 FD-CW 脉冲信号的幅度加权 a_m、信号脉宽 T、频率间隔 Δf 进行优化。

利用 FD-CW 脉冲信号所合成的距离维剖面的旁瓣可表示为

$$\min_{a,T,\Delta f}\mathrm{SL}\big[R(t)\big] \tag{5.24}$$

其中,SL 表示获得旁瓣级。

式(5.24)所给出的优化问题是一个三维搜索问题,需要同时对幅度加权 $\boldsymbol{a}$、信号脉宽 T、频率间隔 Δf 进行搜索才能获得具有最低旁瓣级的参数。为了简化分析,假设幅度加权 $\boldsymbol{a}$ 已知,对 FD-CW 脉冲信号的脉宽 T、频率间隔 Δf 进行二维搜索。这一假设是合理的,因为幅度加权意味着白噪声增益下降,很多时候需要控制白噪声增益,因此幅度加权 $\boldsymbol{a}$ 可以事先确定以保证白噪声增益。简化后的二维搜索问题可表示为

$$\min_{T,\Delta f}\mathrm{SL}\big[R(t;\boldsymbol{a})\big] \tag{5.25}$$

信号脉宽 T 也可以事先确定,因为 CW 脉冲的带宽为脉宽的倒数。很多时候成像声呐的系统瞬时带宽是确定的,此时 CW 脉冲所能使用的最小脉宽也是确定的,在成像时可以认为 CW 脉冲的脉宽已知,此时只需对 FD-CW 脉冲信号的频率间隔 Δf 进行一维搜索即可。简化后的一维搜索问题可表示为

$$\min_{\Delta f}\mathrm{SL}\big[R(t;\boldsymbol{a},T)\big] \tag{5.26}$$

综上所述,以一维搜索问题为例,对应的 FD-CW 脉冲信号的优化设计流程如下:

(1) 根据发射阵元数 M 和白噪声增益设置幅度加权 $\boldsymbol{a}$,根据所能允许的系统瞬时带宽设置脉宽 T,设置频率间隔 Δf 的取值范围;

(2) 根据式(5.23)获得合成的距离维剖面 $R(t)$;

(3) 计算在幅度加权 $\boldsymbol{a}$、脉宽 T 和不同频率间隔 Δf 组合下,所合成的距离维剖面 $R(t)$ 的旁瓣级,挑选出最低旁瓣级对应的频率间隔 Δf。

以一维搜索问题为例,给出 FD-CW 脉冲信号的波形优化设计结果。假设所需 FD-CW 脉冲信号的个数为 3,一组幅度加权为 $\boldsymbol{a}=[0.6\ \ 1\ \ 0.6]^{\mathrm{T}}$,脉宽有 3 种,分别是 0.1ms、0.2ms 和 0.3ms。对 FD-CW 脉冲信号的频率间隔 Δf 进行搜索,找出对应最低旁瓣级的 Δf。不同脉宽对应的 Δf 优化结果如表 5.3 所示。

表 5.3　实验中不同脉宽对应的频率间隔优化结果

幅度加权 a	脉宽 T/ms	频率间隔 Δf/kHz	旁瓣级/dB
	0.1	5.27	−28.8
$[0.6\ \ 1\ \ 0.6]^{\mathrm{T}}$	0.2	3.28	−27.1
	0.3	2.24	−28.8

利用表 5.3 中的信号参数，给出 FD-CW 脉冲信号的频谱、自相关函数、互相关函数和最终合成的距离维剖面，如图 5.24～图 5.26 所示。其中，ACF_m 表示第 $m(m=1,2,3)$ 个 FD-CW 脉冲信号的自相关函数，$\mathrm{CCF}_{i,j}$ 表示第 i 个和第 $j(j\neq i)$ 个 FD-CW 脉冲信号之间的互相关函数。图 5.24 中，信号脉宽为 0.1ms，相邻信号的频率间隔为 5.27kHz，互相关函数的峰值约为−8.8dB，互相关函数处于很高的水平，但最终合成的距离维剖面的旁瓣级为−28.8dB。图 5.25 中，信号脉宽为 0.2ms，相邻信号的频率间隔为 3.28kHz，互相关函数的峰值约为−10.7dB，而最终合成的距离维剖面的旁瓣级为−27.1dB。图 5.26 中，信号脉宽为 0.3ms，相邻信号的频率间隔为 2.24kHz，互相关函数的峰值约为−11dB，而最终合成的距离

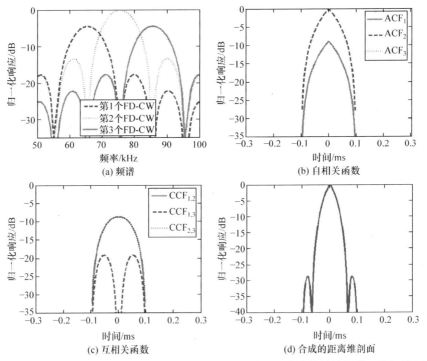

图 5.24　脉宽为 0.1ms、频率间隔为 5.27kHz 的 3 个 FD-CW 脉冲信号的频谱、自相关函数、互相关函数、合成的距离维剖面

维剖面的旁瓣级为-28.8dB。从图 5.24～图 5.26 的仿真结果可知，FD-CW 脉冲信号在不同脉宽时具有不同的带宽，因此对应着不同的最优频率间隔。在这些参数组合下，FD-CW 脉冲信号的频带重合度较大[图 5.24(a)、图 5.25(a)、图 5.26(a)]，对应的互相关函数处于较高的水平(分别是-8.8dB、-10.7dB、-11dB)，但是最终所合成的距离维剖面却具有很低的旁瓣级(分别是-28.8dB、-27.1dB、-28.8dB)。由图 5.24～图 5.26 可知，较高的互相关函数可以有效填充自相关函数之间的频带空隙，从而有效抑制谱泄漏，获得低旁瓣距离维剖面。

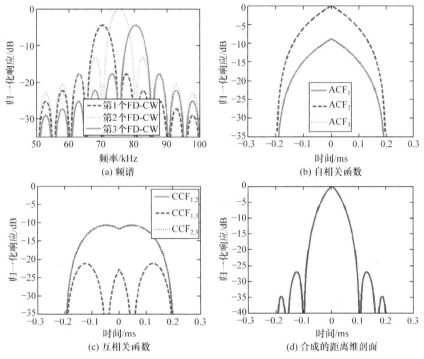

图 5.25　脉宽为 0.2ms、频率间隔为 3.28kHz 的 3 个 FD-CW 脉冲信号的频谱、自相关函数、
互相关函数、合成的距离维剖面

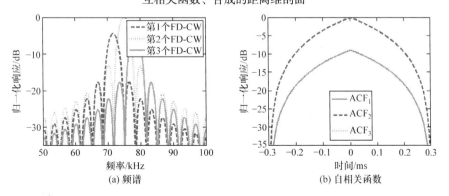

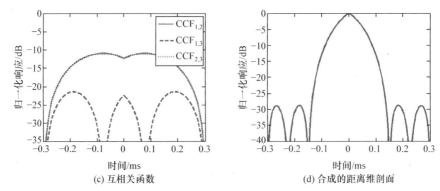

图 5.26　脉宽为 0.3ms、频率间隔为 2.24kHz 的 3 个 FD-CW 脉冲信号的频谱、自相关函数、
互相关函数、合成的距离维剖面

5.4.2　成像流程

此处以二维成像为例。进行二维成像时，所使用的阵型与图 5.5 相同，区别在于发射信号的设计。5.2 节要求发射信号具有低互相关函数，此处要求发射信号具有一定高度的互相关函数，以便利用互相关函数填补自相关函数之间的频带空隙，抑制谱泄漏，最终在合成距离维高分辨成像结果的同时有效抑制距离维旁瓣。

此处所用的回波处理流程与图 5.6 相同，不做重复叙述。

5.4.3　二维成像数值仿真

仿真中 MIMO 声呐由 3 元 ULA 发射阵和 32 元 ULA 接收阵组成。设发射 ULA 和接收 ULA 的阵元间距满足 $d_t = d_r = \lambda / 2$，λ 对应着水下 75kHz 信号的半波长。MIMO 声呐使用的 3 个 FD-CW 脉冲信号参数如表 5.3 的第三行所示，即幅度加权 $\boldsymbol{a} = [0.6\ 1\ 0.6]^T$，脉宽 $T = 0.3$，每个 FD-CW 脉冲信号的频率间隔 $\Delta f = 2.24\text{kHz}$，3 个 FD-CW 脉冲信号整体的中心频率为 75kHz。作为对比，SIMO 声呐使用由中间发射阵元和相同的 32 元 ULA 组成，所发射的 CW 脉冲信号的中心频率为 75kHz，脉宽分别为 0.15ms 和 0.3ms。目标位于远场，由 2 个散射点组成，分别位于(0, 100m)和(0, 99.5m)的坐标上。每个接收阵元上的带内信噪比设为 10dB，采样频率为 300kHz。波束扫描角为–45°～45°，以 0.5°为间隔。

SIMO 声呐使用 0.3ms、0.15ms 的 CW 脉冲信号，MIMO 声呐使用 3 个 0.3ms 的 FD-CW 脉冲信号，二维成像结果如图 5.27 所示。从图 5.27(a)可知，SIMO 声呐使用脉宽为 0.3ms 的 CW 脉冲信号获得的距离分辨率有限，无法在距离上对 2 个散射点进行成像。从图 5.27(b)可知，SIMO 声呐使用脉宽为 0.15ms 的 CW 脉冲信号具有更高的距离分辨率，可以有效对 2 个散射点进行成像。图 5.27(c)是 MIMO 声呐的成像结果，从中可知 MIMO 声呐可以合成大带宽信号，获得距离维高分辨成像结果。图 5.27(d)给出了二维成像结果的距离维切片，从中可知 MIMO 声呐使用脉宽为 0.3ms 的 FD-CW 脉冲信号可以获得与 SIMO 声呐使用 0.15ms 的 CW 脉冲信号类似的成像分辨率和旁瓣级。图 5.27 的仿真结果说明了使用高互相关函数可以抑制大带宽信号合成中的距离维旁瓣，获得距离维高分辨和低旁瓣的成像结果。

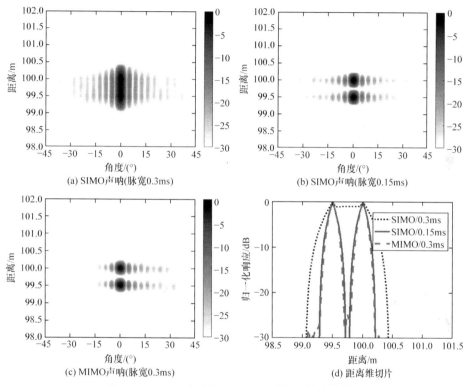

图 5.27　SIMO 声呐和 MIMO 声呐的二维成像结果

5.5　本 章 小 结

本章给出了 MIMO 声呐使用频带相互分开的发射信号合成更大带宽信号甚至超宽带信号的成像方法。在本章中，MIMO 声呐利用空间频率步进代替了传统步进频率系统中的时间频率步进，仅需一个周期即可合成大带宽信号，避免了步进频率系统使用多个周期而导致的目标距离迁徙等缺点。然而，使用多元发射阵的目的在于获得多个频率分集信号，其发射孔径并没有对角度分辨率做出贡献，因此，此时 MIMO 声呐的角度分辨率由接收阵列孔径决定。这一点与第 3 章中所述的 MIMO 声呐的角度分辨率由发射与接收联合孔径决定是不一样的。

　　在大带宽信号合成的基础上，本章给出了 UWB 信号合成方法。其核心思想在于使用更多的阵元数，以便信号总带宽覆盖足够大的范围。为了在提高距离分辨率的同时也改善角度分辨率，本章的 UWB 信号合成建立在发射信号频率大于接收阵列设计频率的基础上。如此设计的发射信号，虽然在单个频点上的波束图会出现栅瓣，但是全带宽内的总体波束图却成功抑制栅瓣，获得了期望的角度分辨率。

参 考 文 献

[1] DAI X Z, XU J, YE C M, et al. Low-sidelobe HRR profiling based on the FDLFM-MIMO radar[C]. Proceedings of 1st Asian and Pacific Conference, Synthetic Aperture Radar, Huangshan, China, 2007: 132-135.

[2] DAI X Z, XU J, PENG Y N. High resolution frequency MIMO radar[C]. Proceedings of 2007 IEEE Radar Conference, Boston, USA, 2007: 693-698.

[3] 刘雄厚. 密布式 MIMO 声呐成像技术研究[D]. 西安: 西北工业大学, 2014.

[4] LEVANON N. Stepped-frequency pulse-train radar signal[J]. IET proceeding radar, sonar and navigation, 2002, 194(6): 297-309.

[5] LEVANON N, MOZESON E. Nullifying ACF grating lobes in stepped-frequency train of LFM pulses[J]. IEEE transactions aerospace electronic systems 2003, 39(2): 694-703.

[6] RABIDEAU D J. Nonlinear synthetic wideband waveforms[C]. Proceedings of 2002 IEEE Radar Conference, Long Beach, USA, 2002: 212-219.

[7] MARON D E. Frequency-jumped burst waveforms with stretch processing[C]. Proceedings of IEEE 1990 International Radar Conference, Arlington, USA, 1990: 274-279.

[8] GLADKOVA I, CHEBANOV D. Grating lobes suppression in stepped-frequency pulse[J]. IEEE transactions aerospace electronic systems, 2008, 44(4): 1265-1275.

[9] LIU X II, SUN C, YANG Y X, et al. High-range-resolution two-dimensional imaging using frequency diversity multiple-input-multiple-output sonar[J]. IET radar sonar & navigation 2016, 10(5): 983-991.

[10] 费元春, 苏广川, 米红, 等. 宽带雷达信号产生技术[M]. 北京: 国防工业出版社, 2002.

[11] 李海英. 超宽带信号波形及其合成孔径雷达成像研究[D]. 北京: 中国科学院研究生院, 2002.

[12] TAYLOR J. Ultra-Wideband Radar Technology[M]. Boca Raton: CRC Press, 2001.

[13] ANSTANIN L Y, KOSTYLEV A A. Ultra-wideband Radar Measurements: Analysis and Processing[M]. London: Institute of Electrical Engineers, 1997.

[14] 杨虎, 陈航. 一种利用非正弦信号的水下声成像方法[J]. 哈尔滨工程大学学报, 2010, 31(3): 275-280.

[15] 杨虎. 水下目标声成像相关技术研究[D]. 西安: 西北工业大学, 2011.

[16] LIU X H, SUN C, ZHUO J, et al. High-resolution 2-D imaging using ultra-wideband MIMO sonar[C]. Proceedings of IEEE ICSPCC2013, Kunming, China, 2013: 1-4.

[17] LIU X H, SUN C, YANG Y X, et al. Ultra-wideband (UWB) echo synthesis using frequency diverse MIMO sonar[C]. Proceedings of IEEE OCEANS'18, Charleston, USA, 2013: 1-5.

[18] CHEN L, LIU X H, YANG Y X, et al. Range sidelobe suppression for FD-MIMO sonar imaging with FDCW pulses[C]. Proceedings of IEEE OCEANS'16, Shanghai, China, 2016: 1-5.

[19] LIU X H, SUN C, YANG Y X, et al. Low sidelobe range profile synthesis for sonar imaging using stepped-frequency pulses[J]. IEEE geoscience and remote sensing letters, 2017, 14(2): 218-221.

第 6 章　基于低运算量处理的 MIMO 声呐成像方法

MIMO 声呐在获得大孔径、大带宽优点的同时，需使用数量庞大的匹配滤波器，导致接收端处理需要巨大的运算量，不利于实时成像。本章聚焦 MIMO 声呐的高运算量问题，给出基于低运算量处理的 MIMO 声呐成像方法。首先，分析 MIMO 声呐高运算量的来源。其次，针对已有 MIMO 声呐成像方法计算量过高的问题，从多个方面进行低运算量处理，包括利用移边带和降采样降低数据量，利用 DFT 处理快速实现匹配滤波和波束形成，利用对虚拟阵列进行稀疏优化减少匹配滤波器数量，设计多层分子阵波束形成处理方法等。这些方法在保留 MIMO 声呐高分辨成像性能的同时，可有效降低成像处理流程中的运算量。

6.1　传统低运算量处理方法

6.1.1　MIMO 声呐高运算量的来源

MIMO 声呐使用正交波形获得宽发射波束，利用匹配滤波进行波形分选获得虚拟大孔径、合成大带宽等优点，从而有效提高成像声呐的角度分辨率、距离分辨率。在获得这些优点的同时，MIMO 声呐面临着高运算量的缺点。MIMO 声呐成像方法的运算量主要来自以下几点：

(1) 与传统声呐成像方法类似，MIMO 声呐用于成像处理时，需要使用大通道数、高采样频率等，从而导致回波处理过程中的大数据量和高运算量；

(2) 为进行回波分选，MIMO 声呐必须使用大量匹配滤波器，匹配滤波处理需要高运算量，而大量匹配滤波器的使用进一步增加了成像处理的运算量。

(3) MIMO 声呐具有使用小尺寸阵列、少量阵元数获得大孔径的优点，但是大孔径阵列在使用窄带波束形成器(具有低运算量)时会面临边缘波束成像性能下降的问题，需使用宽带波束形成器以改善成像性能，而大孔径阵列与宽带波束形成器的结合势必导致高运算量。

6.1.2　频带搬移与降采样处理

声呐成像处理一般采用频带搬移与降采样处理的方式降低数据量，从而有效降低运算量。MIMO 声呐的频带搬移与降采样处理和传统 SIMO 声呐类似[1-2]。

频带搬移示意图如图 6.1 所示，其中 f_H 表示原始频段的中心频率，f_L 表示搬移后频段的中心频率，两者一般满足 $f_H \gg f_L$。从图 6.1 可知，频带搬移后信号频率降低，在满足 Nyquist 定理的同时可以使用较低的频率进行采样，从而显著降低成像处理的数据量与运算量。4.1.6 小节给出了 MIMO 声呐进行频带搬移、降采样、移边带波束形成的处理过程，此处不再赘述。

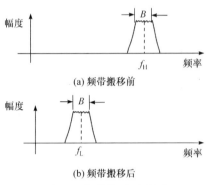

图 6.1　频带搬移示意图

6.1.3　基于 DFT 的快速处理

1. 匹配滤波的频域实现

以二维扇扫成像为例，给出基于 DFT 的处理过程。由 3.1.1 小节可知，MIMO 声呐第 n 个接收阵元上的回波可表示为

$$x_n(t) = \sum_{p=1}^{P} \sigma_p \sum_{m=1}^{M} s_m(t - \tau_{tm}^p - \tau_{rn}^p) + n(t) \tag{6.1}$$

使用第 m 个正交波形对第 n 个接收阵元上的回波进行匹配滤波处理，时域表达式为

$$y_{(m-1)N+n}(t) = x_n(t) * \left[s_m(T-t) \right]^c \tag{6.2}$$

进行傅里叶变换，获得匹配滤波的频域表达式

$$Y_{(m-1)N+n}(f) = X_n(f) S^c(f) \mathrm{e}^{-\mathrm{j}2\pi fT} \tag{6.3}$$

其中，$S(f)$ 项是 $s(t)$ 的傅里叶变换。

从式(6.2)到式(6.3)的变换表明，时域卷积等效于频域相乘。因此，可以对时域回波和匹配滤波器的冲击响应函数进行傅里叶变换，利用频域相乘获得频域匹配滤波输出。一般而言，实际处理的信号为离散化的采样数据，因此实际处理时都是先使用 DFT 获得频域快拍，再对频域快拍进行点对点相乘即可。由于 DFT

处理的计算量较低，因此可以很好地降低匹配滤波处理的复杂度。

2. 波束形成的 DFT 实现

获得频域匹配滤波输出后，可以沿着阵列方向对匹配滤波输出进行 DFT 波束形成，获得多波束输出[3-6]。DFT 波束形成可以直接用于处理直线阵的回波。在频率 f 处，直线阵窄带相移波束形成的第 k 个波束输出可表示为

$$B_k(f) = \sum_{n=1}^{N} x_n(f) \exp\left[-\mathrm{j}2\pi f(n-1)d_\mathrm{r}\sin\theta_k / c\right]$$
$$= \sum_{n=1}^{N} x_n(f) \exp\left[-\mathrm{j}2\pi(n-1)d_\mathrm{r}\sin\theta_k / \lambda\right] \tag{6.4}$$

其中，λ 为频率 f 处对应的水下声波波长；θ_k 为多波束输出角度。

在频率 f 处，对沿着阵列方向的 N 个频域快拍 $x_n(f)$ 进行 DFT 处理的表达式为

$$B_k(f) = \sum_{n=1}^{N} x_n(f) \exp\left[-\mathrm{j}\frac{2\pi}{N}(n-1)k\right]$$
$$= \sum_{n=1}^{N} x_n(f) \exp\left[-\mathrm{j}2\pi(n-1)\frac{k}{N}\right] \tag{6.5}$$

通过对比式(6.4)和式(6.5)，令

$$d_\mathrm{r}\sin\theta_k / \lambda = \frac{k}{N} \tag{6.6}$$

得到

$$\sin\theta_k = \frac{k\lambda}{Nd_\mathrm{r}} \tag{6.7}$$

式(6.7)表明沿着阵列方向进行 DFT 处理，得到的多波束输出角度为

$$\theta_k = \arcsin\left(\frac{k\lambda}{Nd_\mathrm{r}}\right) \tag{6.8}$$

窄带假设下，可以认为带内信号频率都相同，此时带内信号的波长也相同，得到

$$\theta_k = \arcsin\left(\frac{k\lambda_0}{Nd_\mathrm{r}}\right) \tag{6.9}$$

其中，λ_0 为窄带信号中心频率所对应的波长。

对每个频域快拍沿着阵列方向做完 DFT 多波束处理，获得频域多波束输出。最后，对每个频域波束输出使用傅里叶逆变换，得到时域多波束输出。从时域多

波束输出中提取强度(如对输出求包络、计算分贝值等)，即可得到二维扇扫成像结果。

基于 DFT 的快速处理的二维扇扫成像基本流程如图 6.2 所示。

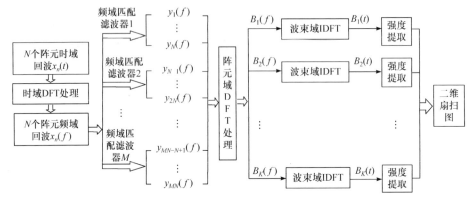

图 6.2　基于 DFT 的 MIMO 声呐二维扇扫成像基本处理流程

6.2　MIMO 声呐虚拟阵列的稀疏优化与成像

MIMO 声呐使用波形分集技术可以获得远多于实际发射和接收阵元个数的虚拟阵元，可以缩小阵列尺寸、节省阵元个数、降低系统成本。MIMO 声呐在接收端使用大量匹配滤波器，对应的匹配滤波处理严重增加了成像运算量。针对现有 MIMO 声呐成像方法的不足，本节将稀疏阵列技术和 MIMO 声呐技术相结合，将虚拟阵列中一部分虚拟阵元去除，同时去掉对应的匹配滤波器，从而达到减少接收端运算量的目的。

6.2.1　满采样阵列的稀疏优化

1. 稀疏阵列的概念及特点

稀疏阵列是指在保持阵列孔径大小不变的前提下，将一定数目的阵元从均匀布阵的阵列中移除后形成的非均匀阵列，具有如下特点：

(1) 由于移除了一部分阵元，稀疏阵列的成本比均匀阵列低，对需要使用大规模阵列的应用场景很有意义；

(2) 移除一部分阵元后，稀疏阵列的阵增益比均匀阵列低，近似与移除的阵元数成比例下降；

(3) 移除阵元造成了空间欠采样，从而导致稀疏阵列的旁瓣比均匀阵列高；

(4) 如果阵元个数相同，稀疏阵列的孔径比均匀阵列的孔径大，此时稀疏阵列的波束主瓣窄、角度分辨率高。

由于具有这些特点，稀疏阵列技术被用来克服成像声呐系统中高成本与高运算量的缺点，取得了较好的效果。

为了衡量稀疏阵列的稀疏化程度，这里引入稀疏率的概念[7]。稀疏率定义为稀疏阵列的阵元数 N_{SA} 与均匀阵列的阵元数 N 的比值，用 ξ 表示：

$$\xi = \frac{N_{SA}}{N} \tag{6.10}$$

由式(6.10)可知，ξ 越小表示稀疏程度越高，反之则稀疏程度越低。

阵列的稀疏优化是一个复杂的数学问题。为了获得期望的波束性能，需要对阵元幅度加权和阵元位置同时进行优化。与优化阵元幅度加权相比，通过优化阵元位置来控制阵列波束图的处理方式更加复杂。这是因为阵元位置的优化与调整本质上是个组合优化问题，即从组合问题的可行解集中求出最优解。当稀疏阵列上的阵元数较少时，对应的阵元位置优化问题可以通过遍历搜索法进行求解。当稀疏阵列上的阵元数较多时，计算量随阵列规模(需要优化的阵元位置)呈指数型增长，采用遍历搜索法所需的时间将令人难以接受。例如，对于 101 元均匀线列阵，阵元间距为半波长，如果期望开启 26 个阵元，那么可能的稀疏阵列组合就会有 $C_{101-2}^{26-2} = 6.063 \times 10^{22}$ 种，对于这么大的样本数，难以采用遍历搜索法从中选取最优方案。

综上所述，对于阵元位置的组合优化问题，由于运算量的限制，很难得到全局最优解。可以退而求其次，在求解时重点关注次优解。本章采用一种求解次优解的有效近似算法——模拟退火(simulated annealing，SA)算法，进行稀疏阵列的优化求解。

2. 阵列稀疏化的 SA 算法原理

1983 年，Kirkpatrick 等基于固体物质的退火过程与一般组合优化问题之间的相似性，将退火思想引入到组合优化领域，提出了一种求解大规模组合优化问题的有效近似算法——SA 算法[7]。它源于对固体退火过程的模拟，其基本原理是将固体加温至充分高的温度，再让其慢慢冷却；加温时，固体内部粒子随着温度的上升呈现无序状态，同时固体内能增大；而慢慢冷却时粒子渐趋有序，最后到达"结晶"状态，此时固体的内能减为最小。与之类似，在解决组合优化问题过程中，SA 算法从某一较高的温度出发，伴随温度参数的不断下降，结合概率突跳特性在解空间中随机寻找目标函数的全局最优解。

将 SA 算法用于阵列稀疏化时的运算过程是一个迭代过程。在每次迭代中，对所有阵元幅度加权系数所构成的系数矩阵施加一些微小变动，得到一个新的系数矩阵。如果选择的阵元是处于开启状态的，则它可以在满足一定"死亡概率"

(death probability)的条件下被关掉；如果选择的阵元处于关闭状态，则它同样可以在满足一定"重生概率"(resurrection probability)的条件下被开启。无论是哪一种情况，系数矩阵均得到更新。如果这个新的系数矩阵导致系统能量函数(energy function)的数值降低，则这个新的系数矩阵成为参与下一次迭代运算的系数矩阵；反之，若新的系数矩阵导致系统能量函数的数值升高，则这个新的系数矩阵是否参与后续迭代运算，要取决于此时系统温度的玻尔兹曼分布：温度越高，将该系数矩阵接受为新系数矩阵的可能性越大。这被称作为米特罗波利斯(Metropolis)准则[8]。这个接受准则不仅避免算法陷入局部最优，而且减少了算法计算量。随着迭代过程的持续进行，系统温度会逐渐变低，直到到达一个最终的"结晶"状态，即能量最低的状态，此时迭代运算终止。

本章采用的优化准则是最小化当前波束图与期望波束图在旁瓣能量上的偏差，即利用 SA 算法不断更新阵元的加权系数来最小化包含所有目标参数(期望波束图、阵列孔径、开启的阵元数目和加权系数比)的能量函数，使得稀疏阵列的波束图指标(主瓣宽度、旁瓣级等)达到期望。其中，加权系数比(current taper ratio，CTR)是指最大加权系数与最小加权系数的比值。设定合理的 CTR 可减轻具有最大加权系数的阵元出现故障时导致的不利影响，保证阵列性能的稳健性[9-10]。

综上，阵列稀疏优化过程就是选择与确定所有阵元加权系数的过程。针对稀疏直线阵和稀疏平面阵，本小节采用先同时优化阵元位置和幅度加权系数，再改变阵元之间相位差进行波束扫描的方法：当所有阵元加权系数都确定时，需要开启的阵元数也得到确定，幅度值为非 0 表明该阵元开启，为 0 表明该阵元关闭。针对稀疏柱面阵，为了保证不同方向上的波束性能，本小节提出先优化阵元位置，再单独优化复加权系数的方法：第一步优化阵元位置，幅度值为 1 表明该阵元开启，幅度值为 0 表明该阵元关闭；第二步针对多个主瓣指向，优化开启阵元的复加权系数。

3. 阵列稀疏优化的流程

1) 同时优化阵元位置与幅度加权系数

同时优化阵元位置与幅度加权系数的流程如图 6.3 所示，其中 round 表示进行四舍五入取整函数，rand 表示生成在[0, 1]内服从均匀分布的随机数。该流程主要可以分为四个步骤，具体如下。

步骤 1：初始化温度 T_{start} 和阵元的幅度加权系数矩阵 W。W 中的每个数值随机初始化为 0 或 1。初始化温度 T_{start} 的取值尽量大，使得即使第一次迭代时新的加权系数矩阵导致能量函数的数值增大也能被接受。T_{start} 一般由初始能量函数分布的标准偏差 σ 决定，即

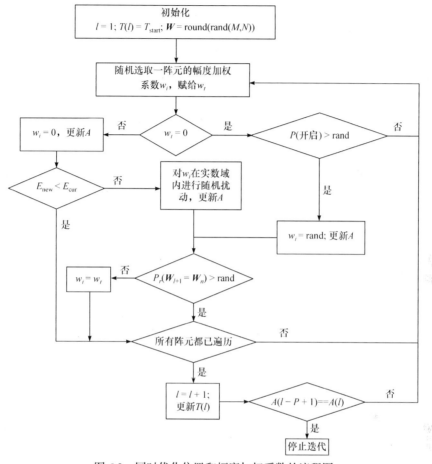

图 6.3 同时优化位置和幅度加权系数的流程图

$$T_{\text{start}} = 10\sigma \tag{6.11}$$

步骤 2：在第 l 次迭代过程中，随机选择一个阵元的加权系数 w_i，并将其赋给 w_t。在每次迭代过程中，所有的阵元系数都遵循随机访问原则，每个阵元仅被访问一次。

如果选择的阵元处于关闭状态，其加权系数为零，则在遵循式(6.12)的重生概率条件下，选择重新开启还是关闭此阵元。当重生概率大于一个随机数时，该阵元被重新开启，并将另一个随机数赋给该阵元作为其加权系数，同时对整个加权系数矩阵进行更新；反之，若重生概率小于此随机数，则重新回到步骤 2。

$$\begin{cases} P(\text{关闭}) = 1 \\ P(\text{开启}) = 0.5 \end{cases} \tag{6.12}$$

如果选择的阵元处于开启状态，如式(6.12)所示，由于死亡概率为 1，所以它总是会先被关闭，即其加权系数被赋值为 0，同时更新整个加权系数矩阵。如果更新后的加权系数矩阵导致能量函数的数值减小，则进行步骤 3。反之，如果更新后的加权系数矩阵导致能量函数的数值增大，则该关闭的阵元将被重新开启，对其加权系数在实数域内随机扰动，同时更新加权系数矩阵。

如果新的加权系数矩阵 W_n 使得能量函数的数值减小，则该新的系数矩阵将作为下一个系数矩阵 W_{l+1} 参与算法的运行；如果新的系数矩阵 W_n 使得能量函数的数值增大，则接受其为下一个系数矩阵 W_{l+1} 还是重新找回原来的加权系数 w_t，取决于式(6.13)中的玻尔兹曼分布概率：

$$P_r(W_{l+1} = W_n) = \begin{cases} \exp\left(\dfrac{E_{min} - E_n}{bT}\right), & E_n > E_{min} \\ 1, & \text{其他} \end{cases} \tag{6.13}$$

其中，E_{min} 为访问第 n 个阵元之前最小的能量函数值；E_n 为访问第 n 个阵元之后新状态的能量函数值；b 为玻尔兹曼常数；T 为系统温度。

步骤 3：如果所有的阵元未被遍历访问一次，则回到步骤 2，进行下一个加权系数的选择；如果所有阵元都被访问一次，则更新迭代次数变量 l，同时对系统温度函数 $T(l)$ 按式(6.14)进行更新，然后进行步骤 4。

$$T(l) = \begin{cases} T_{start}, & l = 1 \\ 0.85 \times T(l-1), & l > 1 \end{cases} \tag{6.14}$$

步骤 4：如果在连续 P 次的迭代过程中开启的阵元个数都没有减少，即

$$A(l - P + 1) = A(l), \quad l > P - 1 \tag{6.15}$$

其中，$A(l)$ 为进行第 l 次迭代运算后需要开启的阵元个数。此时算法被终止，得到最优幅度加权系数矩阵结果 W_{opt}。否则，进行步骤 2。需要说明的是，迭代的次数越多，能量函数的最终状态越稳定。若系统需要一个较高稳定性要求的时候，则 P 可以取为一个较大的数，但此时算法运行的时间会较长。

2) 先优化阵元位置再优化复加权系数

先优化阵元位置再优化复加权系数的流程主要分为阵元位置优化、加权系数优化两个部分，具体如下。

第一部分，对稀疏阵中的阵元位置进行优化，其过程包含四个步骤。

步骤 1：初始化温度 T_{start} 和阵元的幅度加权系数矩阵 W。加权系数矩阵 W 中的每个数值随机初始化为 0 或 1，初始化温度 T_{start} 的取值同式(6.11)。优化过程中，加权系数只能从 0(代表阵元关闭)和 1(代表阵元开启)中进行选取。

步骤 2：随机选择一个阵元的加权系数 w_i，并将其赋给 w_t。在每次迭代过程中，所有的阵元系数都遵循一个随机访问序列，每个阵元都仅被访问一次。

如果选择的阵元处于关闭状态，其加权系数为 0，则在遵循式(6.16)的重生概率条件下，重新开启此阵元，即当重生概率大于一个随机数时，该阵元被重新开启，并将 1 赋给该阵元作为其加权系数；反之，若重生概率小于此随机数，则进行步骤 3。

如果选择的阵元处于开启状态，其加权系数为 1，则在遵循式(6.16)的"死亡概率"条件下关闭此阵元。当死亡概率大于一个随机数时，该阵元被关闭，并将 0 赋给该阵元作为其加权系数；反之，若"死亡概率"小于此随机数，则进行步骤 3。

$$\begin{cases} P(\text{关闭}) = 0.5 \\ P(\text{开启}) = 0.5 \end{cases} \tag{6.16}$$

如果新的加权系数矩阵 W_n 使得能量函数的数值减小，则该新的系数矩阵将作为下一个系数矩阵 W_{l+1} 参与算法的运行；如果新的系数矩阵 W_n 使得能量函数的数值增大，则它是被接受为下一个系数矩阵 W_{l+1} 还是重新找回原来的加权系数 w_t 取决于式(6.13)中的玻尔兹曼分布概率。

步骤 3：如果所有的阵元未被遍历访问一次，则回到步骤 2，进行下一个加权系数的选择；如果所有阵元都已经被访问一次，则更新迭代次数变量 l，同时对系统温度函数 $T(l)$ 按照式(6.14)所示的公式进行更新。

步骤 4：如果算法迭代过程中满足式(6.15)的终止准则，算法被终止，得到阵元位置的优化结果 W_{position}，否则进行步骤 2。

第二部分，获得最优的稀疏阵列的阵型后，对稀疏阵元上的复加权系数进行优化。该过程包含 4 个步骤。

步骤 1：将第一步的优化阵元位置结果 W_{position}(元素为 0 或 1)作为复加权系数优化的初始化矩阵，初始化温度 T_{start} 的取值同式(6.11)。

步骤 2：随机选择一个阵元的加权系数 w_i，并将其赋给 w_t。在每次迭代过程中，所有的阵元系数都遵循一个随机访问序列，每个阵元都被访问一次，有且仅有一次。如果选择的阵元处于开启状态(加权系数为 1)，对其加权系数在复数域内随机扰动，同时更新加权系数矩阵；如果选择的阵元处于关闭状态(加权系数为 0)，则进行步骤 3。

如果新的加权系数矩阵 W_n 使得能量函数的数值减小，则该新的系数矩阵将作为下一个系数矩阵 W_{l+1} 参与算法的运行；如果新的系数矩阵 W_n 使得能量函数的数值增大，则它是被接受为下一个系数矩阵 W_{l+1} 还是重新找回原来的加权系数 w_t 取决于式(6.13)中的玻尔兹曼分布概率。

步骤 3：如果所有的阵元未被遍历访问一次，则回到步骤 2，进行下一个加权系数的选择；如果所有阵元都已经被访问一次，则更新迭代次数变量 l，同时

对系统温度函数 $T(l)$ 按照式(6.14)进行更新。

步骤 4：如果算法迭代过程中，达到预设的迭代次数 L，算法被终止，得到保留阵元的复加权系数结果 $\boldsymbol{W}_{\text{weight}}$，否则进行步骤 2。

该方法实质上将阵元位置与幅度加权系数同时优化的步骤分解成两个优化过程，是针对稀疏柱面阵(也可拓展至稀疏圆环阵、稀疏球面阵等)的特殊性提出的。这是由于当按照前者的步骤优化柱面阵时，最优阵元位置无法满足全空间的波束扫描性能(当稀疏柱面阵扫描时的主瓣指向与稀疏优化时的主瓣指向相差较大时，其波束图性能会明显恶化)。因此，需要先获得满足全空间波束扫描性能的阵元位置(对视场范围内多个方向上的波束性能进行同步设计)，再根据不同的波束指向单独优化保留阵元的复加权系数。

6.2.2　虚拟阵列的稀疏优化

MIMO 声呐的基本处理流程可简化为先匹配滤波、再波束形成。在对应关系上，是一个匹配滤波器对应一个虚拟阵元，因此 M 发 N 收 MIMO 声呐可等效为 1 发 MN 收虚拟 SIMO 声呐。虚拟阵列为 MIMO 声呐带来了节省阵元、减小阵列尺寸等优势，同时也带来了接收端匹配滤波处理的高运算量。根据匹配滤波器与虚拟阵元对应关系，使用 SA 算法对虚拟阵列进行稀疏优化，关闭部分虚拟阵元并移除与之对应的匹配滤波器，可以大幅降低匹配滤波处理的运算量，进而减轻波束形成处理的负担[11]。关闭虚拟阵元与移除匹配滤波器一一对应关系的示意图如图 6.4 所示。

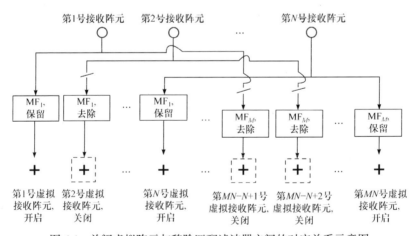

图 6.4　关闭虚拟阵元与移除匹配滤波器之间的对应关系示意图

假设经过稀疏优化后，MIMO 虚拟接收阵列保留下来的阵元坐标为 $\boldsymbol{x}_{n_0}^{\text{r}}$，可表示为

$$\boldsymbol{x}_{n_0}^{\mathrm{r}} = \boldsymbol{x}_{\mathrm{t}m'} + \boldsymbol{x}_{\mathrm{r}n'} \tag{6.17}$$

式中，n_0 为保留下来的虚拟阵元编号；$\boldsymbol{x}_{\mathrm{t}m'}$ 和 $\boldsymbol{x}_{\mathrm{r}n'}$ 分别为该虚拟阵元对应的第 m' 个实际发射阵元坐标和第 n' 个实际接收阵元坐标，此处 m' 和 n' 与式(3.20)中的 m 和 n 具有相同的意义。由于匹配滤波器与虚拟接收阵元是一一对应的关系，根据式(6.17)可知，MIMO 声呐中的第 n' 个接收阵元上的第 m' 个匹配滤波器需要开启。

将式(6.17)与式(3.20)进行对比，将图 6.4 与图 3.3 进行对比，可知对虚拟阵列进行稀疏优化，可以有效减少 MIMO 声呐回波处理流程中的匹配滤波器数量，从而显著降低成像处理的计算量。

将 MIMO 声呐常规成像方法与基于稀疏阵列的 MIMO 声呐成像方法的运算量进行对比(M 为物理发射阵元数，N 为物理接收阵元数，Q 为波束的个数，N_0 为开启的虚拟阵元数)，结果在表 6.1 中给出。一般而言，在保证方位分辨率的前提下，基于 SA 算法的阵列稀疏化方法可以保证 50%左右的稀疏率。因此，可以设稀疏优化后关闭的虚拟阵元个数 $N_0 = MN/2$。由表 6.1 可知，稀疏阵列的方法可以将匹配滤波器的个数与乘法器的个数同时减半，匹配滤波处理和波束形成处理的运算量也因此减半，从根本上保证了 MIMO 声呐实时成像的要求。

表 6.1　虚拟阵列分别为均匀阵列和稀疏阵列时的运算量对比

数目	虚拟阵列为均匀阵列	虚拟阵列为稀疏阵列	节省硬件的比例
匹配滤波器个数	MN	N_0	$1-N_0/MN$
乘法器个数	QMN	QN_0	$1-N_0/MN$
加法器个数	Q	Q	0

6.2.3　基于虚拟稀疏直线阵的成像方法

1. 能量函数

在使用 SA 算法对 MN 元虚拟 ULA 进行稀疏优化获得 N_0 元稀疏直线阵 (sparse linear array，SLA)时，第 k 次迭代中的能量函数 $E_k(\boldsymbol{W})$ 可表示为

$$E(\boldsymbol{W}_k) = k_1 \left\{ \sum_{\theta \in \boldsymbol{\Theta}} \left[\left| b(\boldsymbol{W}_k, \theta) \right| - \mathrm{SLP_D} \right] \right\}^2 + k_2 (N_k - N_D)^2 + k_3 (\mathrm{CTR}_k - \mathrm{CTR_D})^2 \tag{6.18}$$

其中，$b(\boldsymbol{W}_k, \theta)$ 为第 k 次迭代得到的 SLA 使用加权向量 $\boldsymbol{W}_k$ 的归一化波束图；$\boldsymbol{W}_k$ 为第 k 次迭代得到的幅度加权系数向量，表达式为

$$\boldsymbol{W}_k = \begin{bmatrix} w_1 & w_2 & \cdots & w_{MN} \end{bmatrix}^{\mathrm{T}} \tag{6.19}$$

该向量中的元素 $w_i = 0$ 时表明该虚拟阵元关闭，$w_i \neq 0$ 表明该虚拟阵元开启；$\mathrm{SLP_D}$ 为期望的归一化波束图旁瓣级；$\boldsymbol{\Theta}$ 为满足以下不等式条件 $\left| B_k(\boldsymbol{W}, \theta) \right| > \mathrm{SLP_D}$ 的旁瓣区域；N_k 为第 k 次迭代中稀疏阵列的阵元数；$\mathrm{CTR_D}$ 为期望的 CTR；CTR_k 为第 k 次迭代得到的 CTR；k_1、k_2 和 k_3 是常数，决定各个参量的权重大小。

2. 虚拟直线阵的稀疏优化

对虚拟阵列的稀疏优化过程可简述为以下三个步骤。

步骤 1：获得 MIMO 声呐的虚拟阵列，即 MN 元虚拟 ULA。

步骤 2：使用 6.2.1 小节所介绍的 SA 算法，将 MN 元虚拟 ULA 稀疏优化为 N_0 元虚拟 SLA。在该步骤中，需要使用以下 3 个条件。①为了保持均匀线列阵经过稀疏优化后的孔径不变，在稀疏过程中保证 MN 元虚拟 ULA 两端的阵元始终处于开启状态；②采用阵元位置和幅度加权同时优化的方法，对式(6.19)中的加权值 $\boldsymbol{W}_k$ 进行优化，对 $\boldsymbol{W}_k$ 中等于 0 的权值，判定该权值对应的虚拟阵元关闭；③使用式(6.18)中的能量函数 $E(\boldsymbol{W}_k)$。

步骤 3：经过稀疏优化后，保留 N_0 个虚拟阵元，形成 N_0 元虚拟 SLA。

3. 虚拟稀疏直线阵的成像流程

将虚拟 ULA 稀疏优化成虚拟 SLA 的过程可以离线进行，从而在成像声呐工作前即可确定需要保留与去除的匹配滤波器。因此，MIMO 声呐的虚拟 SLA 的成像流程可以分为离线处理和在线处理两大块，具体如下。

(1) 离线处理中，根据虚拟 SLA 中开启与关闭的虚拟阵元位置，去除与关闭虚拟阵元所对应的匹配滤波器，保留与开启虚拟阵元对应的 N_0 个匹配滤波器。

(2) 在线处理中，利用保留下的 N_0 个匹配滤波器处理回波，获得 N_0 个匹配滤波输出。对这 N_0 个匹配滤波输出进行多波束形成和成像处理，获得最终的成像结果。

对应的虚拟直线阵稀疏优化和成像处理的基本流程如图 6.5 所示。

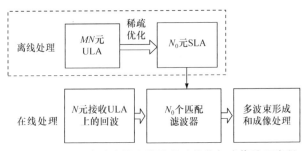

图 6.5　MIMO 声呐虚拟直线阵稀疏优化与成像处理流程

设虚拟稀疏阵列的阵元个数为 N_0。根据式(6.17)，第 $n_0(n_0 = 1, 2, \cdots, N_0)$ 个匹配滤波输出 $y_{n_0}(t)$ 可表示为

$$y_{n_0}(t) = x_{n'}(t) * h_{m'}(t) \tag{6.20}$$

其中，$h_{m'}(t)$ 为与第 m' 个发射信号对应的匹配滤波器的冲击响应函数，其表达式为

$$h_{m'}(t) = \left[s_{m'}(T-t) \right]^c \tag{6.21}$$

由以上分析可知，经过稀疏优化后，MIMO 声呐的虚拟接收阵元个数从 MN 减少为 N_0，需要的匹配滤波器数量也从 MN 减少为 N_0。将式(6.21)代入式(6.20)得到

$$
\begin{aligned}
y_{n_0}(t) &= x_{n'}(t) * \left[s_{m'}(T-t) \right]^c \\
&= \sum_{p=1}^{P} \sigma_p \left[R_{m'}\left(t - \tau_{tm'}^p - \tau_{rn'}^p - T \right) + \sum_{\substack{i=1 \\ i \neq m'}}^{M} R_{m',i}\left(t - \tau_{ti}^p - \tau_{rn'}^p - T \right) \right] \\
&\quad + z_{n'}(t) * \left[s_{m'}(T-t) \right]^c
\end{aligned}
\tag{6.22}
$$

理想情况下，忽略掉匹配滤波输出中的互相关函数项和噪声项，得到

$$y_{n_0}(t) = \sum_{p=1}^{P} \sigma_p R_{m'}\left(t - \tau_{tm'}^p - \tau_{rn'}^p - T \right) \tag{6.23}$$

式(6.23)表明经过稀疏优化后，MIMO 声呐的匹配滤波输出可以等效为 N_0 元 SLA 上的匹配滤波输出，可以直接使用稀疏直线阵波束形成算法对 N_0 个匹配滤波输出进行处理。

以窄带二维成像问题为例，对式(6.23)中的 N_0 个匹配滤波输出进行相移波束形成，则第 $q(q = 1, 2, \cdots, Q)$ 个波束输出 $B_q(t)$ 的表达式为

$$B_q(t) = \sum_{n_0=1}^{N_0} \left[w_{n_0}(\theta_q) \right]^c y_{n_0}(t) \tag{6.24}$$

其中，$w_{n_0}(\theta_q)$ 为第 n_0 个虚拟阵元对应的复加权值，其表达式为

$$w_{n_0}(\theta_q) = w_{n_0} \exp\left[-\mathrm{j}2\pi f_0 \frac{(m'-1)N + n'}{c} d_r \sin\theta_q \right] \tag{6.25}$$

MIMO 声呐使用虚拟 SLA 的回波处理流程如图 6.6 所示。

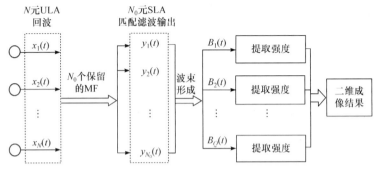

图 6.6　MIMO 声呐使用虚拟 SLA 的回波处理流程

4. 仿真与分析

考虑窄带二维成像仿真。MIMO 声呐由 4 个发射阵元和 16 个接收阵元组成，发射阵元和接收阵元的间距满足 $d_\mathrm{t} = 16d_\mathrm{r} = 16\lambda / 2$，其中 λ 对应着窄带信号中心频率上的波长。此时，MIMO 声呐的虚拟阵列为半波长(阵元间距为 $\lambda/2$)布阵的 64 元 ULA。

使用 SA 算法对 64 元 ULA 进行稀疏优化，采用同时优化阵元位置和幅度加权的方式。SA 算法的参数设置如下：迭代次数设定为 600；初始温度 T_start 设为 800，第 k 次迭代和第 $(k+1)$ 次迭代的温度关系为 $T_{k+1} = 0.85T_k$；死亡概率设为 1，复活概率设为 0.4。式(6.18)中能量函数的参数设定为 $\mathrm{SLP_D} = 0.01$(对应$-20\mathrm{dB}$ 的旁瓣级)，$N_\mathrm{D} = 32$，$\mathrm{CTR_D} = 8$，$k_1 = 0.78$，$k_2 = 0.17$，$k_3 = 0.05$。

稀疏优化前 MIMO 声呐虚拟 64 元 ULA 和稀疏优化后虚拟 32 元 SLA 的阵元位置如图 6.7 所示。图 6.7 同时给出了虚拟 32 元 SLA 的幅度加权，其中忽略了权值为 0 的幅度加权。理想情况下，MIMO 声呐虚拟 64 元 ULA 的波束图和虚拟 32 元 SLA 的波束图如图 6.8 所示。由图 6.8 可知，64 元 ULA 经过稀疏优化得到 32 元 SLA 后，两者可以获得几乎相等的$-20\mathrm{dB}$ 旁瓣级，且 32 元 SLA 的主瓣宽度略大于 64 元 ULA 的主瓣宽度。

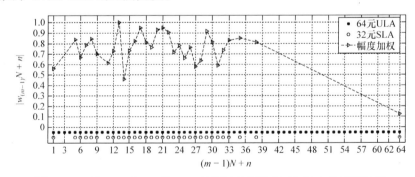

图 6.7　64 元 ULA 和 32 元 SLA 的阵元位置及 32 元 SLA 的幅度加权

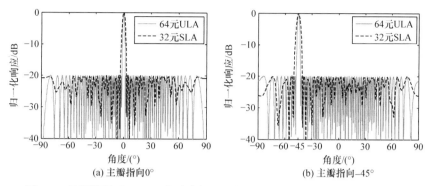

图 6.8　理想情况下 MIMO 声呐虚拟 64 元 ULA 和虚拟 32 元 SLA 的波束图

图 6.8 给出了直接利用 64 元 ULA 和 32 元 SLA 的阵型获得的 MIMO 声呐波束图,是一种理想情况下的波束图。当 MIMO 声呐发射信号不满足完美的正交性时,波形之间的互相关干扰在一定程度上会导致波束图性能变差。为了考察非理想情况下的波束图性能,假设式(6.22)中目标数为 1,目标散射系数为 1,忽略掉噪声和干扰。此时,式(6.22)可改写为

$$y_{n_0}\left(t;\theta_q\right)=R_{m'}(t)\exp\left[-\mathrm{j}2\pi f_0\frac{(m'-1)N+n'}{c}d_\mathrm{r}\sin\left(\theta_q\right)\right]$$
$$+\sum_{\substack{i=1\\i\neq m'}}^{M}R_{m',i}(t)\exp\left[-\mathrm{j}2\pi f_0\frac{(i-1)N+n'}{c}d_\mathrm{r}\sin\left(\theta_q\right)\right] \qquad (6.26)$$

对应的非理想情况(发射信号不满足完美的正交性)下的波束图可表示为

$$B\left(\theta;\theta_q\right)=\frac{\max\left|\sum_{n_0=1}^{N_0}\left[w_{(m'-1)N+n'}\left(\theta\right)\right]^{\mathrm{c}}y_{n_0}\left(t;\theta_q\right)\right|}{\max\left|\sum_{n_0=1}^{N_0}\left[w_{(m'-1)N+n'}\left(\theta_q\right)\right]^{\mathrm{c}}y_{n_0}\left(t;\theta_q\right)\right|} \qquad (6.27)$$

其中, max 表示取最大值。

为了分析不同互相关函数性能下的波束图性能,假设 MIMO 声呐使用窄带正交多相编码信号,且子码个数分别设为 $L_0=64$(对应非理想情况)和 $L_0=256$(对应理想情况)。进行 10 次重复测试,每次测试中的所有 L_0 个子码的相位都重新生成,在每个子码个数下获得 10 个波束图。10 次重复测试获得的波束图旁瓣级如图 6.9(a)所示,第 6 次测试获得的波束图及主瓣、旁瓣区域放大结果如图 6.9(b)~(d)所示。由图 6.9(a)可知,非理想情况下($L_0=64$)互相关函数较高,导致波束图旁瓣级处于较高的水准,且旁瓣级在不同测试之间的起伏较大。理想情况下($L_0=256$)互相关函数较低,MIMO 声呐波束图旁瓣级接近−20dB,比非理想情况下的旁瓣级明显

降低且起伏更小。由图 6.9(b)～(d)可知，理想情况下($L_0 = 256$)MIMO 声呐波束图比非理想情况($L_0 = 64$)具有更窄的主瓣宽度和更低的旁瓣级，这说明理想的波形相关特性是 MIMO 声呐获得期望成像性能的保证。

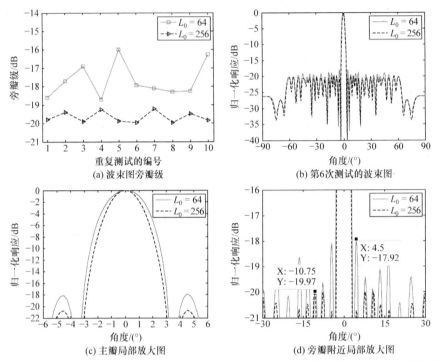

图 6.9　非理想情况($L_0 = 64$)和理想情况($L_0 = 256$)下 MIMO 声呐的虚拟 32 元 SLA 的波束图

　　保持 MIMO 声呐参数不变，进行二维成像仿真。发射信号波形采用图 6.9(a)中的参数，即子码个数满足 $L_0 = 64$ 和 $L_0 = 256$。单个子码长度为 0.05ms。发射信号中心频率为 400kHz，使用 $f_D = 380$kHz 的信号进行频带搬移，频带搬移后的采样频率为 200kHz。接收阵元上的带内信噪比(信号功率与噪声功率之比)设为 0。波束扫描角为−45°～45°，以 1°为间隔。仿真中，称虚拟阵列为 32 元虚拟 SLA 的 MIMO 声呐为 SLA-MIMO 声呐，称虚拟阵列为 64 元虚拟 ULA 的 MIMO 声呐为 ULA-MIMO 声呐。水下目标的原始散射强度分布如图 6.10(a)所示，目标由多个等强度散射点组成，形成了 "Fur" 三个字母。图 6.10(b)为非理想情况下($L_0=64$)的 SLA-MIMO 声呐的二维成像结果，该结果中距离维旁瓣较高，严重影响成像性能。图 6.10(c)为理想情况下($L_0 = 256$)SLA-MIMO 声呐的二维成像结果，该结果距离维旁瓣明显低于图 6.10(b)中的结果。图 6.10(d)为理想情况下($L_0 = 256$)ULA-MIMO声呐的成像结果，该结果与图 6.10(c)类似。需要说明的是，图 6.10(d)中 ULA-MIMO 声呐成像结果的角度分辨率比图 6.10(c)中 SLA-MIMO 声呐的略好，这是因为 64

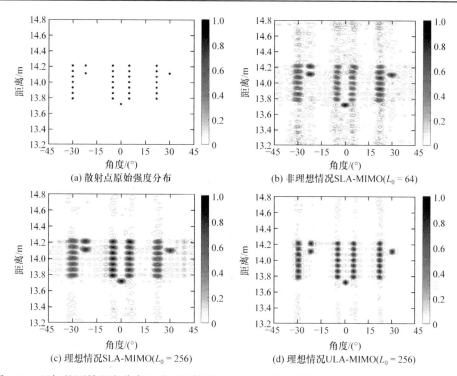

图 6.10 目标的原始强度分布及非理想情况(L_0=64)、理想情况(L_0 = 256)下 SLA-MIMO 声呐、ULA-MIMO 声呐的二维成像结果

元 ULA 比 32 元 SLA 的主瓣宽度略窄(图 6.8)。

此外,利用计算机仿真对比了 SLA-MIMO 声呐和 ULA-MIMO 声呐的成像处理时间。在计算处理时间时,所用台式计算机的 CPU 参数为 Core(TM) i3-3220,内存为 4GB。使用 MATLAB 函数 CLOCK 和 ETIME 计算匹配滤波、多波束处理、成像输出所耗费的时间,将该时间作为成像处理的在线运行时间。20 次重复测试获得 20 个运行时间,对应的结果如图 6.11 所示。图 6.11 中,SLA-MIMO 声呐(虚拟阵列为 32 元 SLA)所需时间大约为 40ms,而 ULA-MIMO 声呐(虚拟阵列为 64 元 ULA)所需时间大约为 80ms。这是因为 SLA-MIMO 声呐仅使用 32 个匹配滤波器,而 ULA-MIMO 声呐使用 64 个匹配滤波器,匹配滤波处理占据了 MIMO 声呐成像处理流程中的大部分计算量,所以 SLA-MIMO 声呐的在线成像处理时所需的运行时间约为 ULA-MIMO 声呐的一半。

6.2.4 基于虚拟稀疏平面阵的成像方法

1. 能量函数

与 ULA 稀疏优化的不同之处在于,均匀平面阵(uniform planar array,UPA)

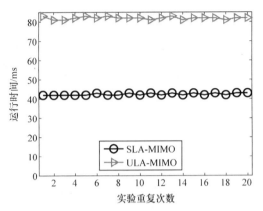

图 6.11   SLA-MIMO 声呐和 ULA-MIMO 声呐在 20 次重复试验中成像处理流程所需的时间

在稀疏优化时的波束图为二维波束图，因此能量函数的表达式不同。为了将 UPA 稀疏优化为期望的稀疏平面阵(sparse planar array，SPA)，采用阵元位置和幅度加权同步优化的方法。MN 元 UPA 的坐标系统如图 6.12 所示。图 6.12 中的 MN 元 UPA 位于 xoy 平面上，黑色实心圆代表 UPA 中的阵元，阵元间距为半波长。x_i 表示第 $i(i=1,2,\cdots,MN)$ 个阵元的位置坐标，a 表示波束指向的方向向量，θ 和 ϕ 分别表示 a 方向上的俯仰角和方位角。

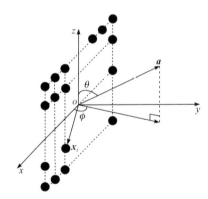

图 6.12 MN 元均匀平面阵的阵型和坐标系统示意图

根据图 6.12 中的阵型和坐标系统，MN 元 UPA 的波束图如式(6.28)所示：

$$b(\boldsymbol{a})=\left|\sum_{i=1}^{MN} w_i \cdot \mathrm{e}^{\left[\omega\frac{x_i\cdot(\boldsymbol{a}-\boldsymbol{a}_0)}{c}\right]}\right| \tag{6.28}$$

其中，$\boldsymbol{a}_0$ 为二维波束指向向量，$\boldsymbol{a}_0=[\sin\theta_0\cos\phi_0,\sin\theta_0\sin\phi_0,\cos\theta_0]^{\mathrm{T}}$；$w_i$ 为第 i 个阵元上的幅度加权系数；ω 为角频率；c 为水下声速。由于 MN 元 UPA 上所有

阵元都分布在 xoy 平面上，因此有 $\mathbf{x}_i = [x_i, y_i, 0]$ ，$\mathbf{x}_i \cdot (\mathbf{a} - \mathbf{a}_0) = x_i(\sin\theta\cos\phi - \sin\theta_0\cos\phi_0) + y_i(\sin\theta\sin\phi - \sin\theta_0\sin\phi_0)$ 。UPA 的波束图可进一步表示为

$$b(u,v) = \left| \sum_{i=1}^{MN} w_i \cdot \exp\left\{ j\frac{2\pi}{\lambda}\left[x_i(u-u_0) + y_i(v-v_0) \right] \right\} \right| \tag{6.29}$$

式中，$u = \sin\theta\cos\phi$ ；$u_0 = \sin\theta_0\cos\phi_0$ ；$v = \sin\theta\sin\phi$ ；$v_0 = \sin\theta_0\sin\phi_0$ 。

据此，UPA 的稀疏优化过程中第 k 次迭代的能量函数 $E(\mathbf{W}_k, u, v)$ 可表示为

$$E(\mathbf{W}_k, u, v) = k_1 \left[\sum_{(u,v)\in \mathbf{S}} \left(b(\mathbf{W}_k, u, v) - \text{SLP}_\text{D} \right) \right]^2 + k_2\left(N_k - N_\text{D}\right)^2 + k_3\left(\text{CTR}_k - \text{CTR}_\text{D}\right)^2$$

$$\tag{6.30}$$

其中，$\mathbf{W}_k$ 为幅度加权系数矩阵；$b(\mathbf{W}_k, u, v)$ 为使用 SA 算法进行第 k 次迭代时得到的归一化波束图函数；$\mathbf{S}$ 为旁瓣区域，是满足不等式 $b(\mathbf{W}_k, u, v) > \text{SLP}_\text{D}$ 所有 u 和 v 的集合；其他参数含义与式(6.18)相同。

2. 虚拟矩形平面阵的稀疏优化与成像

采用由两条均匀线列阵互相垂直组成的十字型 MIMO 声呐。发射阵元位于 x 轴上，接收阵元位于 y 轴上，阵元间距均为半波长且都以坐标原点对称。十字型 MIMO 声呐的布阵示意图如图 6.13 所示，其中三角形代表发射阵元，空心圆代表接收阵元，θ 表示俯仰角，ϕ 表示方位角。

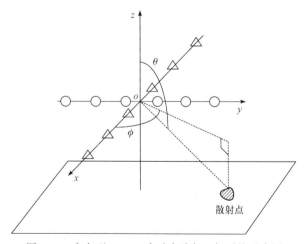

图 6.13 十字型 MIMO 声呐布阵与坐标系统示意图

由 3.2.3 小节可知，图 6.13 中采用十字型 MIMO 声呐布阵的虚拟接收阵列为

MN 元 UPA。回到第 3 章，图 3.5(a) 为十字型 MIMO 声呐的阵型示意图，图 3.5(b) 为虚拟矩形平面阵(接收阵列为 UPA)的阵型示意图。由于十字型 MIMO 声呐的虚拟阵列为 UPA，根据 6.2.1 小节中同时优化阵元位置与幅度加权系数的方法，得到此处的优化思路如下。

先依据期望波束图指标定义适当的能量函数，再采用同时优化阵元位置和幅度加权的方法找到需要关闭的虚拟阵元位置，同时也得到了开启阵元的幅度加权系数，为下一步对该匹配滤波输出信号作波束形成处理的幅度加权系数。

除了图 3.5 中的十字型 MIMO 声呐，图 3.6 中口字型 MIMO 声呐的虚拟阵列也为 UPA，可以使用类似的方法对口字型 MIMO 声呐的虚拟 UPA 进行稀疏优化。本小节主要对十字型 MIMO 声呐进行稀疏优化和成像，不对口字型 MIMO 声呐的稀疏优化和成像进行重复叙述。

与 6.2.3 小节类似，此处对图 3.5 中的虚拟 UPA 稀疏优化成虚拟 SPA 的过程可以离线进行，从而在成像声呐工作前即可确定需要保留与去除的匹配滤波器。离线处理中去除与关闭虚拟阵元所对应的匹配滤波器，保留与开启虚拟阵元对应的匹配滤波器。在线处理中对保留下的匹配滤波输出进行二维多波束形成和成像处理，获得最终的成像结果。

对 MIMO 声呐虚拟 UPA 进行稀疏优化和成像处理的基本流程如图 6.14 所示。需说明的是，此处所用的十字型 MIMO 声呐可用于二维成像，也可用于三维成像。由于此处二维成像和三维成像所用的阵型、波形、多波束处理方法是相同的，本小节聚焦于二维成像(仅提取二维波束输出上的强度)以简化分析。对三维成像感兴趣的读者，可以直接利用图 6.14 中的流程获得二维多波束输出，并提取二维多波束输出上的时延、强度，获得三维成像结果。

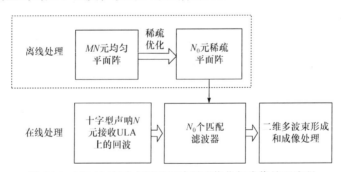

图 6.14　MIMO 声呐虚拟平面阵稀疏优化与成像处理流程

3. 仿真与分析

根据图 6.13 给出的布阵方式，采用 24 发 24 收的十字型 MIMO 声呐(发射阵列和接收阵列均为 24 元 ULA),利用 SA 算法对化 576 元虚拟 UPA 进行稀疏优化,计算所对应的虚拟 SPA 中开启阵元的位置与幅度加权系数。根据图 6.13 所示的 MIMO 声呐布阵方式和探测区域,优化后的三维波束图俯仰角 θ 的范围为 $[90°,180°]$,方位角 ϕ 的范围为 $[0,360°]$(此时 MIMO 声呐工作方式为下视成像探测),坐标变换到 u-v 空间($u=\sin\theta\cos\phi$,$v=\sin\theta\sin\phi$)。根据式(6.30)的能量函数表达式,预设期望波束图的最大旁瓣级为–20dB,旁瓣范围满足 $u^2+v^2>0.08$,期望的加权系数比为 $CTR_D=8$,其他相关参数设置如下:$T_{start}=1000$,$k_1=1000$,$k_2=0.2$,$k_3=2000$。仿真中,将虚拟阵列为 UPA 的 MIMO 声呐简称为 UPA-MIMO 声呐,将虚拟阵列为 SPA 的 MIMO 声呐简称为 SPA-MIMO 声呐。

十字型 MIMO 声呐进行稀疏优化前后的虚拟阵元位置如图 6.15 所示,其中 x 轴和 y 轴分别表示使用波长作为单位所得到的阵元坐标。由于发射阵列和接收阵列均为 24 元 ULA,因此图 6.15 中的 x 轴和 y 轴取值范围均为$[0, 11.5]$,以 0.5 作为间隔。对比图 6.15(a)和(b)可知,虚拟 UPA 阵元个数为 576,而虚拟 SPA 阵元个数为 263,后者阵元个数约为前者的一半。

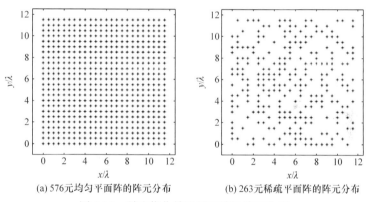

(a) 576元均匀平面阵的阵元分布　　　　(b) 263元稀疏平面阵的阵元分布

图 6.15 稀疏优化前后平面阵的阵元位置

为了说明稀疏优化后的阵列在空间多个指向(水平、俯仰)上均可以获得期望的波束性能,图 6.16 给出了优化后 SPA-MIMO 声呐的主瓣(θ_0,ϕ_0)分别指向 $(120°,60°)$、$(150°,120°)$ 和 $(180°,150°)$ 时多主瓣指向下的波束图。其中,图 6.16(a)和(b)分别为 SPA-MIMO 声呐在多个不同主瓣指向上的三维波束图和对应的俯视图,图 6.16(c)和(d)分别为 SPA-MIMO 声呐在 u 方向和 v 方向上的波束图侧视图。图 6.16(e)和(f)分别为 UPA-MIMO 声呐在 u 方向和 v 方向上的波束图(主瓣指向与 SPA-MIMO 声呐相同)侧视图。图 6.17 为稀疏优化后 SPA-MIMO 声呐中开启虚拟阵元所对应的加权系数的归一化幅度值。

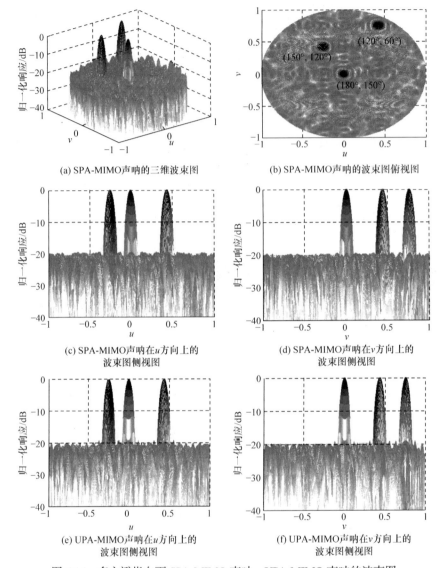

(a) SPA-MIMO声呐的三维波束图

(b) SPA-MIMO声呐的波束图俯视图

(c) SPA-MIMO声呐在u方向上的波束图侧视图

(d) SPA-MIMO声呐在v方向上的波束图侧视图

(e) UPA-MIMO声呐在u方向上的波束图侧视图

(f) UPA-MIMO声呐在v方向上的波束图侧视图

图 6.16　多主瓣指向下 SPA-MIMO 声呐、UPA-MIMO 声呐的波束图

从图 6.16(a)和图 6.16(b)可知，当稀疏阵列指向不同的空间角度时，SPA-MIMO 声呐的波束性能始终满足成像需求。比较图 6.16(c)、(e)、(d)和(f)的侧视图可以看出，SPA-MIMO 声呐的波束图与 UPA-MIMO 声呐的波束图相比，主瓣宽度和旁瓣级较为接近，这说明两者有类似的波束性能。图 6.17 为 SPA-MIMO 声呐中开启虚拟阵元的归一化幅度加权系数。其中，最大幅度加权系数为 1.61，最小幅度加权系数为 0.25，满足权重系数比阈值 $CTR_D = 8$ 的要求，保证了波束

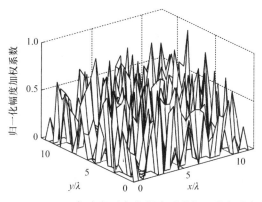

图 6.17   SPA-MIMO 声呐中开启虚拟阵元的归一化幅度加权系数

性能的稳健性。

保持十字型 MIMO 声呐的阵列参数不变, 进行成像仿真。目标散射点位置如图 6.18 所示。假设水下有 8 个等强度理想散射点(散射系数为 1)位于 $z = -5\mathrm{m}$(坐标单位均为 m)的平面上, 位置坐标分别为 $(-1, 1, -5)$、$(-1, 0, -5)$、$(-1, -1, -5)$、$(-1, -2, -5)$、$(0, 1, -5)$、$(1, 1, -5)$、$(1, 0, -5)$ 和 $(0, 0, -5)$, 形成字母 "F"。图 6.18(a) 中 "+" 代表十字型 MIMO 声呐所处的位置, 空心圆代表散射点的位置。MIMO 声呐位于 $z = 0$ 的平面上, 其几何中心位置为 $(0, 0, 0)$, 此时十字型 MIMO 声呐采用下视成像的方式获得散射点成像结果。MIMO 声呐的发射信号为多相编码信号, 载频 $f_0 = 400\mathrm{kHz}$, 子码个数 $L = 128$, 单个子码长度 $T_0 = 0.04\mathrm{ms}$。使用 $f_\mathrm{D} = 380\mathrm{kHz}$ 的信号进行解调和频带搬移, 解调后的采样频率为 200kHz。忽略信号传播过程中的扩展损失和吸收损失。在接收端, 接收阵元上的带内功率信噪比设为 10dB, 噪声为加性高斯白噪声。波束俯仰角从 120°扫到 180°, 方位角从 0 扫到 360°, 间隔均为 3°, 共形成 2541 个波束。

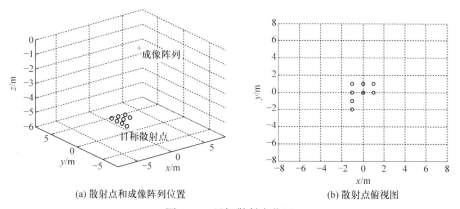

(a) 散射点和成像阵列位置   (b) 散射点俯视图

图 6.18   目标散射点位置

　　SPA-MIMO 声呐的二维成像结果按照以下流程得到：利用图 6.17 中得到的
虚拟阵元位置与加权系数结果，根据式(6.17)将与关闭虚拟阵元对应的匹配滤波
器移除，使用二维相移波束形成器对保留的 263 个匹配滤波输出进行二维多波束
处理。获得所有波束输出后，对波束输出提取强度。UPA-MIMO 声呐的二维成像
流程与 SPA-MIMO 声呐的类似，不同之处在于其虚拟阵列为 UPA，使用相移波
束形成对 576 个匹配滤波输出进行二维多波束处理，幅度加权采用均匀平面阵的
−20dB 等旁瓣加权。SPA-MIMO 声呐的二维成像结果如图 6.19(a) 所示，
UPA-MIMO 声呐的二维成像结果如图 6.19(b)所示。

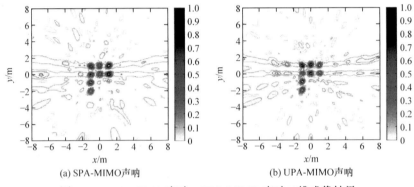

(a) SPA-MIMO声呐　　　　　　　　(b) UPA-MIMO声呐

图 6.19　SPA-MIMO 声呐、UPA-MIMO 声呐二维成像结果

　　对比图 6.19(a)和图 6.19(b)可知，SPA-MIMO 声呐和 UPA-MIMO 声呐都能够
通过下视成像获得多散射点目标的二维成像结果。SPA-MIMO 声呐利用了 SA 算
法将虚拟阵元个数从 576 减少到 263，相应地所需匹配滤波器的个数由 576 减少
为 263，波束形成所需的乘法器与加法器的个数也随之大幅度地减少。SPA-MIMO
声呐和 UPA-MIMO 声呐所需的运算量对比结果如表 6.2 所示。

表 6.2　仿真中 UPA-MIMO 声呐与 SPA-MIMO 声呐的运算量分析

器件	UPA-MIMO 数目	SPA-MIMO 数目	节省硬件的比例/%
匹配滤波器	576	263	54.3
乘法器	1463616	668283	54.3
加法器	2541	2541	0

　　利用蒙特卡罗重复实验的方式比较 SPA-MIMO 声呐和 UPA-MIMO 声呐的成
像运行时间。使用 MATLAB 软件，程序运行的硬件平台为台式计算机(双核
3.30GHz 主频、4G 内存)。由于成像处理中的匹配滤波处理占据了大部分计算量，
因此此处只对运算时间较长的匹配滤波处理步骤进行计时。进行 20 次重复实验，

运行时间结果见图 6.20。可见，对于 24 发 24 收的 MIMO 声呐来说，采用未稀疏虚拟阵的 UPA-MIMO 声呐在匹配滤波处理时所需运行时间大约 33s，而采用虚拟稀疏阵的 SPA-MIMO 声呐在匹配滤波处理时所需运行时间大约 15s，后者计算量不到前者的一半。

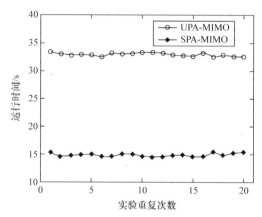

图 6.20　SPA-MIMO 声呐和 UPA-MIMO 声呐所需运行时间

6.2.5　基于虚拟稀疏柱面阵的成像方法

1. 能量函数

在对线列阵、矩形平面阵进行稀疏优化时，由于线列阵、矩形平面阵的拓扑结构(期望波束图的幅度加权不随着波束扫描角变化)，可以只针对幅度加权进行优化获得稀疏阵列。成像时，只需使用优化得到的这组幅度加权，根据稀疏阵列的阵型施加相移即可获得不同方向上的波束输出。但是，在对共形阵(如圆环阵、柱面阵)进行稀疏优化时，获得一组幅度加权和稀疏阵列后，对该稀疏阵列施加相移无法保证其他方向上的波束性能[11-12]。针对这一问题，需要在获得稀疏阵列后，单独对每个波束上的复加权(包括幅度加权和相移)进行优化以获得期望的波束性能[11-12]。本小节将该思想应用到稀疏柱面阵优化问题，提出“先优化阵元位置，再单独优化复加权系数”的方法。基本流程如下。

(1) 先进行阵型优化，获得最优的稀疏柱面阵阵元位置。为了保证稀疏柱面阵在视场范围内的波束性能，在优化阵元位置的迭代过程中同时考虑多个具有一定代表性的主瓣指向下的波束性能。

(2) 获得稀疏柱面阵后，对开启的阵元进行复加权系数优化。由于柱面阵不同主瓣指向上的最优波束图具有不同的幅度加权系数(直线阵、矩形平面阵最优波束图的幅度加权不随着波束扫描角变化)，因此需要针对每个波束指向进行幅度加权系数优化。为降低权值优化的复杂度，可以直接对复加权系数进行优化(同步优化幅度加权和相移)。针对每个扫描波束设置期望的波束图宽度和旁瓣级，据此优化计算每个扫描波束上开启阵元的最优复加权系数。

由于成像声呐一般是对某一个扇区进行成像处理，因此一般情况无需具有 360° 视场。不失一般性，设此处所用柱面阵时是圆心角为 180° 的半柱面阵。该半柱面阵的阵型和坐标系统如图 6.21 所示。将图 6.21 中的半圆柱阵列分解为 M 个半径均为 R 的半圆环阵列组成。每个半圆环阵列上均匀分布着 N 个阵元。所有平面上的阵元分布对称，即每个半圆环上阵元的方位角相等($\phi_{mn} = \pi n / N$，$n = 0,1,\cdots,N-1$，$m = 0,1,\cdots,M-1$，其中 $m = 0$ 表示底面上的半圆环，$m = M-1$ 表示顶面上的半圆环)。图 6.21 中，以底面半圆环的圆心作为计算各阵元相对相位的参考点，第 m 个半圆环与底面之间的距离为 h_m。第 m 个半圆环阵上某一阵元坐标的方位角为 ϕ_{mn}，俯仰角为 θ_m，距离参考点的距离为 $r_m = \sqrt{R^2 + h_m^2}$。

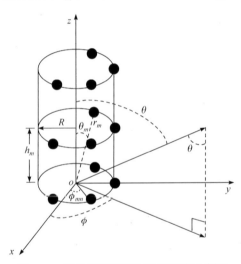

图 6.21　半柱面阵阵型和坐标系统示意图

同一时刻某个阵元 n 接收信号与参考点(坐标原点)接收信号的相位差可由点积法得到。令 $\boldsymbol{r}$ 为参考点到 n 的向量，$\boldsymbol{R}_0$ 为参考点至远场目标方向的单位向量($|\boldsymbol{R}_0| = 1$)，则 $\boldsymbol{r}$ 的坐标为 $(R\cos\phi_{mn}, R\sin\phi_{mn}, h_m)$，$\boldsymbol{R}_0$ 的坐标为 $(\sin\theta\cos\phi, \sin\theta\sin\phi, \cos\theta)$，阵元 n 相对于参考点的相位为

$$\begin{aligned}\beta_{mn} &= -\frac{2\pi}{\lambda}(\boldsymbol{r} \cdot \boldsymbol{R}_0) \\ &= -kr_m\left[\sin\theta_m\sin\theta\cos(\phi-\phi_{mn}) + \cos\theta_m\cos\theta\right]\end{aligned} \tag{6.31}$$

针对式(6.31)有以下 2 种情况。

情况 1：当 $m = 0$ 时，表示底面圆环。此时 $h = 0$，$r_m = R$，$\theta_m = \pi/2$，则底

面圆环上阵元 n 相对于参考点 O 的相位差为

$$\beta_{0n} = -kR_0 \sin\theta \cos(\phi - \phi_{0n}) \tag{6.32}$$

情况 2：当 $m = 1, 2, \cdots, M-1$ 时，各圆环上阵元 n 相对于参考点的相位差为

$$\beta_{mn} = -kr_m \left[\sin\theta_m \sin\theta \cos(\phi - \phi_{mn}) + \cos\theta_m \cos\theta \right] \tag{6.33}$$

该半柱面阵的波束图为

$$b(\theta, \phi) = \sum_{m=0}^{M-1} \sum_{n=0}^{N-1} w_{mn} \exp\left(j\{\psi_{mn} - kr_m [\sin\theta_m \sin\theta \cos(\phi - \phi_{mn}) + \cos\theta_m \cos\theta]\} \right) \tag{6.34}$$

其中，w_{mn} 为幅度加权系数；ψ_{mn} 为相应阵元的初始相位差。设波束主瓣指向 (θ_0, ϕ_0) 方向，则有

$$\psi_{mn} = kr_m \left[\sin\theta_m \sin\theta_0 \cos(\phi_0 - \phi_{mn}) + \cos\theta_m \cos\theta_0 \right] \tag{6.35}$$

首先，优化阵元位置。此时无需对阵列幅度加权进行优化，仅需对阵元的开启和关闭做出判断。据此定义使用 SA 算法进行第 k 次迭代时的能量函数为

$$E_{1,k}(\boldsymbol{W}, \theta, \phi) = k_1 \left[\sum_{q=1}^{Q} \max_{(\theta, \phi) \in \boldsymbol{S}} \left(b(\theta, \phi; \theta_0, \phi_{0q}) \right) \right]^2 + k_2 \left(N_k - N_D \right)^2 \tag{6.36}$$

式中，$E_{1,k}(\boldsymbol{W}, \theta, \phi)$ 为进行阵列稀疏优化(此时不优化权值)时第 k 次迭代的能量函数；$b(\theta, \phi; \theta_0, \phi_{0q})$ 为主瓣指向 (θ_0, ϕ_{0q}) 时的归一化波束图函数；$\boldsymbol{S}$ 为满足一定要求的旁瓣区域；$\boldsymbol{W}$ 为当前阵列各个阵元位置的幅度加权系数 w_{mn} 构成的矩阵。由于此处只是优化阵元位置，w_{mn} 只可能为 0 或 1。$w_{mn} = 0$ 表明该阵元关闭，$w_{mn} = 1$ 表明该阵元开启。需要说明的是，为了保证全空间上的波束性能，这里定义了预设主瓣方位角指向向量 $\boldsymbol{\Phi}_0 = [\phi_{01}, \phi_{02}, \cdots, \phi_{0q}, \cdots, \phi_{0Q}]$，它的元素是 Q 个可以覆盖 $360°$ 方位向的离散角度。为降低算法复杂度，设定 $\boldsymbol{\Phi}_0 = [30°, 150°, 270°]$，$\theta_0 = 90°$，因而最终稀疏阵元位置是同时满足这三个角度上波束性能的折中处理结果。其他参数的含义与式(6.18)相同。

完成对半圆柱阵的稀疏优化后，保留开启阵元获得稀疏半圆柱阵，再对稀疏半圆柱阵每个扫描角度 (θ_0, ϕ_0) 所对应的复加权系数进行优化，获得期望的波束性能。对复加权系数进行优化的方法很多，可以采用 SA 算法，也可以利用 cvx 工具箱求解。本小节使用 SA 算法求解半圆柱阵的最优复加权系数。定义能量函数为

$$E_{2,k}(\boldsymbol{W}_k, \theta, \phi) = k_1 \left\{ \sum_{(\theta, \phi) \in \boldsymbol{S}} \left[b(\boldsymbol{W}_k, \theta, \phi) - \text{SLP}_D \right] \right\}^2 + k_3 \left(\text{CTR}_k - \text{CTR}_D \right)^2 \tag{6.37}$$

其中，$E_{2,k}(\boldsymbol{W}_k, \theta, \phi)$ 为使用 SA 算法计算稀疏半圆柱阵的最优权值时第 k 次迭代

的能量函数；其他参数与式(6.18)相同。通过优化计算开启阵元的复加权系数获得稀疏半柱面阵的最优复加权系数矩阵W，达到获得期望主瓣宽度的同时尽可能降低波束旁瓣级的目的。

对比式(6.37)、式(6.36)、式(6.30)和式(6.18)可知，由于半柱面阵和全柱面阵无法同时对阵元位置和加权系数进行优化，因此使用SA算法时需要进行两步优化，即第一步进行阵元位置优化，第二步进行加权系数优化。因此，半柱面阵和全柱面阵所使用的能量函数与直线阵和平面阵的能量函数不同。直线阵和平面阵的能量函数同时包含了波束图旁瓣区域能量项、阵元个数项和加权系数项。半柱面阵和全柱面阵的第一步优化所使用的能量函数仅包含波束图旁瓣区域能量项和阵元个数项，第二步优化所使用的能量函数包含波束旁瓣区域能量项和加权系数项。

2. 虚拟柱面阵的稀疏优化与成像

MIMO声呐由互相垂直的均匀线列阵和半圆弧阵组成，其中发射阵为均匀直线阵，接收阵为均匀圆弧阵。设接收圆弧阵是圆心角为180°的半圆环阵，且发射直线阵和半圆环阵的相邻阵元间距均为半波长。该MIMO声呐阵型和坐标系统的示意图如图6.22所示。

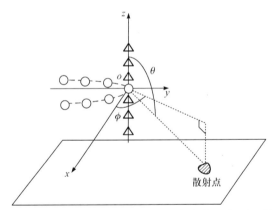

图6.22 由直线阵和半圆环阵组成的MIMO声呐阵型及坐标系统的示意图

由3.2.3小节可知，图6.22中MIMO声呐的虚拟接收阵列为均匀半柱面阵。十字型MIMO声呐阵型和等效的虚拟柱面阵的阵型示意图如图3.7所示。其中，图3.7(a)为MIMO声呐的阵型示意图，图3.7(b)为虚拟SIMO声呐(半柱面阵)的阵型示意图。由于均匀线列阵和半圆弧阵组成的MIMO声呐虚拟阵列为一个均匀半柱面阵，可利用柱面阵稀疏优化的思路对该虚拟阵列进行稀疏优化。MIMO声呐使用虚拟稀疏半柱面阵(或虚拟稀疏柱面阵)的成像流程可概括如下。

(1) 先根据优化后得到的 N_0 元稀疏半柱面阵的阵型，找到需要关闭的虚拟阵元的位置。根据匹配滤波器与虚拟阵元位置的对应关系，移除关闭虚拟阵元上的匹配滤波器。

(2) 保留与开启的虚拟阵元对应的 N_0 个匹配滤波器。使用该波束主瓣指向上开启的虚拟阵元的复加权系数，对 N_0 个匹配滤波器的输出信号进行加权与求和，求得该波束指向上的二维波束输出。

(3) 改变波束主瓣指向角，利用该波束对应的最优复加权系数，求得波束输出。如此重复，获得所有波束输出并得到成像结果。

MIMO 声呐虚拟(半)柱面阵稀疏优化与成像处理流程如图 6.23 所示。需要说明的是，由于每一个波束都需要单独优化复加权系数，因此离线处理的计算量较大。离线处理完成后，在线处理只需要对保留的匹配滤波输出使用优化好的复加权系数即可，计算量较小。

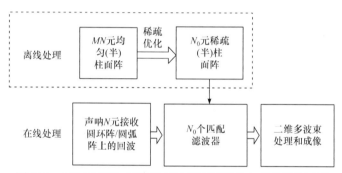

图 6.23　MIMO 声呐虚拟(半)柱面阵稀疏优化与成像处理流程

同时，与图 6.14 类似，此处图 6.23 处理流程既可用于二维成像，也可用于三维成像，且二维成像和三维成像所用的阵型、波形、多波束处理方法相同。为简化分析，本小节主要聚焦于二维成像(仅提取二维波束输出上的强度)。感兴趣的读者可以据此提取二维波束输出上的时延、强度获得三维成像结果。

3. 仿真与分析

根据图 6.22 给出的布阵方式采用 16 发 26 收 MIMO 声呐，发射阵列为 16 元均匀线列阵，布置在 z 轴，接收阵列为 26 元均匀半圆弧阵，布置在 xoy 平面。首先，利用 SA 算法先寻找虚拟阵列(16×26 的均匀半柱面阵)的开启阵元位置。为了保证优化后的稀疏阵列在波束主瓣扫描时均有良好的性能，根据式(6.36)中柱面阵稀疏优化的能量函数，设定可以兼顾半柱面阵扫描空间的方位角向量 $\boldsymbol{\Phi}_0 = [30°, 90°, 150°]$，俯仰角 $\theta_0 = 90°$，因而最终的开启阵元位置是同时满足这三个波束指向的折中结果。接着，优化不同波束指向下开启阵元的复加权系数。根据图 6.22 所示的 MIMO 声呐布阵方式和坐标系统,优化后的三维波束图俯仰角 θ 的范围为[0,180°],方位角 ϕ 的范围为[0,180°],期望旁瓣级为-18dB,其他相关参数设置如下:$\text{CTR}_D = 10$,$T_{\text{start}} = 4000$,$k_1 = 1600$,$k_2 = 0.2$。仿真中,称虚拟阵列为均匀半柱面阵(uniform half cylindrical array,UHCA)的 MIMO 声呐为 UHCA-MIMO 声呐,称虚拟阵列为稀疏半柱面阵(sparse half cylindrical array,SHCA)的 MIMO 声呐为 SHCA-MIMO 声呐。

　　MIMO 声呐的虚拟阵列进行稀疏优化前与稀疏优化后的阵型如图 6.24 所示。为了说明稀疏优化后的阵元位置在空间多个波束指向上均可以保证其性能,图 6.25 分别给出了优化后稀疏半柱面阵的主瓣(θ_0,ϕ_0)分别指向$(90°,90°)$和$(60°,120°)$时多主瓣指向的 SHCA-MIMO 声呐波束图。其中,图 6.25(a)和图 6.25(b)分别为 SHCA-MIMO 声呐的三维波束图及其俯视图,图 6.25(c)和图 6.25(d)分别为 SHCA-MIMO 声呐波束图在俯仰向和方位向上的侧视图。

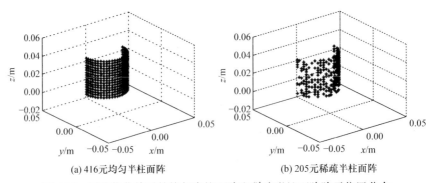

(a) 416元均匀半柱面阵　　　　　　　　　　(b) 205元稀疏半柱面阵

图 6.24　稀疏优化前后的均匀半柱面阵和稀疏半柱面阵阵元位置分布

　　从图 6.24(a)和(b)对比可以看出,UHCA-MIMO 声呐的虚拟阵元个数高达 416 个,而稀疏优化后 SHCA-MIMO 声呐的虚拟阵元个数减少到 205 个,稀疏率 ξ 近 51%。从图 6.25 可以看出,当波束主瓣从(90°,90°)扫描到(60°,120°)时,SHCA-MIMO 声呐的波束图旁瓣级水平始终保证在-18dB 附近,但主瓣宽度略有扩展,这是由于此时波束指向偏离了半柱面的法线方向,造成阵列的等效孔径变小。

　　利用 UHCA-MIMO 声呐、SHCA-MIMO 声呐进行二维成像仿真。假设水下有 3 个等强度理想散射点位于 $y = -5\,\text{m}$ 的 xoz 平面上。如图 6.26 所示,3 个散射点位置坐标分别为(0, -5, 0)、(0, -5, 2)和(1, -5, 0),在 xoz 平面上呈 L 形分布。"+"代表 MIMO 声呐所处的位置,空心圆代表散射点的位置,MIMO 声呐的工作方式为前视成像。MIMO 声呐的发射信号为多相编码信号,载频 $f_0 = 400\text{kHz}$,子码个数 $L = 128$,单个子码长度 $T_0 = 0.04\text{ms}$。使用 $f_D = 380\text{kHz}$ 的信号进行解调和频带搬移,解调后的采样频率为 200kHz。忽略信号传播过程中的扩展损失和吸收损失。在接收端,接收阵元上的带内功率信噪比设为 10dB,噪声为加性

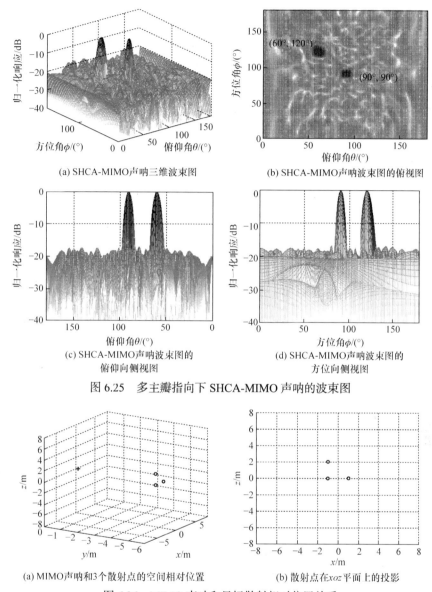

(a) SHCA-MIMO声呐三维波束图

(b) SHCA-MIMO声呐波束图的俯视图

(c) SHCA-MIMO 声呐波束图的
俯仰向侧视图

(d) SHCA-MIMO 声呐波束图的
方位向侧视图

图 6.25 多主瓣指向下 SHCA-MIMO 声呐的波束图

(a) MIMO声呐和3个散射点的空间相对位置

(b) 散射点在xoz平面上的投影

图 6.26 MIMO 声呐和目标散射相对位置关系

高斯白噪声。

SHCA-MIMO 声呐的二维成像结果按照以下流程得到：利用图 6.24 仿真得到的稀疏优化结果，根据式(6.17)移除与关闭虚拟阵元对应的匹配滤波器，使用二维相移波束形成器对保留的 205 个匹配滤波器的输出进行二维多波束处理。波束俯仰角从 60° 扫到 90°，方位角从 0 扫到 180°，间隔均为 3°，共形成 671 个波束。

获得所有波束输出后，对结果进行归一化处理，获得 SHCA-MIMO 声呐的二维成像结果。为进行对比，给出了 UHCA-MIMO 声呐的二维成像仿真结果，如图 6.27(b)所示。UHCA-MIMO 声呐使用相移波束形成对所有 416 个匹配滤波器的输出进行二维多波束处理，幅度加权采用均匀半柱面阵的–18dB 等旁瓣级加权，其余参数与 SHCA-MIMO 声呐的相同。

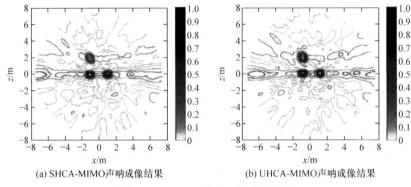

(a) SHCA-MIMO声呐成像结果   (b) UHCA-MIMO声呐成像结果

图 6.27　MIMO 声呐二维成像结果

对比图 6.27(a)和(b)的二维成像结果可知，SHCA-MIMO 声呐和 UHCA-MIMO 声呐都能够清楚地给出多个散射点的散射强度分布，获得目标区域的二维成像结果。由于 SHCA-MIMO 声呐利用 SA 算法将虚拟阵元个数从 416 减少到 205，接收端成像处理所需匹配滤波器个数也从 416 减少到 205，因此 SHCA-MIMO 声呐可以在保持成像性能基本不变的前提下，使用后端成像处理的数据量、运算量大幅度降低。

为进行接收端成像处理运算量的定量分析，给出了仿真中所用 SHCA-MIMO 声呐和 UHCA-MIMO 声呐的运算量统计结果(包括匹配滤波器个数、乘法器个数、加法器个数)，如表 6.3 所示。另外，由于匹配滤波处理占据后端处理计算量的主要部分，给出了仿真中匹配滤波处理部分所需的运行时间，对应的结果如图 6.28 所示。UHCA-MIMO 声呐的匹配滤波处理耗时大约 23s，SHCA-MIMO 声呐的匹配滤波处理耗时大约 11s。根据表 6.3 和图 6.28 可知，使用虚拟稀疏阵列技术后，MIMO 声呐后端成像处理所需的运算时间减少了约一半。

表 6.3　仿真中 UHCA-MIMO 声呐与 SHCA-MIMO 的运算量对比

器件	UHCA-MIMO 数目	SHCA-MIMO 数目	节省硬件的比例/%
匹配滤波器	416	205	51
乘法器	279136	137555	51
加法器	671	671	0

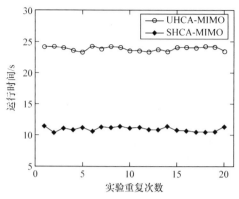

图 6.28　20 次重复试验的耗时曲线

6.3　大孔径 MIMO 声呐的折中处理

6.3.1　大孔径 MIMO 声呐的幅度损失

在成像声呐的回波处理流程中，相移波束形成器为常用的波束形成器之一。尽管在使用短脉冲信号时，相移波束形成器没有时延波束形成器精确，但是其低运算量(可用 DFT 实现快速多波束处理)和成像效果能够很好地满足使用需求。然而，在 MIMO 声呐成像应用中，当合成的虚拟孔径足够大时，阵列回波信号有可能不满足窄带条件，此时使用常规相移波束形成器会导致成像分辨率和幅度损失[13-15]。随着波束主瓣指向从中央波束指向边缘波束，分辨率和幅度损失会越来越严重[13]。为了克服分辨率和幅度损失，使用时延波束形成器代替相移波束形成器为可选方法之一，但是这势必会导致高运算量，不利于实时成像处理。尽管 MIMO 可以利用较少阵元、较小尺寸的阵列合成大孔径虚拟阵列，但是会导致计算量和成像性能之间的矛盾。

本小节以大孔径二维扇扫成像为例，给出将相移波束形成器应用于 MIMO 声呐从而导致分辨率和幅度损失的原因。为了定量分析各个波束上的幅度损失的大小，本小节定义一个变量——幅度损失因子，并给出补偿或者克服幅度损失的办法[14]。

由 MIMO 声呐的成像流程可知，波束形成器的输入主要分量是发射信号的自相关函数，并且自相关函数的主瓣都是很窄的尖峰(如编码类信号的"图钉"型和 LFM 脉冲信号的 sinc 函数型)。将第 3 章式(3.16)的匹配滤波输出重写为

$$y_{(m-1)N+n}(t) = \sum_{p=1}^{P} \sigma_p R_0\left(t - \tau_{(m-1)N+n}^p\right)$$

$$
\begin{aligned}
&= \sum_{p=1}^{P} \sigma_p \widetilde{R}_0 \left(t - \tau_{tm}^p - \tau_{rn}^p - T\right) \exp\left[\mathrm{j}2\pi f_0\left(t - \tau_{(m-1)N+n}^p\right)\right] \\
&= \tilde{y}_{(m-1)N+n}(t) \exp\left[\mathrm{j}2\pi f_0\left(t - \tau_{(m-1)N+n}^p\right)\right]
\end{aligned}
\tag{6.38}
$$

其中， $\tilde{y}_{(m-1)N+n}(t)$ 为 $y_{(m-1)N+n}(t)$ 的基带包络；

$$
\tau_{(m-1)N+n}^p = \tau_{tm}^p + \tau_{rn}^p + T
\tag{6.39}
$$

为第 m 个发射阵元到第 p 个散射点再到第 n 个接收阵元之间的时延。

不同的 MIMO 声呐拥有不同的虚拟阵列，其对应的时延也不同。以虚拟阵列为 MN 元 ULA 为例，忽略掉公共时延项， $\tau_{(m-1)N+n}^p$ 可以直接写为

$$
\tau_{(m-1)N+n}^p = \left[(m-1)N + n - 1 - \frac{MN-1}{2}\right]\frac{d_r \sin\theta_p}{c}
\tag{6.40}
$$

为了分析幅度损失的原因，现在进行如下假设：

(1) P 个散射点在方位上相互分开，且 MIMO 声呐的波束足够窄，从而每个波束内只含有一个散射点；

(2) 每个波束指向角与包含在波束中的散射点的方位角是相等的，即 $\theta_p = \theta_q$；

(3) 散射点的散射强度均为 1；

(4) 自相关函数的旁瓣很低，可以忽略，从而自相关函数的主瓣为波束形成器的主要输入成分。

由式(6.40)可知，当理想散射点位于某个方位时，其回波按照一定的时延差到达所有接收阵元。因此，经过匹配滤波后，这些自相关函数主瓣之间也存在相同的时延差。如图 6.29(a)所示，散射点位于中央波束上，即 $\theta_p = \theta_q = 0$。此时自相关函数主瓣之间的时延 $d_r\sin|\theta_p|/c$ 为 0，其均位于同一个距离单元内。如图 6.29(b)和(c)所示，散射点位于边缘波束区域内，自相关函数主瓣的时延差 $d_r\sin|\theta_p|/c$ 大于 0。相移波束形成器只能补偿自相关函数主瓣的相位差，并不能使其在时域上相互对齐。因此，这些具有相同幅值的主瓣的同相叠加会产生不同的峰值，即波束输出产生不同的幅度(这里取波束输出的绝对值作为散射强度信息)。自相关函数主瓣之间的时延差值越大，对应求和结果的峰值就越小，即波束输出幅度也越小。

本小节将图 6.29 所描述的现象称为幅度损失。可以发现，幅度损失由两点造成：一是波束形成器的输入为窄尖峰信号，二是利用相移波束形成器代替了时延波束形成器。本小节将表示第 q 个波束上幅度损失量的变量称作幅度损失因子，用 α_q 来表示。幅度损失因子 α_q 的计算公式为

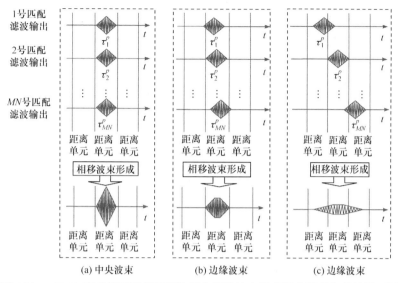

图 6.29 MIMO 声呐使用窄带发射信号和相移波束形成导致强度失真的原理图

$$\alpha_q = \frac{\max\left|B_0(t)\right|}{\max\left|B_q(t)\right|} \tag{6.41}$$

其中，$B_0(t)$ 为中央波束 $(\theta_q = 0)$ 的输出。获得 $\widetilde{R}_m(t)$ 后，可利用下式直接计算第 q 个波束上的 α_q，即

$$\alpha_q = \frac{\displaystyle\sum_{m=1}^{M}\sum_{n=1}^{N}\widetilde{R}_m(t)\Big|_{t=0}}{\displaystyle\sum_{m=1}^{M}\sum_{n=1}^{N}\widetilde{R}_m(t)\Big|_{t=\tau^q_{(m-1)N+n}}} \tag{6.42}$$

以正交多相编码信号为例，其自相关函数的主瓣包络为三角函数

$$\widetilde{R}_m(t) = -\frac{|t|}{T_0} + 1, \quad -T_0 \leqslant t \leqslant T_0 \tag{6.43}$$

其中，T_0 为正交相位编码信号的子码长度。将式(6.43)代入式(6.42)，得到 α_q 的解析表达式为

$$\alpha_q = \frac{1}{1 - \dfrac{d_r \sin|\theta_q|}{MNcT_0}\displaystyle\sum_{m=1}^{M}\sum_{n=1}^{N}\left|(m-1)N + n - 1 - \dfrac{MN-1}{2}\right|} \tag{6.44}$$

根据以上分析，可知幅度损失因子 α_q 的影响因素如下。

(1) 虚拟阵列孔径，或者是虚拟阵元个数。当匹配滤波通道数越多，幅度损

失因子 α_q 的值越大，幅度损失越严重。

(2) 两个相邻虚拟阵元之间的时延差越大，产生的幅度损失越严重。

(3) 信号带宽，或者是单个子码的长度 T_0。信号带宽越大，使用相移波束形成带来的幅度损失越大。

为了直观说明幅度损失与各个参数之间的关系，给出不同参数(发射接收阵元数的乘积 MN、波束指向角 θ_q、子码脉宽 T_0 和接收阵元间距 d_r)下的 α_q，分别如图 6.30 所示。图 6.30(a)为子码脉宽 $T_0 = 0.05\text{ms}$、波束指向角 $\theta_q = 35°$ 和接收阵元间距 $d_r = 0.50\lambda$ 时，发射接收阵元数乘积(匹配滤波通道数) MN 从 64 变化到 160 的幅度损失因子 α_q，可以看出 α_q 与 MN 是单调递增的关系。图 6.30(b)为 $MN = 128$、$T_0 = 0.05\text{ms}$ 和 $d_r = 0.50\lambda$ 时，$|\theta_q|$ 从 0 变化到 45°时的 α_q，可以看出 α_q 与 $|\theta_q|$ 是单调递增的关系。图 6.30(c)为 $MN = 128$、$\theta_q = 35°$ 和 $d_r = 0.50\lambda$ 时，子码脉宽从 0.05ms 变化到 0.20ms(对应信号的带宽越来越小，信号越来越接近理想单频信号)时的 α_q，可以看出 α_q 与 T_0 是单调递减的关系。这也说明了信号越是接近理想单频信号，相移波束形成器和时延波束形成器之间的性能就越接近。图 6.30(d)为 $MN = 128$、$\theta_q = 35°$ 和 $T_0 = 0.05\text{ms}$ 时，接收阵元间距从 0.50λ 变化到 0.60λ 时的 α_q，可以看出 α_q 与 T_0 是单调递增的关系。

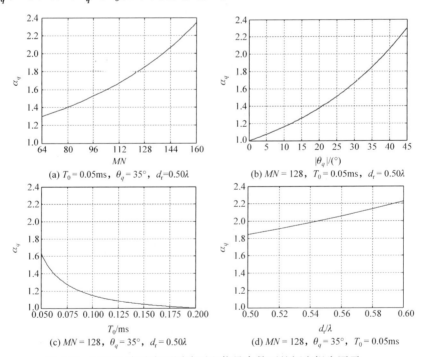

(a) $T_0 = 0.05\text{ms}$，$\theta_q = 35°$，$d_r = 0.50\lambda$

(b) $MN = 128$，$T_0 = 0.05\text{ms}$，$d_r = 0.50\lambda$

(c) $MN = 128$，$\theta_q = 35°$，$d_r = 0.50\lambda$

(d) $MN = 128$，$\theta_q = 35°$，$T_0 = 0.05\text{ms}$

图 6.30   MIMO 声呐在不同阵列和信号参数下的幅度损失因子 α_q

6.3.2 幅度损失的补偿和克服

对于一个确定的 MIMO 声呐成像系统(如 MIMO 声呐二维扇扫成像系统),当完成设计定型后,其阵元个数、阵元间距、波束指向角和发射信号都是确定的。此时,α_q 仅由波束指向角决定。

有两种方法可以克服幅度损失。第一种方法为幅度补偿相移波束形成方法,即先从理论上获得相移波束形成器中所有波束输出的 α_q,再利用 α_q 对相移波束形成的波束输出进行幅度补偿。第二种方法为多区域波束形成方法,即将成像区域进行划分,对不同的区域采用不同的波束形成方法。

1. 幅度补偿相移波束形成方法

当 MIMO 声呐的发射阵元个数 M 和接收阵元个数 N、接收阵元间距 d_r、波束指向角 θ_q 和发射信号已知时,α_q 可以预先计算出来。利用幅度补偿相移波束形成方法计算所有波束上的 α_q 并补偿其幅度损失的方法称为幅度补偿相移波束形成(amplitude compensation-phase shift beamforming,AC-PSBF)。AC-PSBF 的基本步骤如下:

(1) 利用发射信号波形获得自相关函数主瓣包络的解析表达式 $\widetilde{R}_m(t)$;

(2) 利用式(6.44)计算第 q 个波束上的 α_q;

(3) 将相移波束形成的输出 $B_q(t)$ 乘以 α_q,获得幅度补偿后的波束输出 $\overline{B}_q(t)$:

$$\overline{B}_q(t) = \alpha_q B_q(t) \tag{6.45}$$

AC-PSBF 的回波处理流程如图 6.31 所示,其中省略了回波解调、降采样、匹配滤波等步骤。图 6.31 的幅度补偿通过直接相乘实现,具有计算量低的优点。当波束上的输出信噪比较低时,AC-PSBF 的直接相乘处理会放大成像结果中的噪声,尤其是对边缘波束而言。

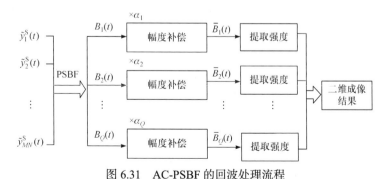

图 6.31 AC-PSBF 的回波处理流程

2. 多区域波束形成

由前文分析可知，幅度损失产生的原因之一在于使用相移波束形成器代替了时延波束形成器。时延波束形成器可以将波束形成器的输入信号进行距离矫正，因此时延波束形成器的输出不产生幅度损失，同时可获得更高的分辨率。然而传统的时延波束形成需要较多的计算量，利用移边带波束形成器则可以有效降低运算量。此处的移边带波束形成与 6.1 节中的移边带波束形成处理方法相同，不再赘述。

移边带波束形成的计算量高于相移波束形成。为了在有效降低成像处理计算量的前提下，使用移边带波束形成改善成像性能，本小节提出多区域波束形成 (multi-region beamforming，MRBF) 方法。MRBF 在中央波束区域使用相移波束形成，在边缘波束区域使用移边带波束形成 (SSBF)。MRBF 方法的回波处理流程如图 6.32 所示。

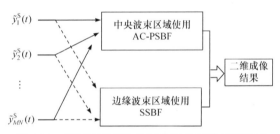

图 6.32　多区域波束形成 (MRBF) 的回波处理流程

表 6.4 给出了大孔径 MIMO 声呐使用相移波束形成 (PSBF)、移边带波束形成 (SSBF)、幅度补偿相移波束形成 (AC-PSBF) 和多区域波束形成 (MRBF) 的计算量。其中，MRBF 假设中央波束区域和边缘波束区域的面积相等，即两者具有相等的波束数。根据表 6.4 可知，PSBF 具有最低的计算量，但是成像性能最差。SSBF 的计算量最大，但是其成像性能最优。AC-PSBF 计算量略高于 PSBF，且成像性能优于 PSBF。MRBF 计算量高于 AC-PSBF 并低于 SSBF，其成像性能介于 AC-PSBF 和 SSBF 之间。

表 6.4　PSBF、SSBF、AC-PSBF、MRBF 的计算量分析

波束形成器	波束数	额外处理	成像性能
PSBF	Q 个 PSBF	无	最差
SSBF	Q 个 SSBF	无	最优
AC-PSBF	Q 个 PSBF	幅度补偿的乘法处理	优于 PSBF
MRBF	$Q/2$ 个 SSBF 和 $Q/2$ 个 PSBF	无	优于 AC-PSBF，低于 SSBF

3. 仿真与分析

仿真中，使用 2 种 MIMO 声呐以验证幅度损失。一种是小孔径 MIMO 声呐，另一种是大孔径 MIMO 声呐。小孔径 MIMO 声呐使用 4 发 16 收的直线阵阵列结构，大孔径 MIMO 声呐使用 4 发 128 收的直线阵阵列结构。两者发射相同的信号，即 4 个子码个数为 256、子码长度为 0.1ms、载频为 800kHz 的多相编码信号。这 2 种 MIMO 声呐的阵列参数如表 6.5 所示。

表 6.5　仿真中使用的 2 种 MIMO 声呐参数

MIMO 声呐	M	N	阵元间距	接收阵设计频率	虚拟阵列
小孔径	4	16	$d_t = 16d_r = 16\lambda/2$	800kHz	64 元 ULA
大孔径	4	128	$d_t = 128d_r = 128\lambda/2$		512 元 ULA

在进行成像之前，使用 SA 算法对 4 个正交多相编码信号进行优化设计，获得低互相关函数和低自相关函数旁瓣。经过优化后的 4 个正交多相编码信号的频谱如图 6.33 所示。图 6.33 中，发射信号的中心频率均为 800kHz，第一零点之间的信号带宽约为 20kHz，相对信号带宽为 20/800 × 100%=2.5%。一般而言，对于

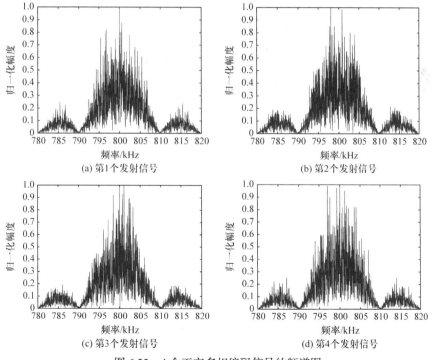

(a) 第1个发射信号　(b) 第2个发射信号
(c) 第3个发射信号　(d) 第4个发射信号

图 6.33　4 个正交多相编码信号的频谱图

声呐成像而言，如此小的相对信号带宽可以认为是窄带信号，正常情况均是使用相移波束形成进行回波处理。

接下来利用 MIMO 声呐进行成像仿真。由于发射信号中心频率为 800kHz，第一零点带宽为 20kHz，因此使用 $f_D = 790$kHz 的信号进行解调和频带搬移，解调后的采样频率为 100kHz。忽略信号传播过程中的扩展损失和吸收损失。在接收端，接收阵元上的带内功率信噪比设为 10dB，噪声为加性高斯白噪声。波束扫描角为–60°～60°，以 1°为扫描间隔，共形成 121 个波束。在进行波束形成时，使用旁瓣级为–30dB 的 Chebyshev 窗对 MIMO 声呐的虚拟 ULA 进行加权处理。

图 6.34 给出了小孔径和大孔径 MIMO 声呐在不同波束扫描角上的幅度损失因子。从图 6.34 可知，在都使用相移波束形成的前提下，小孔径 MIMO 声呐的幅度损失因子几乎可以忽略不计，而大孔径 MIMO 声呐的幅度损失因子在边缘波束区域(波束扫描角绝对值大于 30°)显著增大，必然会降低成像性能。

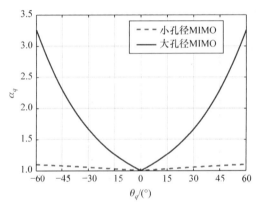

图 6.34　小孔径和大孔径 MIMO 声呐在不同波束扫描角上的幅度损失因子

假设水下目标由 2 个等强度的散射点组成，其坐标分别为(0，200m)和(–45°，200m)，如图 6.35(a)所示。小孔径 MIMO 声呐的成像结果如图 6.35(b)所示，从中可知双散射点的成像结果具有几乎相同的目标强度。大孔径 MIMO 声呐的成像结果如图 6.35(c)所示，可以看出位于边缘波束区域中的散射点的强度明显弱于在中央波束区域中的散射点。为了进行直观比较，给出了两种 MIMO 声呐的成像结果在距离 200m 上的角度维切片，如图 6.35(d)所示。从图 6.35(d)可以之间看出大孔径 MIMO 声呐在边缘波束区域产生了严重的幅度失真。图 6.35 的成像结果与图 6.34 的幅度损失因子结果一致。

使用大孔径 MIMO 声呐对水下多散射点目标进行成像。假设水下目标由多个等强度的散射点组成，形成 3 个字母 "Fur"，如图 6.36(a)所示。其中，"u" 位于中央波束区域，即(–30°，30°)。"F" 和 "r" 位于边缘波束区域，分别是[–60°，–30°]

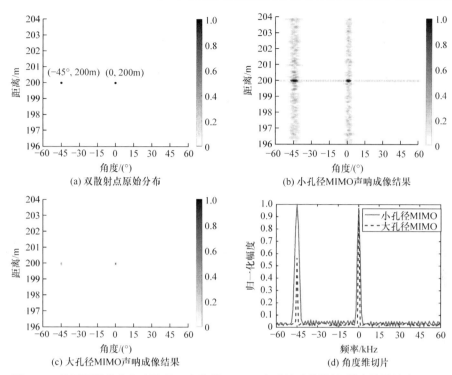

图 6.35　目标原始分布和小孔径、大孔径 MIMO 声呐的成像结果(带内信噪比为 10dB)

和[30°, 60°]。图 6.36(b)给出了大孔径 MIMO 声呐使用相移波束形成的成像结果，从中可以看出位于边缘波束区域的"F"和"r"的成像强度明显弱于位于中央波束区域的"u"，即幅度损失严重降低了大孔径 MIMO 声呐的成像性能。图 6.36(c)给出了大孔径 MIMO 声呐使用 AC-PSBF 方法的成像结果。在使用 AC-PSBF 时，可以看出边缘波束区域的成像结果强度得到了正确补偿。图 6.36(d)给出了大孔径 MIMO 声呐使用 MRBF 方法的结果。在使用 MRBF 方法时，中央波束区域(–30°, 30°)使用 AC-PSBF 方法，边缘波束区域[–60°, –30°]和[30°, 60°]适用于移边带波束形成方法。从图 6.36(d)可以看出，位于中央波束区域和边缘波束区域的散射点成像结果具有几乎相同的强度。图 6.36 的成像结果说明，AC-PSBF 方法和 MRBF 方法都可以有效克服大孔径 MIMO 声呐的幅度损失，从而在使用较低运算量的前提下获得期望的成像性能。

　　保持其他参数不变，将水听器上的带内信噪比从 10dB 降低为–20dB，考察大孔径 MIMO 声呐在低信噪比下的成像性能。图 6.37(a)给出了大孔径 MIMO 声呐使用 AC-PSBF 的成像结果，从中可以发现 AC-PSBF 在边缘波束进行幅度补偿的同时放大了噪声，导致位于边缘波束上的噪声较高，且部分散射点成像结果难以辨认。图 6.37(b)给出了大孔径 MIMO 声呐使用 MRBF 的成像结果，从中可以

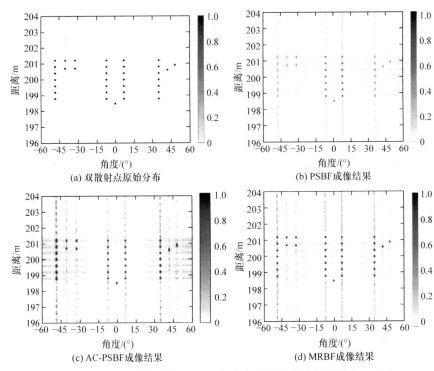

图 6.36　目标原始分布和 MIMO 声呐成像结果(带内信噪比为 10dB)

清晰辨认出所有散射点的成像结果。图 6.37 的低信噪比成像结果表明,AC-PSBF 容易放大边缘波束的噪声,而 MRBF 则可以克服这一缺点。总体而言,AC-PSBF 仅使用相移波束形成,其计算量低于 MRBF。因此,在较高信噪比下,人孔径 MIMO 声呐可以使用 AC-PSBF 进行成像处理。在较低信噪比下,则需使用 MRBF 进行成像处理。

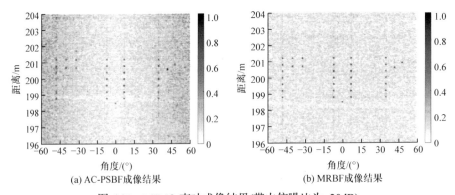

图 6.37　MIMO 声呐成像结果(带内信噪比为−20dB)

保持仿真参数不变，对比大孔径 MIMO 声呐使用 PSBF、SSBF(仿真中未给出 SSBF 的成像结果，该结果几乎与 MRBF 的相同)、AC-PSBF、MRBF 这四种波束形成器时的运行时间，如图 6.38 所示。图 6.38 中给出了 20 次重复实验的运行时间结果。计算运行时间所用的硬件、软件均与图 6.11 的相同。由图 6.38 可知，PSBF、AC-PSBF 具有几乎相同的运行时间，MRBF 的运行时间大于 PSBF 和 AC-PSBF，但是远小于 SSBF 的运行时间。图 6.38 的运行时间结果与表 6.4 的计算量分析结果相一致。

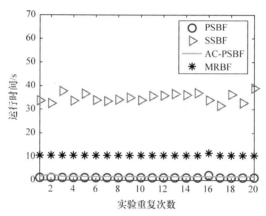

图 6.38 MIMO 声呐使用 PSBF、SSBF、AC-PSBF、MRBF 的运行时间

6.3.3 多层混合波束形成

6.3.2 小节给出的 AC-PSBF 和 MRBF 都是基于固化的 MIMO 声呐阵型进行处理。本小节对 MIMO 声呐阵列结构进行优化设计，并提出多层混合波束形成方法，在获得期望成像性能的同时有效降低计算量[15]。

1. 传统波束形成方法的局限性

MIMO 声呐的匹配滤波输出可以等效为大孔径虚拟阵列的输出。以图 4.5 中 M 发 N 收的直线阵 MIMO 声呐为例，其对应的虚拟阵列为 MN 元均匀直线阵。对 MN 元均匀直线阵使用相移波束形成的表达式为

$$B_q(t) = \sum_{m=1}^{M}\sum_{n=1}^{N}\left[w_{(m-1)N+n}^q\right]^{\mathrm{c}}\tilde{y}_{(m-1)N+n}^{\mathrm{S}}(t) \tag{6.46}$$

其中，

$$w_{(m-1)N+n}^q = A_{(m-1)N+n}^q \exp\left(-\mathrm{j}2\pi f_0 \tau_{(m-1)N+n}^q\right) \tag{6.47}$$

$$\tau_{(m-1)N+n}^q = \left[(m-1)N+n-1-\frac{MN-1}{2}\right]\frac{d_{\mathrm{r}}\sin\theta_q}{c} \tag{6.48}$$

$A_{(m-1)N+n}^q$ 为幅度加权系数。

使用相移波束形成时，需满足以下表达式：

$$(MN-1)d_r \leqslant \frac{1.5c}{B_0\left|\sin\theta_Q\right|} \tag{6.49}$$

其中，d_r 为直线阵的阵元间距；B_0 为零点之间的信号带宽；θ_Q 为最大扫描角度(相对于法线方向)；c 为水下声速。

由式(6.49)可知，为了保证相移波束形成的使用，需要约束直线阵孔径，或者缩小波束扫描范围(缩小成像声呐视场)。对 MIMO 声呐而言，使用正交发射波形正是为了获得大范围视场，因此只能从缩小直线阵孔径的角度来解决问题。但是，缩小阵列孔径会降低角度分辨率，导致成像效果变差。因此，仅使用相移波束形成，难以达到既满足成像分辨率需求，又降低计算量的目的。

当相移波束形成的条件不满足时，可使用移边带波束形成处理匹配滤波输出，即

$$B_q(t) = \sum_{m=1}^{M}\sum_{n=1}^{N}\left[w_{(m-1)N+n}^q\right]^c \tilde{y}_{(m-1)N+n}^S\left(t - \tau_{(m-1)N+n}^q\right) \tag{6.50}$$

移边带波束形成虽然可以获得高质量成像结果，但是其计算量远高于相移波束形成，不利于实时成像处理的实现。

综上所述，需要在波束形成方法、阵列孔径之间进行重新设计与优化处理，以达到既满足成像分辨率需求，又能够降低计算量的目的。

2. 混合波束形成

对 MIMO 声呐的 MN 元虚拟直线阵使用相移波束形成，虽然可以降低运算量，但是容易导致成像性能下降(如幅度损失)。对 MN 元虚拟直线阵使用移边带波束形成可以获得高性能成像结果，但是计算量远高于相移波束形成。为了在成像性能和计算量之间进行折中处理，提出分层混合波束形成(hybrid beamforming, HBF)方法。该方法将阵列设计和波束形成方法相结合，相移波束形成和移边带波束形成在多层之间进行混合使用，可达到降低计算量并获得期望成像性能的目的。

式(6.46)的相移波束形成处理可重写为

$$\begin{aligned}
B_q(t) &= \sum_{m=1}^{M}\sum_{n=1}^{N}\left[w_{(m-1)N+n}^q\right]^c \tilde{y}_{(m-1)N+n}^S(t) \\
&= \sum_{m=1}^{M}\sum_{n=1}^{N}\left[w_m^q w_n^q\right]^c \left\{\tilde{x}_n^S(t) * \left[\tilde{s}_m^S(T-t)\right]^c\right\}
\end{aligned}$$

$$= \sum_{m=1}^{M} \sum_{n=1}^{N} \left\{ \left[w_n^q \right]^c \tilde{x}_n^S(t) \right\} * \left\{ \left[w_m^q \right]^c \left[\tilde{s}_m^S(T-t) \right]^c \right\} \tag{6.51}$$

其中，

$$w_n^q = \exp\left(-j2\pi f_0 \tau_n^q\right) \tag{6.52}$$

$$w_m^q = \exp\left(-j2\pi f_0 \tau_m^q\right) \tag{6.53}$$

$$\tau_n^q = \left(n - 1 - \frac{N-1}{2}\right) \frac{d_r \sin\theta_q}{c} \tag{6.54}$$

$$\tau_m^q = \left(m - 1 - \frac{M-1}{2}\right) \frac{d_t \sin\theta_q}{c} \tag{6.55}$$

$$
\begin{aligned}
w_{(m-1)N+n}^q &= \exp\left\{-j2\pi f_0 \left[(m-1)Nd_r + (n-1)d_r - \frac{MN-1}{2}d_r \right] \frac{\sin\theta_q}{c} \right\} \\
&\overset{d_t = Nd_r}{=} \exp\left\{-j2\pi f_0 \left[(m-1)d_t + (n-1)d_r - \frac{M-1}{2}d_t - \frac{N-1}{2}d_r \right] \frac{\sin\theta_q}{c} \right\} \\
&= \exp\left\{-j2\pi f_0 \left[\left(m-1-\frac{M-1}{2}\right)d_t + \left(n-1-\frac{N-1}{2}\right)d_r \right] \frac{\sin\theta_q}{c} \right\} \\
&= w_m^q w_n^q
\end{aligned}
\tag{6.56}
$$

相应地，相移波束形成的表达式可以重写为

$$B_q(t) = \underbrace{\sum_{n=1}^{N} \left(w_n^q\right)^c \tilde{x}_n^S(t)}_{\text{接收PSBF}} * \underbrace{\sum_{m=1}^{M} \left(w_m^q\right)^c \left[\tilde{s}_m^S(T-t) \right]^c}_{\text{等效发射PSBF}} \tag{6.57}$$

类似地，移边带波束形成的表达式可以重写为

$$B_q(t) = \underbrace{\sum_{n=1}^{N} \left(w_n^q\right)^c \tilde{x}_n^S(t - \tau_n^q)}_{\text{接收SSBF}} * \underbrace{\sum_{m=1}^{M} \left(w_m^q\right)^c \left[\tilde{s}_m^S(T-t+\tau_m^q) \right]^c}_{\text{等效发射SSBF}} \tag{6.58}$$

其中，

$$\tau_{(m-1)N+n}^q = \tau_m^q + \tau_n^q \tag{6.59}$$

结合式(6.57)和式(6.58)可知，MIMO 声呐的传统成像流程(先匹配滤波再波束形成)可以改为新的成像流程，即先波束形成再匹配滤波。新流程中的波束形成在接收阵进行，而匹配滤波器的冲激响应函数为等效发射波束形成的输出。如此，可以获得两个优势：

(1) 波束形成的数据量显著减少；

(2) 匹配滤波器的数量等于波束数，而非虚拟阵元数。

将式(6.57)和式(6.58)的新流程相结合，提出混合波束形成(HBF)方法，其对应的表达式为

$$B_q(t) = \underbrace{\sum_{n=1}^{N} \left[w_n^q \right]^{\mathrm{c}} \tilde{x}_n^{\mathrm{S}}(t)}_{\text{接收PSBF}} * \underbrace{\sum_{m=1}^{M} \left[w_m^q \right]^{\mathrm{c}} \left[\tilde{s}_m^{\mathrm{S}} \left(T - t + \tau_m^q \right) \right]^{\mathrm{c}}}_{\text{等效发射SSBF}} \tag{6.60}$$

式中，相移波束形成直接应用于接收阵，而移边带波束形成直接应用于发射阵(进行等效发射波束形成)。同时，移边带波束形成的输出对相移波束形成的输出进行匹配滤波处理。

为叙述直观，图 6.39 给出了传统成像处理流程(直接对 MN 元虚拟 ULA 使用 PSBF 或 SSBF)、混合波束形成(HBF)的成像处理流程。

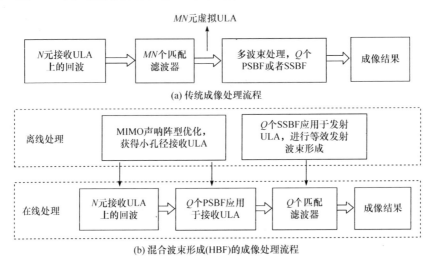

图 6.39　MIMO 声呐传统成像处理流程和混合波束形成的成像处理流程

从图 6.39 可知，混合波束形成分为离线处理和在线处理两部分。离线处理包含 MIMO 声呐阵型优化和等效发射波束形成(采用 SSBF 实现)。对 MIMO 声呐阵型优化后，N 元接收 ULA 需满足以下表达式：

$$(N-1)d_{\mathrm{r}} \leqslant \frac{1.5c}{B_0 \left| \sin \theta_Q \right|} \tag{6.61}$$

对比式(6.61)和式(6.49)可知，对阵列孔径的约束从 MNd_{r} 降低为 Nd_{r}。因此，为了在接收阵上直接使用相移波束形成，可以在 MIMO 声呐阵型优化时，设计小孔径接收 ULA 以满足相移波束形成要求。同时，为了保证成像分辨率，虚拟 MN 元 ULA 需要具有足够大的孔径，因此与小孔径接收 ULA 对应的是，需设计

具有较大孔径的稀疏发射 ULA。

此外，由于发射波形和波束扫描角可以事先确定，因此等效发射波束形成可以离线完成。式(6.60)中等效发射波束形成本质上是直接应用于 M 元稀疏发射阵的移边带波束形成，其表达式为

$$B_q^{\text{SSBF}}(t) = \sum_{m=1}^{M} \left[w_m^q \right]^{\text{c}} \left[\tilde{s}_m^{\text{S}} \left(T - t + \tau_m^q \right) \right]^{\text{c}} \tag{6.62}$$

其中，$B_q^{\text{SSBF}}(t)$ 为等效发射波束形成(移边带波束形成)在第 q 个波束上的输出。

在线处理包括接收波束形成和匹配滤波处理。接收波束形成指的是相移波束形成。由于离线处理中对 MIMO 声呐阵型进行了优化设计，其 N 元接收 ULA 的孔径满足式(6.61)要求，因此相移波束形成可直接用于处理 N 元 ULA 上的回波。接收波束形成的表达式为

$$B_q^{\text{PSBF}}(t) = \sum_{n=1}^{N} \left[w_n^q \right]^{\text{c}} \tilde{x}_n^{\text{S}}(t) \tag{6.63}$$

其中，$B_q^{\text{PSBF}}(t)$ 为接收波束形成(相移波束形成)在第 q 个波束上的输出。

匹配滤波处理所使用的冲激响应函数 $h_q(t)$ 为离线处理中的移边带波束形成输出，即

$$h_q(t) = B_q^{\text{SSBF}}(t) \tag{6.64}$$

因此，混合波束形成的波束输出可化简为

$$\begin{aligned} B_q(t) &= B_q^{\text{PSBF}}(t) * h_q(t) \\ &= B_q^{\text{PSBF}}(t) * B_q^{\text{SSBF}}(t) \end{aligned} \tag{6.65}$$

为了叙述的直观性，综合式(6.62)～式(6.65)的公式推导，混合波束形成(HBF)的回波处理流程如图 6.40 所示。

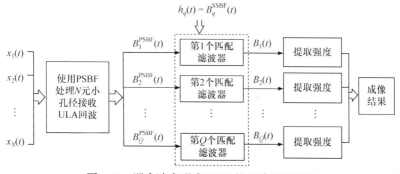

图 6.40 混合波束形成(HBF)的回波处理流程

表 6.6 给出了在线处理时 MIMO 声呐使用 PSBF、SSBF 和 HBF 的计算量分析结果。表 6.6 中，HBF 和 PSBF 使用的波束形成器均为 Q 个窄带波束形成器，而 SSBF 使用 Q 个宽带波束形成器。此外，设接收阵元上的采样信号快拍数为 L_1，匹配滤波处理时发射信号的快拍数为 L_2，因此匹配滤波后的信号快拍数为 $L_1 + L_2 - 1$。此时 PSBF 和 SSBF 的输入数据尺寸均为 $MN \times (L_1 + L_2 - 1)$，而 HBF 的输入数据尺寸为 $N \times L_1$，后者明显小于前者。综上所述，HBF 可以达到同时减小处理计算量并获得期望成像性能的目的。

表 6.6　在线处理时 MIMO 声呐使用 PSBF、SSBF 和 HBF 的计算量分析

波束形成器	匹配滤波器数量	波束形成器数量	波束形成器输入数据尺寸
PSBF	MN	Q 个窄带	$MN \times (L_1 + L_2 - 1)$
SSBF	MN	Q 个宽带	$MN \times (L_1 + L_2 - 1)$
HBF	Q	Q 个窄带	$N \times L_1$

3. 仿真与分析

仿真中，假设为了获得期望的角度分辨率，要求成像声呐的阵列孔径为 128λ。因此，MIMO 声呐的虚拟阵列为 256 元 ULA，阵元间距为 $\lambda/2$。根据式(6.61)，选择接收阵列为 32 元 ULA。据此，MIMO 声呐由 8 元稀疏发射 ULA 和 32 元接收 ULA 组成，且阵元间距满足 $d_t = 32d_r = 16\lambda$，其中 λ 对应着水下 400kHz 声波的波长。MIMO 声呐的发射信号为 8 个正交多相编码信号。信号载频为 400kHz，子码个数为 256，子码长度为 0.05ms。使用 SA 算法对 8 个正交多相编码信号进行优化设计，以降低互相关函数和自相关函数的旁瓣。使用 $f_D = 380\text{kHz}$ 的信号对接收回波进行解调和频带搬移，解调后使用的采样频率为 200kHz。忽略信号传播过程中的扩展损失和吸收损失。在接收端，接收阵元上的带内功率信噪比设为 10dB，噪声为加性高斯白噪声。波束扫描角从 $-60°$ 到 $60°$，以 $0.5°$ 为扫描间隔，共形成 241 个波束。在进行波束形成时，使用矩形窗对 MIMO 声呐的虚拟直线阵进行加权处理。

首先，对水下等强度双散射点目标进行成像。双散射点的角度和距离坐标分别为 $(-30°, 100\text{m})$ 和 $(0, 101\text{m})$。双散射点的原始强度分布如图 6.41(a)所示。MIMO 声呐使用 PSBF 的成像结果如图 6.41(b)所示，使用 SSBF 的成像结果如图 6.41(c)所示，使用 HBF 的成像结果如图 6.41(d)所示。从图 6.41(b)可知，MIMO 声呐使用 PSBF 时，位于边缘波束区域的散射点 $(-30°, 100\text{m})$ 成像结果产生了严重的幅度损失。从图 6.41(c)和(d)可知，MIMO 声呐使用 SSBF 和 HBF 时，均可以成功获得位于中央波束区域和边缘波束区域内的散射点成像结果。图 6.42 给出了成像结

果的角度维和距离维投影结果(由于双散射点位于不同的角度和距离上,此时角度维和距离维的切片不可用,需要使用沿着角度维或者距离维的投影来对比成像性能)。从图 6.42 的结果可知,SSBF 和 HBF 的成像结果几乎相同,而 PSBF 的成像结果中位于边缘波束区域内的散射点具有严重的幅度损失。

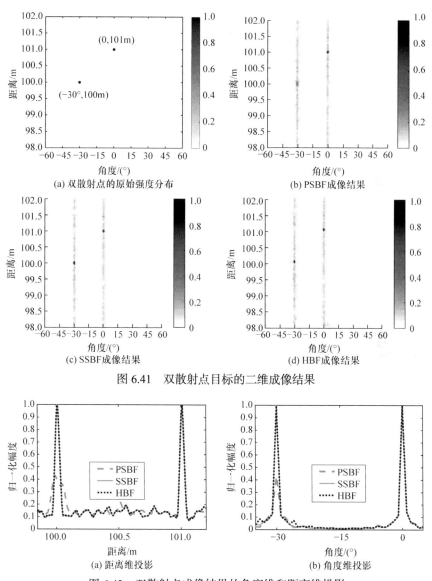

图 6.41 双散射点目标的二维成像结果

图 6.42 双散射点成像结果的角度维和距离维投影

其次,将水下目标设为多散射点目标,保持其他仿真参数不变,进行成像仿真。多散射点的原始强度分布如图 6.43(a)所示,其中多散射点具有相等的强度,形成了 3 个字母"Fur"。MIMO 声呐使用 PSBF、SSBF、HBF 的成像结果分别如图 6.43(b)、(c)和(d)所示。从图 6.43(b)可知，MIMO 声呐使用 PSBF 时，位于边缘波束中的散射点("F"和"r")的成像结果面临着严重的幅度损失，几乎不可见。从图 6.43(c)可知，MIMO 声呐使用 SSBF 可以有效避免幅度损失，获得远优于 PSBF 的成像性能。从图 6.43(d)可知，MIMO 声呐使用 HBF 可获得与 SSBF 类似的成像结果，其性能远优于 PSBF。

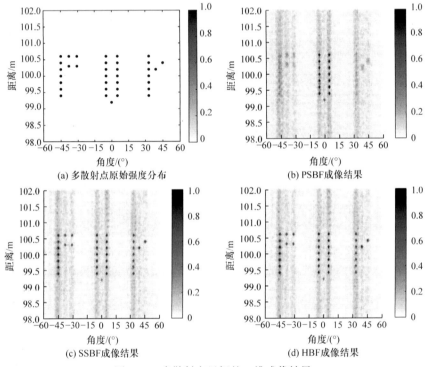

图 6.43　多散射点目标的二维成像结果

根据表 6.6 的计算量分析，给出仿真中 MIMO 声呐使用 PSBF、SSBF 和 HBF 的计算量结果，如表 6.7 所示。PSBF 使用 256 个匹配滤波器和 241 个窄带波束形成器。SSBF 使用 256 个匹配滤波器和 241 个宽带波束形成器。HBF 使用 241 个匹配滤波器和 241 个窄带波束形成器。每个接收阵元上的数据快拍数是 2048，匹配滤波输出的快拍数是 4095。PSBF 和 SSBF 的输入数据是维度为 256×4095 的矩阵，而 HBF 的输入数据是维度为 32×2048 的矩阵。根据表 6.7 的结果可知，HBF 使用的窄带滤波器数量最少，且波束形成器输入矩阵尺寸最小，其计算量与 PSBF 接近且远低于 SSBF。

表 6.7 仿真中 PSBF、SSBF 和 HBF 的计算量分析

波束形成器	匹配滤波器数量	波束形成器数量	波束形成器输入数据尺寸
PSBF	256	241 个窄带	256×4095 矩阵
SSBF	256	241 个宽带	256×4095 矩阵
HBF	241	241 个窄带	32×2048 矩阵

保持仿真参数不变，对比 MIMO 声呐使用 PSBF、SSBF 和 HBF 这三种波束形成器的运行时间，如图 6.44 所示。图 6.44 中给出了 20 次重复实验的运行时间结果。计算运行时间所用的硬件、软件均与图 6.11 的相同。由图 6.44 可知，PSBF 和 HBF 具有几乎相同的运行时间，SSBF 的运行时间明显大于 PSBF 和 HBF。结合图 6.41～图 6.43 的成像结果和图 6.44 中的运行时间可知，HBF 使用接近 PSBF 的计算量获得与 SSBF 类似的成像性能。

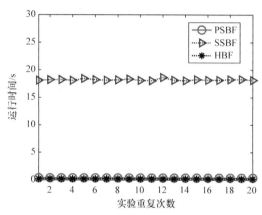

图 6.44 PSBF、SSBF 和 HBF 的成像运行时间

6.4 本 章 小 结

MIMO 声呐可以利用较少阵元和较小尺寸的阵列合成大孔径虚拟阵列，从而获得高分辨成像结果，但是大量匹配滤波器的使用容易导致接收端成像处理的计算量剧增。针对这一问题，本章提出了多个 MIMO 声呐低运算量成像方法。

针对 MIMO 声呐使用大量匹配滤波器的问题，提出了使用虚拟稀疏阵列的成像方法。针对虚拟阵是直线阵、均匀平面阵、均匀柱面阵这三种情况，通过利用优化算法(主要是 SA 算法)将虚拟阵列优化为稀疏阵列，并利用虚拟阵列与匹配滤波器的对应关系，移除与关闭虚拟阵元对应的匹配滤波器，从而显著减少回波处理流程中的匹配滤波器数量，达到有效降低成像处理计算量的目的。

　　针对 MIMO 声呐在合成大虚拟孔径时的情况,指出传统的相移波束形成会带来幅度损失。分析了产生幅度损失的原因,并给出了两类解决方案。第一类方案主要基于已经设计好的 MIMO 声呐,通过改进回波处理方法,即使用 AC-PSBF 法对相移波束形成器的输出进行幅度补偿,或使用 MRBF 法进行分区域波束形成处理,有效抑制幅度损失。第二类方案将 MIMO 声呐阵列设计和波束形成相结合,提出 HBF 方法。该方法通过约束接收 ULA 的孔径设计出期望的阵型,将 PSBF 直接用于接收 ULA,并使用离线处理得到的等效发射波束形成(SSBF)输出对接收 ULA 上的 PSBF 输出进行匹配滤波处理,从而获得了在接收阵、发射阵之间进行多层 HBF 的效果,在获得期望成像性能的同时有效降低计算量。

参 考 文 献

[1] MUCCI R A. A comparison of efficient beamforming algorithms[J]. IEEE transactions on acoustics speech & signal processing, 1984, 32(3): 548-558.

[2] WILLIAMS J R. Fast beam-forming algorithm[J]. The journal of the acoustical society of America, 1968, 44(5): 1454.

[3] RUDNICK P. Digital beamforming in the frequency domain[J]. The journal of the acoustical society of America, 1969, 46(5A): 1089-1090.

[4] PITT S P. Design and implementation of a digital phase shift beamformer[J]. The journal of the acoustical society of America, 1978, 64(3): 808-814.

[5] HAMID U, QAMAR R A, WAQAS K. Performance comparison of time-domain and frequency-domain beamforming techniques for sensor array processing[C]. Proceedings of IEEE 2014 11th International Bhurban Conference on Applied Sciences & Technology (IBCAST) Islamabad, Pakistan, 2014.

[6] 陈朋. 相控阵三维成像声纳系统的稀疏阵及波束形成算法研究[D]. 杭州: 浙江大学, 2009.

[7] KIRKPATRICK C D, GELATT M P, VECCHI S. Optimization by simulated annealing[J]. Science, 1983, 220(4598): 671-680.

[8] MURINO V, TRUCCO A, REGAZZONI C S. Synthesis of unequally spaced arrays by simulated annealing[J]. IEEE transactions on signal processing, 1996, 44(1): 119-122.

[9] TRUCCO A, MURINO V. Stochastic optimization of linear sparse arrays[J]. IEEE journal of oceanic engineering, 1999, 24(3): 291-299.

[10] LIU X H, SUN C, YANG Y X, et al. Low complexity MIMO sonar imaging using a virtual sparse linear array[J]. Journal of systems engineering and electronics, 2016, 2(27): 96-104.

[11] 潘浩, 孙超, 刘雄厚. 基于模拟退火算法的柱面阵列稀疏优化[J]. 声学技术, 2013, 32(5): 365-367.

[12] KIRKEBΦ J E, AUSTENG A. Sparse cylindrical sonar arrays[J]. IEEE journal of oceanic engineering, 2008, 33(2): 224-231.

[13] GABEL R A, KURTH R R. Hybrid time-delay/phase-shift digital beamforming for uniform collinear arrays[J]. Journal of the acoustical society of America, 1984, 75(6): 1837-1847.

[14] LIU X H, SUN C, YANG Y X, et al. Compensating for intensity loss in a large-aperture MIMO sonar imaging system[J]. Journal of systems engineering and electronics, 2016, 27(1): 63-71.

[15] LIU X H, SUN C, YANG Y X, et al. Hybrid phase shift and shifted sideband beamforming for large-aperture MIMO sonar imaging[J]. IET radar, sonar & navigation, 2017, 11(12): 1782-1789.

第7章 基于时间分集的 MIMO 声呐成像方法

MIMO 声呐在发射端同步发射多个正交波形对水下目标场景进行照射。由于正交波形的回波在时间上无法分开，在接收端需要利用匹配滤波处理进行回波分选，因此，MIMO 声呐成像结果受到互相关函数形成的距离维旁瓣干扰。MIMO 声呐使用的发射阵元越多，产生的互相关干扰就越严重。针对这一问题，本章研究采用多个脉冲周期的时间分集 MIMO 声呐成像方法。时间分集 MIMO 声呐使用多个脉冲周期发射与接收的工作方式，在每个周期内仅开启一个发射换能器，且不同周期内开启不同的发射换能器。由于分时发射，时间分集 MIMO 声呐可以在时间上将回波分开，从而去除成像结果中的互相关干扰。本章将给出时间分集 MIMO 声呐的信号模型，推导时间分集 MIMO 声呐的虚拟阵元坐标解析解，给出时间分集 MIMO 声呐的成像流程。进一步将时间分集与频率分集相结合，提出同时提高角度分辨率、距离分辨率的联合分集成像方法，给出该方法的信号发射方案和成像流程。

7.1 时间分集 MIMO 声呐的基本概念

在波形分集工作模式下，MIMO 声呐在一个周期内同步发射 M 个相互正交的信号[1-13]。在时间分集工作模式下，MIMO 声呐的 M 个发射阵元依次发射相同的信号，并且一个周期内仅开启 1 个发射阵元。因此，时间分集 MIMO 声呐需使用 M 个发射周期完成所有信号的发射[14]。时间分集 MIMO 声呐的阵列系统模型如图 7.1 所示，对应的时间分集发射模式如图 7.2 所示。图 7.2 中，MIMO 声呐每次使用不同的发射阵元发射信号，发射周期之间的时间间隔为 T_P。

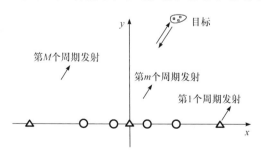

图 7.1 时间分集 MIMO 声呐的阵列系统模型

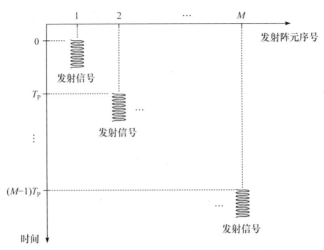

图 7.2　时间分集 MIMO 声呐的信号发射示意图

考虑远场环境，在时间分集工作模式下，M 发 N 收 MIMO 声呐需要进行 M 次发射与接收。在第 $m(m=1,2,\cdots,M)$ 次发射与接收中，MIMO 声呐中第 n 个接收阵元上的回波可表示为

$$x_n^m(t) = \sigma_{mn}s_0\big[t-\tau_{tm}-\tau_{rn}-(m-1)T_{\mathrm{P}}\big] + z_n^m\big[t-(m-1)T_{\mathrm{P}}\big] \tag{7.1}$$

式中，$s_0(t)$ 为时间分集工作模式下的发射信号，该信号在 M 个周期内是相同的；$z_n^m(t)$ 为第 m 次发射与接收周期中第 n 个接收阵元上的噪声。

所有的 M 次发射与接收完成后，第 n 个接收阵元接收到的 M 个周期的回波可表示为

$$\begin{aligned}
x_n(t) &= \sum_{m=1}^{M} x_n^m(t) \\
&= \sum_{m=1}^{M}\Big\{\sigma_{mn}s_0\big[t-\tau_{tm}-\tau_{rn}-(m-1)T_{\mathrm{P}}\big] + z_n^m\big[t-(m-1)T_{\mathrm{P}}\big]\Big\}
\end{aligned} \tag{7.2}$$

由式(7.2)可知，在 MIMO 声呐第 n 个接收阵元上，M 次接收的回波在时域上按照先后顺序排列。此时，第 m 个发射阵元到第 n 个接收阵元的信号传播时延为

$$\tau_{mn} = \tau_{tm} + \tau_{rn} + (m-1)T_{\mathrm{P}} \tag{7.3}$$

对接收信号以周期 T_{P} 为间隔进行截取，可将不同发射阵元所对应的回波进行分离，经过回波时域校正、重组得到 MN 元虚拟阵列上的回波。时间分集 MIMO 声呐的时域截断和回波重组过程如图 7.3 所示。

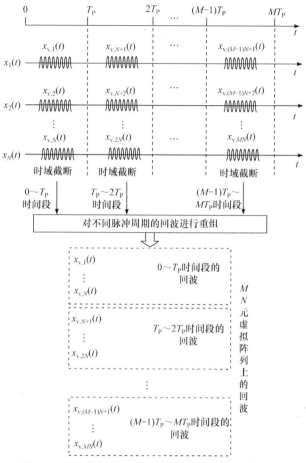

图 7.3 时间分集 MIMO 声呐的回波截断和重组过程

MN 元虚拟阵列中，第 $[(m-1)N+n]$ 个虚拟阵元上的回波对应着第 m 次发射与接收周期中第 n 个接收阵元上的回波，可表示为

$$x_{v,(m-1)N+n}(t) = \sigma_{mn} s_0(t - \tau_{tm} - \tau_{rn}) + z_n^m(t) \tag{7.4}$$

对这些虚拟阵元上的接收信号进行波束形成处理即可获取目标强度信息，得到成像输出。

7.2 时间分集 MIMO 声呐高分辨成像方法

7.2.1 时间分集 MIMO 声呐阵型设计

MIMO 声呐阵型设计的主要目的在于使用小规模阵列获得更多的自由度和

更高的角度分辨率。由于需要同时考虑发射阵列和接收阵列，因此相比于传统 SIMO 声呐，MIMO 声呐的阵型设计问题更为复杂。针对 MIMO 声呐阵型设计的问题，已有的研究已经给出了 MIMO 阵列的等效线阵、面阵、体积阵的形成过程[1,4,6-7,9-12]。本小节对时间分集 MIMO 声呐的阵型设计进行讨论，在阵元数目和阵列尺寸有限的约束条件下，提高成像声呐的角度分辨率。

1. 虚拟阵元

为提高阵列孔径，MIMO 声呐常用的方法是发射端发射时域上相互正交的信号，在接收端，每个接收阵元进行匹配滤波，分离出不同发射阵元所对应正交信号的回波。经匹配滤波处理后可得 MN 路输出，其等效于 1 发 MN 收虚拟 SIMO 声呐的脉冲压缩输出。时间分集 MIMO 声呐通过时域截断实现回波分离，从而获得 MN 路输出，因此可以等效为 1 发 MN 收虚拟 SIMO 声呐上的回波(非脉冲压缩输出)。如果时间分集 MIMO 声呐和波形分集 MIMO 声呐使用相同的阵列，则二者具有相同的虚拟 SIMO 声呐。下面给出时间分集 MIMO 声呐虚拟阵元的推导过程。

根据式(7.3)，去掉发射周期之间的时延后，MN 个发射接收阵元组合都对应一组时间延迟：$\tau_{mn} = \tau_{tm} + \tau_{rn}$。于是，$MN$ 路信号的时延可表示为

$$\tau = \begin{bmatrix} \tau_{t1} + \tau_{r1} & \tau_{t1} + \tau_{r2} & \cdots & \tau_{t1} + \tau_{rN} & \tau_{t2} + \tau_{r1} & \tau_{t2} + \tau_{r2} & \cdots & \tau_{tM} + \tau_{rN} \end{bmatrix}^{\mathrm{T}} \quad (7.5)$$

考虑远场条件和窄带信号模型，与式(7.5)中时延相对应的阵列流形向量为

$$a_{\mathrm{v}} = \begin{bmatrix} \exp\left[-\mathrm{j}\omega_0\left(\tau_{t1} + \tau_{r1}\right)\right] \\ \exp\left[-\mathrm{j}\omega_0\left(\tau_{t1} + \tau_{r2}\right)\right] \\ \vdots \\ \exp\left[-\mathrm{j}\omega_0\left(\tau_{tM} + \tau_{rN}\right)\right] \end{bmatrix} \quad (7.6)$$

式中，a_{v} 为 $MN \times 1$ 维的列向量；ω_0 为信号载频的角频率。

M 元发射阵列的阵列流形向量可表示为 $M \times 1$ 维的列向量，即

$$a_{\mathrm{t}} = \begin{bmatrix} \exp(-\mathrm{j}w_0\tau_{t1}) & \exp(-\mathrm{j}w_0\tau_{t2}) & \cdots & \exp(-\mathrm{j}w_0\tau_{tM}) \end{bmatrix}^{\mathrm{T}} \quad (7.7)$$

类似地，N 元接收阵列的阵列流形向量可表示为 $N \times 1$ 维的列向量，即

$$a_{\mathrm{r}} = \begin{bmatrix} \exp(-\mathrm{j}w_0\tau_{r1}) & \exp(-\mathrm{j}w_0\tau_{r2}) & \cdots & \exp(-\mathrm{j}w_0\tau_{rN}) \end{bmatrix}^{\mathrm{T}} \quad (7.8)$$

根据式(7.6)~式(7.8)，得到 MN 元虚拟阵列的阵列流形向量，即

$$a_{\mathrm{v}} = a_{\mathrm{t}} \otimes a_{\mathrm{r}} \quad (7.9)$$

其中，$\otimes$ 表示 Kronecker 积。式(7.9)即空间卷积原理的表达式。

根据空间卷积原理，得到时间分集 MIMO 声呐的等效虚拟 SIMO 阵型。设目标方位角为 θ，参考阵元位于坐标原点，到达目标的信号传播时延为 τ。在二维坐标系下，第 m 个发射阵元到参考阵元的波程差对应的时延量为 $\Delta_{tm} = x_{tm}\sin\theta/c$，第 n 个接收阵元到参考阵元的信号波程对应的时延量为 $\Delta_{rn} = x_{rn}\sin\theta/c$。据此得到

$$\begin{cases} \tau_{tm} = \tau + \Delta_{tm} \\ \tau_{rn} = \tau + \Delta_{rn} \\ \tau_{mn} = \tau_{tm} + \tau_{rn} = 2\tau + \Delta_{tm} + \Delta_{rn} + (m-1)T_{\mathrm{P}} \end{cases} \tag{7.10}$$

对接收信号以时间间隔 T_{P} 进行时域截断处理，从 N 元接收阵元中每个接收阵元上分离出 M 个发射阵元对应的信号回波，得到 MN 路信号。消除不同脉冲发射周期之间的时延差 $(m-1)T_{\mathrm{P}}$，得到

$$\tau_{mn} = \tau_{tm} + \tau_{rn} = 2\tau + \Delta_{tm} + \Delta_{rn} \tag{7.11}$$

根据式(7.11)，将式(7.6)进一步表示为

$$\begin{aligned} \boldsymbol{a}_{\mathrm{v}} &= \left\{ \exp\left[-\mathrm{j}\omega_0\left(2\tau + \Delta_1 + \Delta_1\right)\right], \cdots, \exp\left[-\mathrm{j}\omega_0\left(2\tau + \Delta_M + \Delta_N\right)\right] \right\}^{\mathrm{T}} \\ &= \left\{ \exp\left[-\mathrm{j}\omega_0\left(\Delta_1 + \Delta_1\right)\right], \cdots, \exp\left[-\mathrm{j}\omega_0\left(\Delta_M + \Delta_N\right)\right] \right\}^{\mathrm{T}} \times \exp(-\mathrm{j}\omega_0 2\tau) \end{aligned} \tag{7.12}$$

式(7.7)的发射阵列流形向量可表示为

$$\begin{aligned} \boldsymbol{a}_{\mathrm{t}} &= \left\{ \exp\left[-\mathrm{j}\omega_0\left(\tau + \Delta_1\right)\right], \exp\left[-\mathrm{j}\omega_0\left(\tau + \Delta_2\right)\right], \cdots, \exp\left[-\mathrm{j}\omega_0\left(\tau + \Delta_M\right)\right] \right\}^{\mathrm{T}} \\ &= \left[\exp(-\mathrm{j}\omega_0\Delta_1), \exp(-\mathrm{j}\omega_0\Delta_2), \cdots, \exp(-\mathrm{j}\omega_0\Delta_M) \right]^{\mathrm{T}} \times \exp(-\mathrm{j}\omega_0\tau) \end{aligned} \tag{7.13}$$

式(7.8)的接收阵列流形向量可表示为

$$\begin{aligned} \boldsymbol{a}_{\mathrm{r}} &= \left\{ \exp\left[-\mathrm{j}\omega_0\left(\tau + \Delta_1\right)\right], \exp\left[-\mathrm{j}\omega_0\left(\tau + \Delta_2\right)\right], \cdots, \exp\left[-\mathrm{j}\omega_0\left(\tau + \Delta_N\right)\right] \right\}^{\mathrm{T}} \\ &= \left[\exp(-\mathrm{j}\omega_0\Delta_1), \exp(-\mathrm{j}\omega_0\Delta_2), \cdots, \exp(-\mathrm{j}\omega_0\Delta_N) \right]^{\mathrm{T}} \times \exp(-\mathrm{j}\omega_0\tau) \end{aligned} \tag{7.14}$$

利用式(7.9)的直积表达式，得到 $\boldsymbol{a}_{\mathrm{v}}$ 中的元素与 $\boldsymbol{a}_{\mathrm{t}}$ 和 $\boldsymbol{a}_{\mathrm{r}}$ 中的元素的对应关系，即

$$\exp\left[-\mathrm{j}\omega_0\left(2\tau + \Delta_{tm} + \Delta_{rn}\right)\right] = \exp\left[-\mathrm{j}\omega_0\left(\tau + \Delta_{tm}\right)\right]\exp\left[-\mathrm{j}\omega_0\left(\tau + \Delta_{rn}\right)\right] \tag{7.15}$$

等式两边约去共同项 $\exp(-\mathrm{j}\omega_0 2\tau)$，代入发射阵列和接收阵列的阵元坐标，得到

$$\begin{aligned} \exp\left[-\mathrm{j}\omega_0\left(\Delta_{tm} + \Delta_{rn}\right)\right] &= \exp(-\mathrm{j}\omega_0\Delta_{tm})\exp(-\mathrm{j}\omega_0\Delta_{rn}) \\ &= \exp(-\mathrm{j}\omega_0 x_{tm}\sin\theta/c)\exp(-\mathrm{j}\omega_0 x_{rn}\sin\theta/c) \\ &= \exp\left[-\mathrm{j}\omega_0\left(x_{tm} + x_{rn}\right)\sin\theta/c\right] \end{aligned} \tag{7.16}$$

式(7.16)表明，经过时域截断和回波重组后，所获得的 MN 个通道的相移中，第 $[(m-1)N+n]$ 个相移可表示为 $\exp\left[-\mathrm{j}\omega_0\left(x_{\mathrm{t}m}+x_{\mathrm{r}n}\right)\sin\theta/c\right]$，其对应着一个虚拟阵元。该虚拟阵元的坐标位置为发射阵元和接收阵元之和。

考虑二维坐标系，设 $\boldsymbol{x}^{\mathrm{v,t}}$ 为虚拟 SIMO 声呐的发射阵元坐标向量，$\boldsymbol{x}^{\mathrm{v,r}}_{(m-1)N+n}$ 表示第 $(m-1)N+n$ 个虚拟 SIMO 声呐接收阵元坐标向量，令 $\boldsymbol{x}^{\mathrm{v,t}}$ 位于坐标原点，则有

$$\begin{cases} \boldsymbol{x}^{\mathrm{v,t}} = \left[0,0\right]^{\mathrm{T}} \\ \boldsymbol{x}^{\mathrm{v,r}}_{(m-1)N+n} = \left[x_{\mathrm{t}m}+x_{\mathrm{r}n},0\right]^{\mathrm{T}} \end{cases} \tag{7.17}$$

2. 阵列设计

由式(7.17)可知，与时间分集 MIMO 声呐对应的虚拟 SIMO 声呐的接收阵元坐标为实际发射、接收阵元坐标向量之和。时间分集 MIMO 声呐和波形分集 MIMO 声呐具有相同的虚拟阵元。当使用同一套发射阵列和接收阵列时，两者具有相同的虚拟阵列。因此，时间分集 MIMO 声呐的阵列设计准则与波形分集 MIMO 声呐的阵列设计的基本准则相同。

在时间分集 MIMO 声呐成像中，期望在实际阵元数量尽可能少的情况下，最大程度地增大成像声呐的角度分辨率，即最大化虚拟 SIMO 声呐的孔径。因此，理论上，第 3 章所设计的多种 MIMO 声呐阵列均可以用于时间分集 MIMO 声呐。但是，由于时间分集 MIMO 声呐使用多脉冲处理，且脉冲数等于发射阵元数，当使用太多发射阵元时，需要使用的脉冲数量过大，成像时间过长，这与实时成像的要求是相矛盾的，也不利于对水下变化的场景进行成像。综上所述，在设计时间分集 MIMO 声呐的阵型时，需要对发射阵元个数进行严格限制，以减少脉冲个数，从而缩短成像时间。

以二维扇扫成像为例，给出所设计的时间分集 MIMO 声呐阵型。假设为了保证成像过程的实时性，要求时间分集 MIMO 声呐的脉冲周期数不超过 3。根据这一要求，将时间分集 MIMO 声呐的发射阵元个数设为小值(如 2、3)较为合理。

设时间分集 MIMO 声呐的发射阵元间距为 d_{t}，接收阵元间距为 d_{r}，给出几种 MIMO 声呐布阵方式及其相应的等效阵型和波束图，以分析时间分集 MIMO 声呐在不同阵型下的性能。为了进行性能对比，给出了常规 SIMO 声呐的波束图(常规 SIMO 声呐和 MIMO 声呐使用相同的接收阵列)。同时，为了清晰展示空间卷积过程，阵列设计示例中的 MIMO 声呐发射阵元数和接收阵元数较少。

1) $M=2$，$d_{\mathrm{t}}<Nd_{\mathrm{r}}$

令发射阵元间距和接收阵元间距满足 $d_{\mathrm{t}}=1.5d_{\mathrm{r}}$。远场条件下，采用该阵元间

距的时间分集 MIMO 声呐的布阵方式如图 7.4 所示。该种布阵方式下，等效虚拟阵列的空间卷积合成过程如图 7.5 所示[13]。

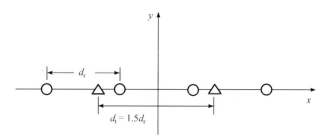

图 7.4 时间分集 MIMO 声呐阵型(2 发 4 收，$d_t = 1.5d_r$)

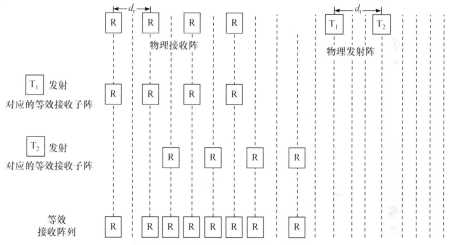

图 7.5 等效虚拟阵空间卷积过程(2 发 4 收，$d_t = 1.5d_r$)

由图 7.5 可知，进行空间卷积处理后，较之于实际的 2 发 4 收物理接收阵，所得 1 发 8 收虚拟 SIMO 声呐中接收阵列的阵元密度增加。一般而言，阵列空间采样能力由信号波长与阵元间距决定。为避免空间欠采样，传统声呐系统中接收阵元间距 d_r 的取值一般满足 $d_r \leqslant \lambda/2$。但是，在图 7.4 时间分集 MIMO 声呐布阵方式中，接收阵元间距不需要严格满足 $d_r \leqslant \lambda/2$。只要对图 7.4 中时间分集 MIMO 声呐的发射阵元间距、接收阵元间距进行联合优化设计，即便阵元间距大于半波长，也可获得阵元间距满足要求的等效虚拟 SIMO 声呐，从而避免空间欠采样产生的栅瓣或高旁瓣。

下面利用波束图对时间分集 MIMO 声呐的布阵情况与阵列性能进行分析。波束图仿真中，设信号频率为 75kHz，接收阵元间距为采样信号的 1 倍波长，即 $d_r = \lambda$。发射阵元间距为1.5倍波长，即 $d_t = 1.5d_r = 1.5\lambda$。时间分集 MIMO 声呐(由

2 个发射阵元和 4 元接收阵列组成)和常规 SIMO 声呐(由 1 个发射阵元和 4 元接收阵列组成)的波束图如图 7.6 所示。由图 7.6 可知,由于接收阵元间距大于半波长,SIMO 声呐的波束图出现了栅瓣,而 MIMO 声呐波束图并无栅瓣。这是因为,此时 2 发 4 收时间分集 MIMO 声呐等效于 1 发 8 收虚拟 SIMO 声呐。该 1 发 8 收虚拟 SIMO 声呐的接收阵列为稀疏阵列,其中位于中间位置的 6 个接收阵元之间的间距为半波长,而两端阵元间距为 1 倍波长,从而保证了使用此阵型的 MIMO 声呐可以有效抑制栅瓣。

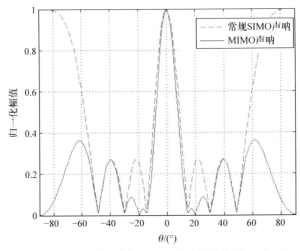

图 7.6 时间分集 MIMO 声呐和常规 SIMO 声呐的波束图(2 发 4 收,$d_t = 1.5d_r$)

2) $M = 2$,$d_t = Nd_r$

令发射阵元间距和接收阵元间距满足 $d_t = Nd_r$。以 2 发 4 收时间分集 MIMO 声呐为例,此时发射和接收阵元间距满足 $d_t = 4d_r$。该阵型即第 3 章式(3.23)所给出的使得阵列孔径最大化的 MIMO 声呐阵型。时间分集 MIMO 声呐阵型如图 7.7 所示,等效虚拟阵空间卷积的合成过程如图 7.8 所示[13]。

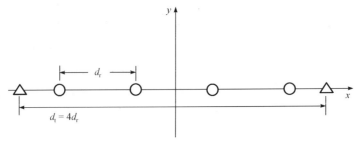

图 7.7 时间分集 MIMO 声呐阵型(2 发 4 收,$d_t = 4d_r$)

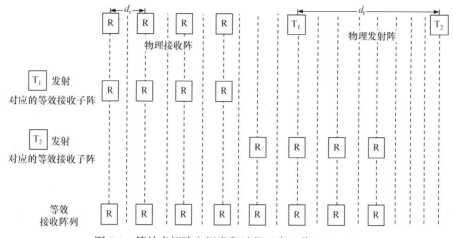

图 7.8 等效虚拟阵空间卷积过程(2 发 4 收，$d_t = 4d_r$)

使用图 7.7 的布阵方式,所获得的等效虚拟 SIMO 声呐的孔径得到了最大化,其值约为 2 倍的物理接收阵列的孔径。MIMO 声呐(由 2 个发射阵元和 4 元接收阵列组成)和常规 SIMO 声呐(由 1 个发射阵元和 4 元接收阵列组成)对应的波束图如图 7.9 所示。根据图 7.9 可知,当发射阵列和接收阵列的阵元间距满足 $d_t = 4d_r$ 时,可将时间分集 MIMO 声呐的波束图主瓣宽度约减小为常规 SIMO 声呐波束图主瓣宽度的 1/2。此时,时间分集 MIMO 声呐阵列尺寸与常规 SIMO 声呐相同,但是前者的角度分辨率是后者的 2 倍。

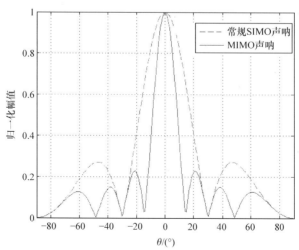

图 7.9 时间分集 MIMO 声呐和常规 SIMO 声呐的波束图(2 发 4 收，$d_t = 4d_r$)

3) $M = 3$，$d_t = Nd_r$

由前文 $M = 2$ 时的情况可知，为保证虚拟 SIMO 声呐的接收阵列为均匀直线阵,时间分集 MIMO 声呐的发射阵元间距和接收阵元间距需满足 $d_t = N d_r$。此处考虑 $M = 3$ 的情况,以 3 发 3 收的时间分集 MIMO 声呐为例,分析其布阵情况和波束图性能。3 发 3 收时间分集 MIMO 声呐的阵型结构如图 7.10 所示,其等效虚拟阵的空间卷积合成过程如图 7.11 所示[13],时间分集 MIMO 声呐(由 3 个发射阵元和 3 元接收阵组成)与常规 SIMO 声呐(由 1 个发射阵元和 3 元接收阵组成)的波束图如图 7.12 所示。

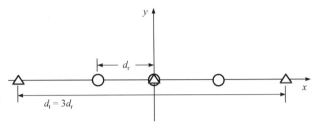

图 7.10　时间分集 MIMO 声呐阵型(3 发 3 收, $d_t = 3d_r$)

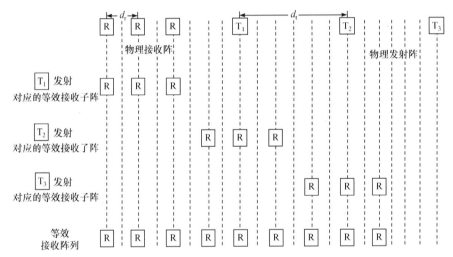

图 7.11　等效虚拟阵空间卷积过程(3 发 3 收, $d_t = 3d_r$)

由图 7.12 可知,使用 3 元发射时,时间分集 MIMO 声呐的主瓣宽度约为常规 SIMO 声呐的 1/3,即前者孔径约是后者的 3 倍。与图 7.7 中 2 元发射的阵型相比,3 元发射时 MIMO 声呐的孔径提升效果更明显。但是,3 元发射需要使用 3 个发射周期,比 2 元发射所需的 2 个发射周期更长。这意味着成像结果实时性下降,成像结果也更容易受脉冲间的信道起伏、平台相对运动误差(假设 MIMO 声呐安装于 AUV 等水下运动平台上)等不利因素的影响。因此,在实际使用时选择 2 元发射还是 3 元发射,需要在阵列尺寸、阵列孔径、系统成本、成像性能之间进行折中设计。

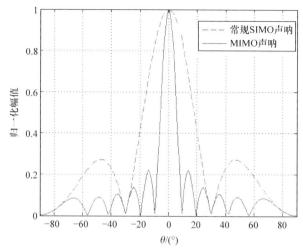

图 7.12　时间分集 MIMO 声呐和常规 SIMO 声呐的波束图(3 发 3 收，$d_t = 3d_r$)

4) 发射阵元和接收阵元重叠

令发射阵元间距与接收阵元间距相等，即满足 $d_t = d_r$。以 2 发 4 收时间分集 MIMO 声呐为例，其阵型结构如图 7.13 所示[13]，等效虚拟阵列的空间卷积合成过程如图 7.14 所示。

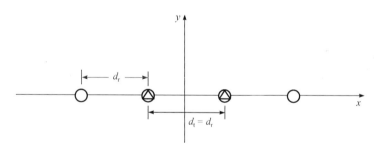

图 7.13　时间分集 MIMO 声呐阵型(2 发 4 收，$d_t = d_r$)

由图 7.14 可知，虚拟 SIMO 声呐的第 2～4 个阵元位置上有 2 个虚拟阵元，这说明虚拟阵元位置发生了重叠。该布阵方式下的 MIMO 声呐(由 2 个发射阵元和 4 元接收阵列组成)波束图与常规 SIMO 声呐(由 1 个发射阵元和 4 元接收阵列组成)的波束图如图 7.15 所示。由图 7.15 可知，时间分集 MIMO 声呐的波束图与常规 SIMO 声呐的波束图主瓣几乎重合，但是前者的旁瓣水平下降。事实上，位置的重叠等价于对接收信号进行整数倍的幅度加权(加窗处理)，因此 MIMO 声呐的旁瓣级更低。此外，与图 7.7 和图 7.10 的布阵方式相比，图 7.13 布阵方式所等效虚拟 SIMO 声呐的阵列孔径并未增到最大。从这个角度而言，这种布阵方式并未显著增大阵列孔径，不利于高分辨成像。

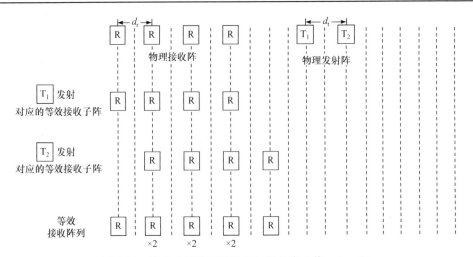

图 7.14 等效虚拟阵空间卷积过程(2 发 4 收，$d_t = d_r$)

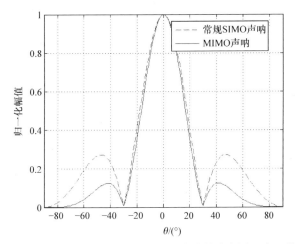

图 7.15 时间分集 MIMO 声呐和常规 SIMO 声呐的波束图(2 发 4 收，$d_t = d_r$)

对比分析四种时间分集 MIMO 声呐的布阵方式，得到以下结果。

(1) 相对于图 7.4 的阵型，图 7.7 和图 7.10 的阵型(阵元间距之间的关系满足 $d_t = Nd_r$)最大程度地增加了虚拟阵列孔径。

(2) 图 7.13 的阵型(阵元间距之间的关系满足 $d_t = d_r$)会产生虚拟阵元重叠，造成了阵列孔径的浪费，因此在高分辨成像时并不可取。

(3) 为了达到最大化阵列孔径、最小化发射周期的目的，图 7.7 中 2 元发射阵型可以作为理想的阵型。该阵型中阵元间距之间的关系满足 $d_t = Nd_r$，据此设计的 MIMO 声呐的阵列尺寸与 SIMO 声呐的相同，且信号发射周期为 2，获得的孔径是等尺寸 SIMO 声呐的 2 倍。

7.2.2 时间分集 MIMO 声呐波形与成像流程

不同于波形分集 MIMO 声呐同时发射正交信号的工作方式,时间分集 MIMO 声呐按照时间先后顺序发射信号,且每次发射时只使用 1 个发射阵元。因此,时间分集 MIMO 声呐中每个发射信号的回波在时间上相互分开,无需使用匹配滤波进行回波分选。据此可知,时间分集 MIMO 声呐无需使用正交波形,可以在多个发射周期之间使用同一个发射信号,比如使用传统 SIMO 声呐常用的 CW 脉冲信号、LFM 脉冲信号等。

当发射信号使用脉宽为 T 、中心频率为 f_0 的 CW 脉冲信号时,发射信号的表达式为

$$s(t) = \begin{cases} e^{j2\pi f_0 t}, & 0 < t < T \\ 0, & 其他 \end{cases} \tag{7.18}$$

当发射信号使用脉宽为 T 、中心频率为 f_0 、带宽为 B_0 的 LFM 脉冲信号时,发射信号的表达式为

$$s(t) = \begin{cases} \exp\left[j2\pi\left(-0.5Bt + \frac{0.5Bt^2}{T}\right)\right]e^{j2\pi f_0 t}, & 0 < t \leqslant T \\ 0, & 其他 \end{cases} \tag{7.19}$$

以二维成像为例,给出时间分集 MIMO 声呐的成像流程。在时间分集 MIMO 声呐中,发射信号的时间间隔为 T_P,即发射周期为 T_P。

无论时间分集 MIMO 声呐使用 CW 脉冲信号还是 LFM 脉冲信号,第 m 个发射阵元上的发射信号均可表示为

$$s_m(t) = s\left[t - (m-1)T_\mathrm{P}\right] \tag{7.20}$$

设目标场景中存在 P 个理想散射点。结合式(3.3),经过 M 个周期的发射与接收,此时时间分集 MIMO 声呐中第 n 个接收阵元上的回波信号为

$$x_n(t) = \sum_{p=1}^{P}\sigma_p\sum_{m=1}^{M}s\left[t-(m-1)T_\mathrm{P}-\tau_{tm}^p-\tau_{rn}^p\right] + z_n(t) \tag{7.21}$$

其中, σ_p 、 τ_{tm}^p 、 τ_{rn}^p 、 $z_n(t)$ 已经在式(3.3)中给出。与第 3 章中式(3.3)相比,式(7.21)的回波中每个周期都有时间延迟项 $(m-1)T_\mathrm{P}$,且每个周期都是使用相同的信号波形 $s(t)$。

波形分集 MIMO 声呐使用匹配滤波的重要原因之一是需要对不同正交波形的回波进行分选。时间分集 MIMO 声呐采用时域截断方式进行回波分选,因此匹配滤波处理并非时间分集 MIMO 声呐的必须处理步骤。一般而言,当使用 CW

脉冲信号时，时间分集 MIMO 声呐无需对回波进行匹配滤波。当使用 LFM 脉冲信号时，需要对回波进行匹配滤波(脉冲压缩)，以改善距离分辨能力并提高成像结果的信噪比。不失一般性，此处依然对回波进行匹配滤波。假设信号与噪声互不相关，则噪声项的匹配滤波输出可以忽略。因此，时间分集 MIMO 声呐的匹配滤波输出可表示为

$$
\begin{aligned}
y_n(t) &= x_n(t) * \left[s(T-t) \right]^c \\
&= \sum_{p=1}^{P} \sigma_p \sum_{m=1}^{M} R_0 \left[t - (m-1)T_P - T - \tau_{tm}^p - \tau_{rn}^p \right]
\end{aligned}
\tag{7.22}
$$

根据图 7.3，将匹配滤波输出信号以时间间隔 T_P 进行时域截断处理。去掉匹配滤波的公共时延 T，第 n 个接收阵元上的第 m 组时域截断获得的回波可表示为

$$
x_{v,(m-1)N+n}(t) = y_n \left[t + (m-1)T_P \right]
\tag{7.23}
$$

利用时域截断处理，共获得 MN 组信号。根据图 7.3 对这些时域截断获得的信号进行回波重组，使之对应于虚拟 SIMO 声呐的 MN 个接收阵元。根据虚拟 SIMO 声呐的阵型，选用合适的波束形成器，获得 Q 个波束输出。设虚拟 SIMO 声呐的接收阵列为均匀直线阵，此时第 q 个波束输出可表示为

$$
B_q(t) = \sum_{m=1}^{M} \sum_{n=1}^{N} x_{v,(m-1)N+n}(t) e^{2\pi f_0 \left[(m-1)N+n-1 \right] d_r \sin(\theta_q)/c}, \quad q = 1, 2, \cdots, Q
\tag{7.24}
$$

其中，θ_q 为第 q 个波束扫描角(与直线阵法线方向的夹角)。

综上所述，时间分集 MIMO 声呐的成像处理流程如图 7.16 所示。

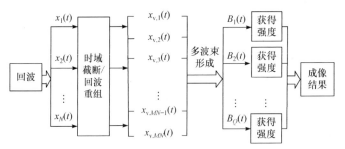

图 7.16 时间分集 MIMO 声呐的成像处理流程

7.2.3 仿真与分析

仿真中使用 2 发 32 收的时间分集 MIMO 声呐。发射阵元间距与接收阵元间距满足 $d_t = 32d_r$，其中 d_r 为发射信号中心频率对应的半波长。该时间分集 MIMO 声呐使用 2 个发射周期，每个周期使用脉宽为 10ms、带宽为 20kHz、中心频率 $f_0 =$

400kHz 的 LFM 脉冲信号。为进行性能对比,采用与 MIMO 声呐等角度分辨率的 1 发 64 收 SIMO 声呐进行成像仿真。SIMO 声呐与时间分集 MIMO 声呐使用同一个 LFM 脉冲信号。

仿真中的目标参数与 4.1.5 小节相同。接收阵元上的噪声为加性高斯白噪声,带内(390~410kHz)信噪比(信号功率与噪声功率之比)设为 10dB。在处理回波时,解调频率设为 380kHz,采样频率设为 200kHz。使用相移波束形成器对时域截断、重组后的回波进行多波束处理。波束指向角从–45°到45°,间隔为1°,共形成 91 个波束。阵列幅度加权采用旁瓣级为–25dB 的 Chebyshev 窗。对波束输出进行归一化处理。

仿真所得 MIMO 声呐和 SIMO 声呐的二维扇扫成像结果(等高线图)如图 7.17 所示。图 7.17(a)和(b)分别是 MIMO 声呐在第 1 周期和第 2 周期的二维扇扫图。从图 7.17(a)和(b)可知,每个周期内时间分集 MIMO 声呐的成像角度分辨率低,由 32 元接收 ULA 的孔径决定。图 7.17(c)是 2 发 32 收时间分集 MIMO 声呐将 2 个周期回波进行时域截断、虚拟阵波束形成后得到的二维扇扫图。图 7.17(d)是 1 发 64 收 SIMO 声呐的二维扇扫图。对比图 7.17(c)和(d)可知,2 发 32 收时间分集 MIMO 声呐与 1 发 64 收 SIMO 声呐具有几乎相同的扇扫成像结果,但是 MIMO

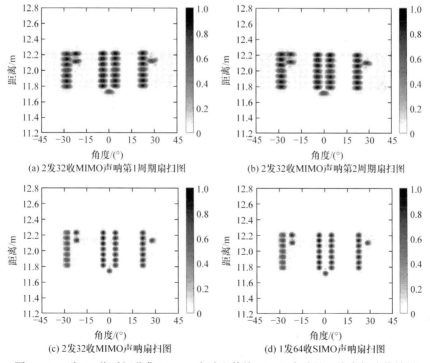

(a) 2发32收MIMO声呐第1周期扇扫图

(b) 2发32收MIMO声呐第2周期扇扫图

(c) 2发32收MIMO声呐扇扫图

(d) 1发64收SIMO声呐扇扫图

图 7.17 2 发 32 收时间分集 MIMO 声呐和传统 SIMO 声呐的二维扇扫成像结果

声呐使用的阵元数和阵列尺寸约为 SIMO 声呐的一半。图 7.17 的结果说明 2 发 32 收时间分集 MIMO 声呐可以获得与 1 发 64 收传统 SIMO 声呐类似的成像性能。需要说明的是，此处 2 发 32 收时间分集 MIMO 声呐需要使用 2 个周期来获得二维扇扫图，因此在成像效率上不如波形分集 MIMO 声呐。但是，时间分集 MIMO 声呐的成像结果中没有互相干函数干扰，因此无需使用正交波形，使用传统成像声呐常用的 CW 脉冲信号、LFM 脉冲信号即可进行水下目标成像。

7.3 时间和波形联合分集成像方法

7.3.1 时间分集的不足

时间分集 MIMO 声呐利用足够长的发射周期间隔避免回波在时域上重叠，其成像结果中没有互相关函数所造成的距离维旁瓣干扰，但是其成像所需的发射周期过长，对实时成像不利。

波形分集 MIMO 声呐可以在一个周期内完成对目标场景的成像，但是其成像结果中包含着互相关函数形成的距离维旁瓣干扰。此外，波形分集 MIMO 声呐在提高角度分辨率(基于虚拟阵列的 MIMO 声呐成像方法)和提高距离分辨率(基于带宽合成的 MIMO 声呐成像方法)时，两者所用的阵型不同，难以使用同一套 MIMO 声呐阵型达到同时提高角度分辨率和距离分辨率的目的。

为抑制成像结果中的互相关函数干扰、同时提高角度分辨率和距离分辨率，本节将时间分集技术与波形分集技术相结合，提出时间和波形联合分集 MIMO 声呐成像方法[13]。该方法可发挥两种分集技术各自的优势，同时在一定程度上克服两者的缺点，从而达到有效改善成像性能的目的。

7.3.2 抑制互相干函数干扰

1. 信号发射方案

利用时间分集和波形分集进行相关干扰抑制的基本策略是：减少每个周期中开启的发射阵元数。设此时 MIMO 声呐的发射阵元数为 M_0，接收阵元数为 N。

在成像过程中，设一个周期内开启的发射阵元数为 M，进行 L 个周期的发射，且总共发射的信号数量为 M_0，三者之间的关系满足：

$$M_0 = M \times L \tag{7.25}$$

时间和波形联合分集 MIMO 声呐的信号发射策略如图 7.18 所示。在一个发射周期内，仅激活 M_0 个发射阵元中的 M 个。各个周期之间所激活的 M 个发射阵元互不相同。L 个周期后，所有 M_0 个发射阵元均得到了使用，且每个发射阵元都发射了 1 次正交信号。因此，与波形分集 MIMO 声呐在 1 个周期内发射 M_0 个正交信号(同时开启所有 M_0 个发射阵元)的工作方式相比，时间和波形联合分集 MIMO 声呐在 1 个周期仅发射 M 个正交信号，使得一个周期内的互相干干扰数量降低了 L 倍(信号数量由 M_0 降低为 M)，从而有效降低 MIMO 声呐成像结果中的距离维旁瓣。与时间分集 MIMO 声呐使用 M_0 个发射周期的工作方式相比，时间和波形联合分集 MIMO 声呐仅使用 L 个周期,所需成像时间降低了 M 倍(由 M_0 降低为 L)，从而有效提升了成像效率。

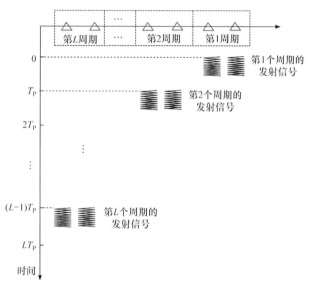

图 7.18 时间和波形联合分集 MIMO 声呐的信号发射策略

根据图 7.18 的发射策略，可以将 M_0 个正交信号分为 L 组，每组含有 M 个正交信号。具体可表示为

$$
\begin{bmatrix} s_1(t) \\ s_{1+L}(t) \\ \vdots \\ s_{1+(M-1)L}(t) \end{bmatrix} \begin{bmatrix} s_2(t) \\ s_{2+L}(t) \\ \vdots \\ s_{2+(M-1)L}(t) \end{bmatrix} \cdots \begin{bmatrix} s_L(t) \\ s_{2L}(t) \\ \vdots \\ s_{ML}(t) \end{bmatrix} \tag{7.26}
$$

第1个周期   第2个周期   第L个周期

由式(7.26)可知，时间和波形联合分集 MIMO 声呐利用多周期发射的方式，有效减少了一个周期内发射的正交信号数量。当使用基于虚拟阵列的成像方法时，所用正交波形主要为频带重合的正交编码序列。此时，利用时间分集的多周期发射，可以将波形分集 MIMO 声呐同步发射的正交信号数量从 M_0 降低为 M，

对应的互相关函数数量从 $C_{M_0}^2$ 减少为 C_M^2，从而可以有效降低互相关函数干扰。

2. 成像处理流程

以二维成像为例，给出时间和波形联合分集MIMO声呐的成像处理流程。设MIMO声呐由 M_0 元发射ULA和 N 元接收ULA组成，对应的阵型如图7.10所示。M_0 个发射阵元在每个周期内仅激活 M 个发射阵元。这激活的 M 个发射阵元同步发射 M 个正交信号，总共使用 L 个周期完成 M_0 个信号的发射。在第 $l(l=1,2,\cdots,L)$ 个周期内，第 $n(n=1,2,\cdots,N)$ 个接收阵元上的回波可表示为

$$x_n^l(t) = \sum_{p=1}^{P} \sigma_p \sum_{m=1}^{M} s_{(m-1)L+l}\left(t-\tau_{tm}^p-\tau_{rn}^p\right) + z_n^l(t) \tag{7.27}$$

其中，σ_p、τ_{tm}^p、τ_{rn}^p 已经在式(3.3)中给出，$s_{(m-1)L+l}(t)$ 为第 l 个周期中第 m 个发射阵元上的发射信号，$z_n^l(t)$ 为第 l 个周期中第 n 个接收阵元上的噪声。

第 l 个周期内，使用式(7.26)中第 l 组所包含的 M 个发射信号的拷贝对回波进行匹配滤波处理，得到 MN 个匹配滤波输出。使用第 m 个发射信号对第 n 个接收阵元上回波进行匹配滤波处理所得到的输出可表示为

$$y_{m,n}^l(t) = x_n(t) * h_{(m-1)L+l}(t) \tag{7.28}$$

其中，

$$h_{(m-1)L+l}(t) = \left[s_{(m-1)L+l}(T-t)\right]^c \tag{7.29}$$

为匹配滤波器的冲激响应函数。

由于充分减少了一个周期内所发射的信号数量，可以更好地抑制波形之间的互相关函数干扰，因此匹配滤波输出可以简化为自相关函数项，即

$$y_{m,n}^l(t) = \sum_{p=1}^{P} \sigma_p R_{(m-1)L+l,(m-1)L+l}\left(t-\tau_{tm}^p-\tau_{rn}^p-T\right) \tag{7.30}$$

将 MN 个匹配滤波输出看作是 MN 元虚拟阵上的回波。重复发射周期，获得所有 L 个周期上的匹配滤波输出。这 L 个周期共获得 L 组匹配滤波输出，每组包含 MN 个匹配滤波输出。按照时间先后顺序，对 L 组匹配滤波输出进行排列，总共获得 M_0N 个匹配滤波输出，可等效为 M_0N 元虚拟阵列上的回波(图7.19)。

对 M_0N 个匹配滤波输出进行波束形成，获得多波束输出结果。以相移波束形成为例，第 q 个波束输出可表示为

$$B_q(t) = \sum_{m_0=1}^{M_0} \sum_{n=1}^{N} \left(w_{m_0,n}^q\right)^c y_{m_0,n}^l(t) \tag{7.31}$$

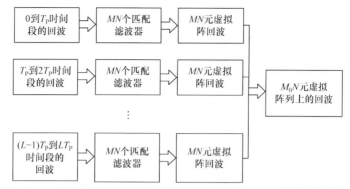

图 7.19 L 个周期的回波经过匹配滤波处理形成 M_0N 元虚拟阵列回波

其中,

$$w_{m_0,n}^q = a_{m_0,n} \exp\left[-j2\pi f_0 (m_0 d_t + n d_r) \sin\theta_q / c\right] \tag{7.32}$$

为复加权系数, $a_{m_0,n}$ 为对应的幅度加权系数。

3. 仿真与分析

仿真所用环境参数、目标参数、MIMO 声呐阵型与 4.1.5 小节中图 4.9 相同。波形分集 MIMO 声呐在 1 个周期内同时使用 8 个发射换能器发射 8 个多相编码线性调频信号。时间和波形联合分集 MIMO 声呐使用 4 个发射周期($L=4$),每个发射周期仅激活 2 个发射阵元($M=2$),每个周期内发射 2 个多相编码信号。波形分集 MIMO 声呐的成像结果如图 7.20(a)所示,其输出的二维扇扫图中存在大量的距离维旁瓣干扰。时间和波形联合分集 MIMO 声呐的成像结果如图 7.20(b)所示,其输出的二维扇扫图中距离维旁瓣干扰显著降低。经分析可知,使用 8 发 8 收阵型时,波形分集 MIMO 声呐在一个周期内的互相关函数数量为 28,而时间和波形联合分集 MIMO 声呐在一个周期内的互相关函数数量为 1,后者互相关函

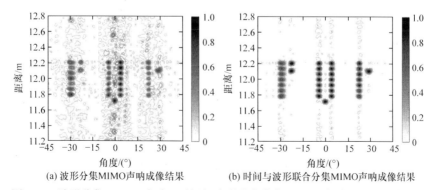

(a) 波形分集MIMO声呐成像结果　　(b) 时间与波形联合分集MIMO声呐成像结果

图 7.20　波形分集 MIMO 声呐、时间与波形联合分集 MIMO 声呐的二维成像结果

数的数量显著低于前者。因此，时间和波形联合分集 MIMO 声呐的成像结果具有更低的距离维旁瓣，从而获得更清晰的目标图像。

7.3.3　同时提高角度分辨率和距离分辨率

1. 信号发射方案

时间和波形联合分集 MIMO 声呐除了可以抑制互相关函数，也可以同时提高角度分辨率和距离分辨率。此时，需要同时利用时间分集技术和频率分集(波形分集的一种)技术。因此，为了表述的精准性，本小节将时间和波形联合分集 MIMO 声呐称为时间和频率联合分集 MIMO 声呐。

此时，MIMO 声呐由 M 元发射 ULA 和 N 元接收 ULA 组成。发射阵元间距 d_t 和接收阵元间距 d_r 之间的关系满足 $d_t = N d_r$。在该阵型下，MIMO 声呐可以获得最佳的角度分辨率。发射信号为一组 M 个 FD-LFM 脉冲信号，其信号依次为 s_1、s_2、$\cdots$、s_M。在每个发射周期中，这 M 个 FD-LFM 脉冲信号由 MIMO 声呐的 M 个发射阵元同步发射，每个发射阵元发射其中的 1 个 FD-LFM 脉冲信号。MIMO 声呐分 M 个周期发射这组 FD-LFM 脉冲信号，周期之间的时间间隔为 T_P。M 个信号与 M 个发射阵元的对应关系如图 7.21 所示。

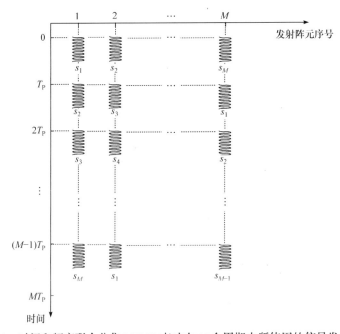

图 7.21　时间和频率联合分集 MIMO 声呐在 M 个周期中所使用的信号发射方式

由图 7.21 可知，时间和频率联合分集 MIMO 声呐在 M 个周期中所使用的信号发射方式如下：

第 1 个周期中，M 个 FD-LFM 脉冲信号按照 s_1、s_2、$\cdots$、s_M 的顺序与 M 个发射阵元进行一一对应，同时发射；

第 2 个周期中，对 M 个 FD-LFM 脉冲信号进行循环移位，按照 s_2、s_3、$\cdots$、s_M、s_1 的顺序与 M 个发射阵元一一对应，同时发射；

依次类推，第 M 个周期中，M 个 FD-LFM 脉冲信号按照 s_M、s_1、$\cdots s_{M-1}$ 的顺序与 M 个发射阵元一一对应，同时发射。

为了简化分析，假设时间和频率联合分集 MIMO 声呐仅使用 2 个发射阵元。此时，时间和频率联合分集 MIMO 声呐的阵型和图 4.1 中 MIMO 声呐的阵型相同，即 2 发 N 收阵型。由于此时发射阵元数为 2，因此发射周期数为 2。在使用 2 个发射阵元、2 个发射周期的前提下，时间和频率联合分集 MIMO 声呐的信号发射方案如图 7.22 所示。

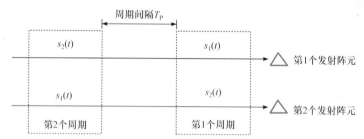

图 7.22 2 个发射阵元、2 个发射周期时，时间和频率联合分集 MIMO 声呐的信号发射方案

2. 成像处理流程

在接收端，N 个接收阵元分别通过对接收信号时域截断来分离出 M 个周期内的接收信号。M 个周期获得 M 组截断的信号，每组截断的信号内包含 N 元接收阵的回波，因此时域截断后总共可以获得 MN 个接收阵元回波。

对于某个周期，使用该周期发射的 M 个 FD-LFM 脉冲信号对 N 元接收阵上的回波进行匹配滤波，因此一个周期可以得到 MN 个匹配滤波输出。M 个周期总共可以得到 MNM 个匹配滤波输出。

对同一频段的信号按照 M 个时间段进行回波重组合成 M 个 1 发 MN 收的虚拟 SIMO 声呐。每个虚拟 SIMO 阵的接收阵尺寸为原接收阵尺寸的 M 倍，可提高成像系统的角度分辨率；虚拟 SIMO 声呐的发射信号是 FD-LFM 脉冲信号各子信号的叠加，合成信号具有大带宽，有望提高成像系统的距离分辨率。

综上所述，同时提高声呐角度分辨率、距离分辨率的时间和频率联合分集 MIMO 声呐成像处理流程如图 7.23 所示。

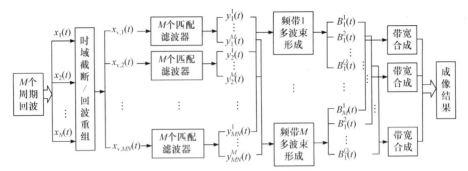

图 7.23　同时提高角度分辨率、距离分辨率的时间和频率联合分集 MIMO 声呐成像处理流程

3. 仿真与分析

仿真中，假设水下有 4 个等强度散射点，其坐标分别是(−2°, 100m)、(2°, 100m)、(−2°, 99.67m)和(2°, 99.67m)。为了进行角度分辨率和距离分辨率对比，分别使用 1 个 SIMO 声呐和 3 个 MIMO 声呐(分别是波形分集 MIMO 声呐、频率分集 MIMO 声呐、时间和频率联合分集 MIMO 声呐)。仿真中，SIMO 声呐和 MIMO 声呐的参数如表 7.1 所示，对应的发射信号参数如表 7.2 所示。表 7.1 和表 7.2 中，信号波长为水下 75kHz 声波的波长；SIMO 声呐指 1 发 32 收 SIMO 声呐，所用发射信号为 72.5～77.5kHz 的 LFM 脉冲信号；波形分集 MIMO 声呐指 4.1.1 小节中图 4.1 阵型所表示的 2 发 32 收 MIMO 声呐。该 MIMO 声呐可以获得 1 发 64 收的虚拟 SIMO 声呐，所用发射信号为一对上、下调频 LFM 脉冲信号，频带范围分别是 72.5～77.5kHz 和 77.5～72.5kHz；频率分集 MIMO 声呐指 5.2.1 小节中图 5.5 阵型所表示的 2 发 32 收 MIMO 声呐。该 MIMO 声呐的发射阵元间距为一倍波长，可进行大带宽信号合成，所用发射信号为频带范围分别是 70～75kHz 和 75～80kHz 的 FD-LFM 脉冲信号；时间和频率联合分集 MIMO 声呐使用的阵型和波形分集 MIMO 声呐相同，使用的发射信号与频率联合分集 MIMO 声呐相同，但是需要 2 个周期完成发射，采用的信号发射方案如图 7.22 所示。

表 7.1　仿真中所用 1 个 SIMO 声呐和 3 个 MIMO 声呐的参数

声呐类型	周期数	阵型	系统带宽/kHz
SIMO	1	1 发 32 收, $d_r = \lambda/2$	
波形分集 MIMO	1	2 发 32 收, $d_t = 32d_r = 16\lambda$	
频率分集 MIMO	1	2 发 32 收, $d_t = 2d_r = \lambda$	5
时间和频率联合分集 MIMO	2	2 发 32 收, $d_t = 32d_r = 16\lambda$	

表 7.2 仿真中 SIMO 声呐和 MIMO 声呐所用的信号参数

声呐类型	脉宽/ms	信号类型	频带范围/kHz
SIMO		1 个 LFM	72.5~77.5
波形分集 MIMO	20	2 个上、下调频 LFM	72.5~77.5, 77.5~72.5
频率分集 MIMO		2 个 FD-LFM	70~75, 75~80
时间和频率联合分集 MIMO		2 个 FD-LFM	70~75, 75~80

对这 4 个声呐而言，接收阵元上的信噪比均设为 0。此处信噪比为信号功率与噪声功率之比，其中噪声为高斯白噪声，功率计算范围为 0~150kHz。信号采样频率为 300kHz。波束扫描角为 –45°~45°，以 0.5° 为间隔，采用均匀加权下的相移波束形成实现多波束处理。这 4 个声呐的成像结果如图 7.24 所示。

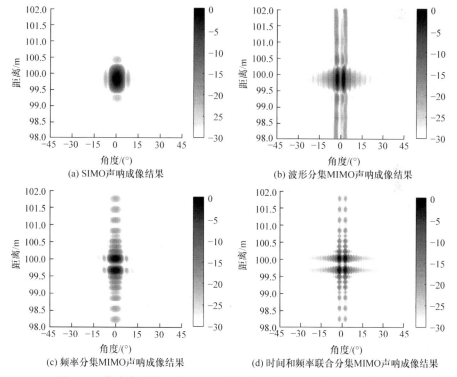

(a) SIMO声呐成像结果

(b) 波形分集MIMO声呐成像结果

(c) 频率分集MIMO声呐成像结果

(d) 时间和频率联合分集MIMO声呐成像结果

图 7.24 仿真中所用 1 个 SIMO 声呐和 3 个 MIMO 声呐的成像结果

由图 7.24(a)可知，常规 SIMO 声呐由于角度分辨率和距离分辨率有限，无法区分开 4 个邻近的散射点。由图 7.24(b)可知，波形分集 MIMO 声呐可以等效成更大孔径的虚拟 SIMO 声呐，从而具有更高的角度分辨率，因此可以从角度维对散射点进行有效分辨，但是其距离分辨率并未得到提高，因此无法从距离维对散射点进行分辨。由图 7.24(c)可知，频率分集 MIMO 声呐可以进行大带宽合成，从而获得更高的距离分辨率，因此可以从距离维上对散射点进行有效分辨，但是其角度分辨率几乎未得到改善，无法从角度维对散射点进行分辨。由图 7.24(d)可知，时间和频率联合分集 MIMO 声呐既可以利用时间分集技术合成大孔径虚拟 SIMO 声呐以提高角度分辨率，又可以利用频率分集技术合成大带宽信号以提高距离分辨率，因此其可以同时从角度维、距离维对 4 个邻近的散射点进行有效分辨。

图 7.25 给出了成像结果的角度维和距离维切片。从图 7.25(a)的角度维切片可知，SIMO 声呐、频率分集 MIMO 声呐具有相同的角度分辨率，波形分集 MIMO 声呐、时间和频率联合分集 MIMO 声呐具有相同的角度分辨率，且后两者的角度分辨率几乎是前两者的 2 倍。从图 7.25(b)的距离维切片可知，SIMO 声呐和波形分集 MIMO 声呐具有相同的距离分辨率，频率分集 MIMO 声呐、时间和频率联合分集 MIMO 声呐具有相同的距离分辨率，且后两者的距离分辨率几乎是前两者的 2 倍。综合图 7.25 的角度维和距离维切片结果可知，时间和频率联合分集 MIMO 声呐具有最高的角度分辨率和距离分辨率。与传统 SIMO 声呐相比，时间和频率联合分集 MIMO 声呐可以在不增加阵列尺寸、不增加系统瞬时带宽的前提下，同时使得角度分辨率和距离分辨率倍增。

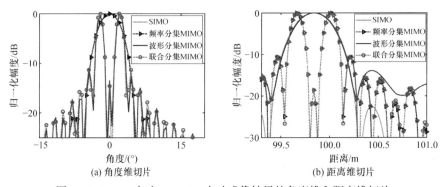

图 7.25　SIMO 声呐、MIMO 声呐成像结果的角度维和距离维切片

7.4　本 章 小 结

时间分集 MIMO 声呐每次发射仅使用一个发射换能器，不使用匹配滤波器即可在时域将回波分开，从而避免了发射信号之间的互相关干扰。本章研究时间分集 MIMO 声呐成像方法，给出时间分集 MIMO 声呐成像模型和相应的成像流程。根据空间卷积原理推导了时间分集 MIMO 声呐的虚拟阵列合成过程，指出时间分集 MIMO 声呐的虚拟阵元坐标和第 3 章相同，因此时间分集 MIMO 声呐的阵

列设计准则与第 3 章所述的波形分集 MIMO 声呐相同。以角度分辨率最大化为目标研究了发射、接收阵型结构，指出当发射阵元间距等于接收阵元间距乘以接收阵元数时，时间分集 MIMO 声呐可获得最高的角度分辨率。利用数值仿真对时间分集 MIMO 声呐的高角度分辨率进行了验证。

为抑制时间分集技术、波形分集技术单独使用时的缺点，提出了时间和波形联合分集 MIMO 声呐成像方法。该方法可以减少一个周期内的发射信号个数，从而有效减少互相关函数所产生的距离维旁瓣。进一步，提出了可以同时提高角度分辨率和距离分辨率的时间和频率联合分集 MIMO 声呐成像方法，给出了信号发射方案和成像处理流程。利用仿真对时间和频率联合分集 MIMO 声呐成像方法的角度分辨率和距离分辨率进行了验证。

参 考 文 献

[1] ROBEY F C, COUTTS S, WEIKLE D, et al. MIMO radar theory and experimental results[C]. Proceedings of IEEE Conference Record of the 38th Asilomar Conference Signals, Systems and Computers, Monterey, USA, 2004: 300-304.

[2] BEKKERMAN I, TABRIKIAN J. Target detection and localization using MIMO radars and sonars[J]. IEEE transactions on signal processing, 2006, 54(10): 3873-3883.

[3] LI J, STOICA P. MIMO radar with colocated antennas[J]. IEEE signal processing magazine, 2007, 24(5): 106-114.

[4] DONNET B J, LONSTAFF I D. MIMO radar, techniques and opportunities[C]. Proceeding of the 3rd European Radar Conference, Manchester, UK, 2009: 112-115.

[5] 孙超, 刘雄厚. MIMO 声纳: 概念与技术特点探讨[J]. 声学技术, 2012, 31(2): 117-124.

[6] LIU X H, SUN C, ZHUO J, et al. Devising MIMO arrays for underwater 3-D short-range imaging[C]. Proceedings of IEEE OCEANS'12, Hampton Roads, USA, 2012: 1-7.

[7] LIU X H, SUN C, YI F, et al. Underwater three-dimensional imaging using narrowband MIMO array[J]. Science China physics, mechanics & astronomy, 2013, 56(7): 1346-1354.

[8] FRIEDLANDER B. On the role of waveform diversity in MIMO radar[J]. Digital signal processing, 2013, 23(3): 712-721.

[9] WANG D W, MA X Y, SU Y. Two-dimensional imaging via a narrowband MIMO radar system with two perpendicular linear arrays[J]. IEEE transactions on image processing, 2010, 19(5): 1269-1279.

[10] WANG D W, MA X Y, CHEN A L, et al. High-resolution imaging using a wideband MIMO radar system with two distributed arrays[J]. IEEE transactions on image processing, 2010, 19(5): 1280-1289.

[11] DUAN G Q, WANG D W, MA X Y, et al. Three-dimensional imaging via wideband MIMO radar system[J]. IEEE geoscience and remote sensing letters, 2010, 7(3): 445-449.

[12] MA C Z, YEO T S, TAN C S, et al. Three-dimensional imaging of targets using colocated MIMO radar[J]. IEEE transactions on geoscience and remote sensing, 2011, 49(8): 3009-3021.

[13] 陆珉, 许红波, 朱宇涛. MIMO 雷达 DOA 阵列估计[J]. 航空学报, 2010, 31(7): 1410-1416.

[14] LIU X H, SUN C, YANG Y X, et al. Using double-ping frequency diverse MIMO sonar to improve angle and range resolution[C]. Proceeding of IEEE OCEANS'16 Monterey, Monterey, USA, 2016: 1-5.

第 8 章 基于解卷积的 MIMO 声呐成像方法

MIMO 声呐成像结果含有较多的距离维旁瓣干扰。这些距离维旁瓣主要由发射信号的自相关函数旁瓣和互相关函数组成。为了对距离维旁瓣进行抑制以改进成像性能，通常使用长编码序列信号，容易导致发射信号过长的问题，使得波形稳健性变差。针对这一问题，本章研究基于解卷积的距离维旁瓣抑制方法，利用解卷积算法对 MIMO 声呐成像输出进行波束后处理，有效抑制自相关函数旁瓣和互相关函数，从而改善 MIMO 声呐输出的图像质量。进一步，根据 MIMO 声呐可等效为虚拟 SIMO 声呐这一特性，本章将解卷积处理运用于虚拟 SIMO 声呐的波束输出，在角度维和距离维进行解卷积处理，达到同时提高 MIMO 声呐的角度分辨率和距离分辨率的目的。

8.1 解卷积成像处理

8.1.1 解卷积的数学模型

解卷积又叫反卷积[1]。设原始图像为 $s(x)$，经过冲激响应函数为 $h(y|x)$ 的系统处理后，得到观测值 $r(y)$。该过程可以表示为卷积的过程，即

$$r(y) = h(y|x) * s(x) + n(y) \tag{8.1}$$

其中，$n(y)$ 为系统噪声。解卷积就是在知道系统冲激响应函数为 $h(y|x)$、观测值 $r(y)$ 的前提下，利用逆滤波处理求解原始图像 $s(x)$ 的过程[1-2]。

主流解卷积的算法有多个，包括 Richardson-Lucy(R-L)算法、DAMAS 算法、NNLS 算法、MEM 算法、CLEAN 算法等[3-9]。本小节主要关注 R-L 算法，给出利用 R-L 算法改善成像性能的方法。其他解卷积算法也可以用于成像处理，本小节不进行过多介绍，感兴趣读者可参考相关文献[1-9]。

R-L 算法是图像反降晰处理中常用的一类算法[3-4]。在求解过程中，点扩散函数(point spread function，PSF)分为移不变(shift invariant)和移变(shift variant)两种情况，对应的 R-L 算法也可分为移不变 R-L 算法[10-21]和移变 R-L 算法[22-23]。本小节所考虑的 MIMO 声呐阵型(主要为直线阵)和波形(主要为编码波形和线性调频波形)较为简单，只需使用移不变 R-L 算法。后文将移不变 R-L 算法直接简称为 R-L 算法。

当点扩散函数满足移不变时，系统冲激响应函数可表示为

$$h(y|x) = h(y-x) \tag{8.2}$$

因此，对应的卷积积分表达式为

$$r(y) = \int_{-\infty}^{+\infty} h(y-x)s(x)\mathrm{d}x + n(y) \tag{8.3}$$

针对式(8.3)中的卷积积分表达式，可直接使用 R-L 算法进行迭代求解。R-L 算法在求解过程中，为了保证解的收敛性和稳定性，要求系统冲激响应函数 $h(y-x)$、观测值 $r(y)$、原始图像 $s(x)$ 均为正值。满足以上要求后，第 $(i+1)$ 次迭代输出 $s^{(i+1)}(x)$ 可表示为

$$s^{(i+1)}(x) = s^{(i)}(x)\int_{-\infty}^{+\infty} \frac{h(y-x)}{\int_{-\infty}^{+\infty} h(y-x)s^{(i)}(x)\mathrm{d}x} r(y)\mathrm{d}y \tag{8.4}$$

其中，$s^{(i)}(x)$ 为第 i 次迭代输出。

式(8.4)所示的迭代过程在达到预先设定的迭代次数时即停止迭代，或者当第 i 次迭代和第 $(i+1)$ 次迭代之间的残差满足某个门限值时即可停止迭代。已经证明，随着迭代次数的增加，原始图像 $s^{(i)}(x)$ 的估计将逐渐收敛于唯一解。该唯一解可以使得观测值 $r(y)$ 和 $\int_{-\infty}^{+\infty} h(y-x)s(x)\mathrm{d}x$ 之间的 Csiszar 距离(Csiszar discrimination) 最小化，即

$$\lim_{i\to+\infty} s^{(i)}(x) = \arg\min_{s(x)} L\left(r(y), \int_{-\infty}^{+\infty} h(y-x)s(x)\mathrm{d}x\right) \tag{8.5}$$

其中，

$$L\big[p(x), q(x)\big] = \int_{-\infty}^{+\infty} p(x)\log\frac{p(x)}{q(x)}\mathrm{d}x - \int_{-\infty}^{+\infty} \big[p(x)-q(x)\big]\mathrm{d}x \tag{8.6}$$

表示 $p(x)$ 和 $q(x)$ 之间的 Csiszar 距离。

根据式(8.2)～式(8.6)的数学推导过程可知，R-L 算法可以稳定收敛到唯一解，具有很好的稳健性，可用于水下环境中改善成像声呐的性能。

8.1.2 传统 SIMO 声呐解卷积成像流程

1. 传统 SIMO 声呐二维成像的信号模型

考虑传统 SIMO 声呐成像问题。该 SIMO 声呐由位于坐标原点的单个发射换

能器和位于 x 轴的 N 元接收 ULA 组成。SIMO 声呐采用 LFM 脉冲信号作为发射信号，对应的信号表达式如式(7.19)所示。设目标场景中共含有 P 个散射点，且第 p 个散射点的坐标为 (θ_p, r_0^p)，其中 θ_p 为第 p 个散射点的方位角，r_0^p 为第 p 个散射点到坐标原点的距离。考虑窄带信号模型并忽略掉噪声项，此时第 $n(n=1,2,\cdots,N)$ 个接收阵元上的回波 $x_n(t)$ 可表示为

$$x_n(t) = \sum_{p=1}^{P} \sigma_p s(t - 2\tau_0^p)\exp\left(-\mathrm{j}\varphi_n^p\right) \tag{8.7}$$

其中，

$$\tau_0^p = \frac{r_0^p}{c} \tag{8.8}$$

为从坐标原点到第 p 个散射点的单程传播时延；

$$\varphi_n^p = 2\pi f_0\left(n-1-\frac{N-1}{2}\right)d_\mathrm{r}\sin\theta_p / c \tag{8.9}$$

为第 n 个接收阵元上的相位差。

使用发射的 LFM 脉冲信号的拷贝对回波进行匹配滤波处理，得到

$$y_n(t) = \sum_{p=1}^{P} \sigma_p R(t - 2\tau_0^p)\exp\left(-\mathrm{j}\varphi_n^p\right) \tag{8.10}$$

其中，

$$R(t) = \left(T-|t|\right)\mathrm{sinc}\left[\pi\frac{B}{T}t(T-|t|)\right]\exp(\mathrm{j}2\pi f_0 t) \tag{8.11}$$

为 LFM 脉冲信号的自相关函数。

使用相移波束形成对匹配滤波输出进行多波束处理，波束输出可表示为

$$
\begin{aligned}
B(t,\theta) &= \sum_{n=1}^{N}\left[w_n(\theta)\right]^\mathrm{c} y_n(t) \\
&= \sum_{n=1}^{N}\left[w_n(\theta)\right]^\mathrm{c}\sum_{p=1}^{P}\sigma_p R(t-2\tau_0^p)\exp\left(-\mathrm{j}\varphi_n^p\right)
\end{aligned} \tag{8.12}
$$

其中，

$$w_n(\theta) = \frac{1}{N}\exp\left[-\mathrm{j}2\pi f_0\left(n-1-\frac{N-1}{2}\right)d_\mathrm{r}\sin\theta / c\right] \tag{8.13}$$

为第 n 个阵元上的复加权系数。

2. 解卷积成像处理

对波束输出进行进一步推导，则式(8.13)中的波束输出可以重写为

$$
\begin{aligned}
B(t,\theta) &= \sum_{n=1}^{N}\left[w_n(\theta)\right]^{\mathrm{c}}\sum_{p=1}^{P}\sigma_p R(t-2\tau_0^p)\exp\left(-\mathrm{j}\varphi_n^p\right)\\
&= \sum_{p=1}^{P}\sigma_p\underbrace{R(t-2\tau_0^p)}_{\text{自相关函数项}}\frac{1}{N}\underbrace{\frac{\sin\left[\pi f_0 N d_{\mathrm{r}}\left(\sin\theta-\sin\theta_p\right)/c\right]}{\sin\left[\pi f_0 d_{\mathrm{r}}\left(\sin\theta-\sin\theta_p\right)/c\right]}}_{\text{波束图}}
\end{aligned}
\tag{8.14}
$$

由式(8.14)可知，对传统 SIMO 声呐回波进行匹配滤波和波束形成后，最终的波束输出可以表示成自相关函数项和波束图的乘积。

将式(8.14)的波束输出表示成卷积形式，得到

$$
\begin{aligned}
B(t,\theta) &= \sum_{p=1}^{P}\sigma_p R(t-2\tau_0^p)\frac{\mathrm{sinc}\left[\pi f_0 N d_{\mathrm{r}}\left(\sin\theta-\sin\theta_p\right)/c\right]}{\mathrm{sinc}\left[\pi f_0 d_{\mathrm{r}}\left(\sin\theta-\sin\theta_p\right)/c\right]}\\
&= \sum_{p=1}^{P}\sigma_p\left[\underbrace{\delta\left(t-2\tau_0^p\right)*R(t)}_{\text{距离维卷积}}\right]\left[\underbrace{\delta\left(\sin\theta-\sin\theta_p\right)*\frac{\mathrm{sinc}\left(\pi f_0 N d_{\mathrm{r}}\sin\theta/c\right)}{\mathrm{sinc}\left(\pi f_0 d_{\mathrm{r}}\sin\theta/c\right)}}_{\text{角度维卷积}}\right]
\end{aligned}
\tag{8.15}
$$

其中，$\delta(t-2\tau_0^p)$ 表示第 p 个散射点延迟信息的狄拉克(Dirac)函数；$\delta(\sin\theta-\sin\theta_p)$ 表示第 p 个散射点入射角度信息的 Dirac 函数。

由式(8.15)可知，经过匹配滤波和波束形成后，波束输出可以表示为两个卷积项的乘积，分别是角度维卷积和距离维卷积。角度维卷积会限制角度分辨率并提高角度维旁瓣，距离维卷积则会限制距离分辨率并提高距离维旁瓣。由此可知，卷积效应限制了成像分辨率并抬高了旁瓣，从而恶化成像性能。需要使用解卷积处理克服卷积效应，从而达到提高角度分辨率和距离分辨率并降低角度维旁瓣和距离维旁瓣的目的。

此处使用 R-L 算法实现解卷积处理。R-L 算法要求输入为正值，因此选择对波束输出的绝对值 $|B(t,\theta)|$ 作为输入。据此，角度维 PSF 可表示为

$$
\mathrm{PSF}(\sin\theta)=\left|\frac{\mathrm{sinc}\left(\pi f_0 N d_{\mathrm{r}}\sin\theta/c\right)}{\mathrm{sinc}\left(\pi f_0 d_{\mathrm{r}}\sin\theta/c\right)}\right|
\tag{8.16}
$$

类似地，距离维 PSF 可表示为

$$
\mathrm{PSF}(t)=\left|R(t)\right|=\left|\left(T-|t|\right)\mathrm{sinc}\left[\pi\frac{B}{T}t\left(T-|t|\right)\right]\right|
\tag{8.17}
$$

对于实孔径二维成像声呐而言，角度分辨率由阵列孔径决定，距离分辨率由带宽决定。一般而言，角度分辨率决定横向分辨率，而距离分辨率决定纵向分辨率。随着作用距离逐渐增加，横向分辨率会下降，而纵向分辨率则保持不变。因此，对成像声呐而言，亟须改进的是角度分辨率。同时，在成像结果中，角度维旁瓣会覆盖整个观测角度扇区，且旁瓣级一直处于较高的水平。不同的是，距离维旁瓣主要出现在距离维主瓣附近，且最多仅覆盖 2 倍的信号脉宽(位于边缘区域的距离维旁瓣级更低，可以忽略不计)。因此，对于成像声呐而言，首先需要抑制的是角度维旁瓣。根据以上讨论，提出两步 R-L 算法。该算法在第一步将 R-L 算法运用到角度维实现角度维解卷积，在第二步将 R-L 算法运用到距离维实现距离维解卷积。

在使用该方法的过程中，主要考虑以下三个方面：

(1) 使用波束输出的绝对值作为算法输入；

(2) 对于角度维解卷积，使用式(8.16)中波束图的绝对值作为 PSF；

(3) 对于距离维解卷积，使用式(8.17)中自相关函数的绝对值作为 PSF。

两步 R-L 算法的基本处理流程如图 8.1 所示。该流程可以分为以下两个步骤。

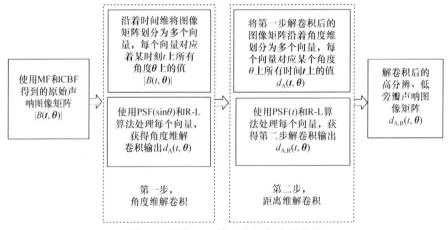

图 8.1　两步 R-L 算法的基本处理流程

步骤 1：波束输出绝对值作为输入，离散化处理后，所有波束输出的绝对值形成声呐图像矩阵$|B(t, \theta)|$，其中 t 表示声呐图像中所有采样时间形成的向量，θ 表示声呐图像中所有扫描角度形成的向量。在进行角度维解卷积时，沿着时间维将声呐图像矩阵$|B(t, \theta)|$分解为多个向量，每个向量为$|B(t, \theta)|$，对应着某个时刻 t 上所有扫描角度 θ 上声呐图像的值。使用 $\mathrm{PSF}(\sin\theta)$为点扩散函数，利用 R-L 算法对该向量 $B(t, \theta)|$进行解卷积处理，获得角度维解卷积输出向量 $d_A(t, \theta)$。

步骤 2：将角度维解卷积获得的所有向量进行拼接，得到角度维解卷积输出矩

阵 $d_A(t, \theta)$。沿着角度维将 $d_A(t, \theta)$ 划分为多个向量，每个向量为 $d_A(t, \theta)$，对应着某个角度 θ 上所有时间 t 上声呐图像的值。使用 PSF(t) 为点扩散函数，利用 R-L 算法对该向量 $d_A(t, \theta)$ 进行解卷积处理，获得距离维解卷积输出向量 $d_{A,R}(t, \theta)$。将所有的距离维解卷积输出拼接成矩阵，得到了最终的高分辨、低旁瓣声呐图像矩阵 $d_{A,R}(t, \theta)$。

8.1.3 成像示例

1. 仿真与分析

仿真中对比 SIMO 声呐使用传统成像方法和两步 R-L 算法的性能。传统成像方法为使用匹配滤波(matched filtering，MF)、常规波束形成(conventional beamformer，CBF)的方法。使用两步 R-L 算法时，角度维解卷积和距离维解卷积的迭代次数都设置为 10。

仿真所用 SIMO 声呐由位于原点的单个发射阵元和位于 x 轴的 64 元接收 ULA 组成。64 元接收 ULA 按照 100kHz 半波长进行布阵，水下声速设为 1500m/s。发射信号为 LFM 脉冲信号，频带范围是 95～105kHz，脉宽为 10ms。使用 90kHz 的信号进行解调，随后使用 45kHz 的采样信号获得仿真的阵列回波。波束扫描角度$(\sin\theta)$ 的范围是 -1～1，以 0.005 为间隔。带内(95～105kHz)信噪比分别设为 -30dB、-20dB 和-10dB。

首先考虑单散射点成像的仿真。当信噪比为-30dB 时，传统方法和两步 R-L 算法的成像结果如图 8.2(a)和(b)所示。经过 CBF 和 MF 处理，获得的增益大约为 38dB，因此传统方法所得声呐图像的信噪比约为 8dB。但是，由于此时-30dB 的信噪比过低，导致传统方法和两步 R-L 算法的二维成像结果中均出现了很强的噪声旁瓣干扰，从成像结果中几乎难以辨认单散射点目标的存在。图 8.2(c)和(d)给出了信噪比为-20dB 时传统方法和两步 R-L 算法的二维成像结果。此时传统方法所得声呐图像的信噪比增加为 18dB，但是成像结果中依然存在较多的噪声旁瓣干扰。两步 R-L 算法可以较好地抑制噪声，从而获得更低的旁瓣，且角度维和距离维主瓣宽度明显减小。图 8.2(e)和(f)给出了信噪比为-10dB 时传统方法和两步 R-L 算法的二维成像结果。此时，传统方法所得声呐图像的信噪比增加为 28dB，其成像结果中的旁瓣干扰显著减少，但是角度维和距离维主瓣宽度较宽，说明成像分辨率较差。两步 R-L 算法的成像结果明显优于传统方法，噪声旁瓣几乎不可见，且对应的角度分辨率和距离分辨率也显著高于传统方法。图 8.2 中的成像结果表明，两步 R-L 算法(也包括其他类似的解卷积处理方法)并不适用于很低的信噪比环境(如-30dB)。图 8.2(a)和(b)中给出的-30dB 信噪比是一种极端恶劣的环境，并不是成像声呐会经常遇到的工作环境。一般而言，成像声呐工作在中等信噪比以上(如-10dB)，此时两步 R-L 算法可以得到很好的应用，从而充分提高成

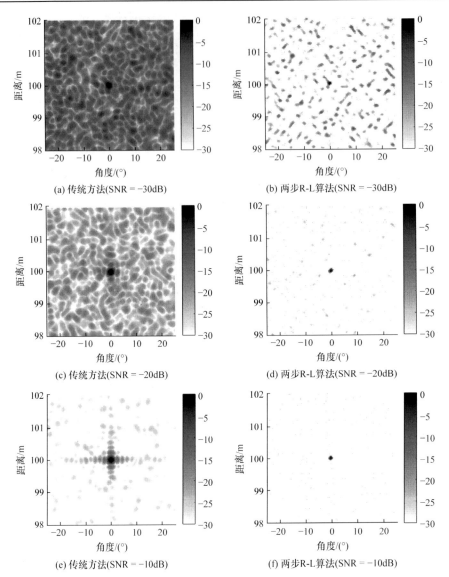

图 8.2　传统方法(MF 和 CBF)和两步 R-L 算法在不同信噪比时单散射点二维成像结果

像分辨率并降低噪声旁瓣。

其次，考虑多散射点成像的仿真。假设目标由 4 个相互靠近的散射点组成，分别位于(0, 100 m)、(1.2°, 100 m)、(0, 99.9m)和(1.2°, 99.9m)。由于图 8.2 中已经说明过低的信噪比(如−30dB)并不适合成像方法，因此此处考虑带内信噪比分别为−20dB 和−10dB 的情况。图 8.3(a)和(b)给出了带内信噪比为−20dB 时传统方法和两步 R-L 算法的二维成像结果，从图 8.3(a)中可知，传统方法受到了噪声旁瓣的干扰,且由于角度分辨率和距离分辨率均不足,无法获得多散射点的二维成像结果。图 8.3(b)中,两步 R-L 算法所得成像结果的噪声旁瓣的干扰少于图 8.3(a),但是多散射点的二维成像结果存在一定的畸变,从该结果难以直接辨识目标的多散射点结构。图 8.3(c)和(d)给出了带内信噪比为−10dB 时传统方法和两步 R-L 算法的二维成像结果,从中可知传统方法无法获得多散射点的成像结果,而两步 R-L 算法可以有效获得多散射点的二维成像结果。根据图 8.3 的成像结果可知,当信噪比足够高时(如−10dB),两步 R-L 算法可以获得优于传统方法的角度分辨率和距离分辨率,同时具有更低的噪声旁瓣级,从而在其成像结果中可以清晰地辨识出目标的多散射点结构。

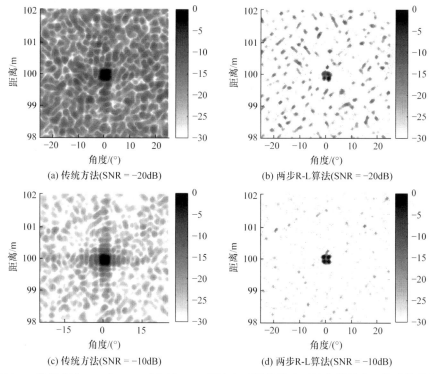

图 8.3 传统方法(MF 和 CBF)和两步 R-L 算法在不同信噪比时的多散射点二维成像结果

2. 实测数据分析

利用外场实测数据对 SIMO 声呐解卷积成像方法的性能进行验证。外场试验在湖上进行,水深约为 29.5m,声速剖面呈负梯度[图 8.4(a)]。单基地成像系统由单个发射换能器和 64 元 ULA 组成。成像系统的湿端在湖底放置,声基阵的深度约为 29m。成像系统的垂直波束宽度(−3dB)约为 60°,且垂直波束主瓣指向水平方向。在成像时,发射信号是 LFM 脉冲信号,频段为 95～105kHz,脉宽为 10ms。

采集回波时，使用 91.5kHz 的信号进行解调(进行频带搬移)，对解调后的信号使用 44.4kHz 的频率进行降采样。

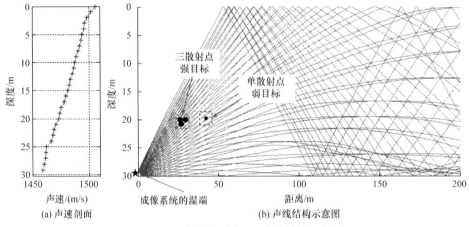

图 8.4　试验时声速剖面及声线结构示意图

使用一个声反射器来模拟目标，通过调整该反射器的角度、距离、深度等获得多个周期的回波，并对这些多个周期的回波进行合成，获得两个目标的回波。其中一个目标是三散射点强目标，该目标的水平角度约为–5°，斜距约为 24m。另一个目标是单散射点弱目标，该目标的水平角度约为–25°，斜距约为 44m。成像系统湿端位置、2 个目标位置和对应的声线结构的示意图如图 8.4(b)所示。

在处理回波时，分别使用传统方法(MF 和 CBF)、角度维 R-L 算法、两步R-L 算法获得目标场景的二维成像结果。角度维 R-L 算法和两步 R-L 算法都是对传统方法输出的图像进行解卷积处理。角度维 R-L 算法仅在角度维使用 R-L算法，而两步 R-L 算法则是先在角度维、后在距离维共 2 次使用 R-L 算法进行解卷积处理。图 8.5 给出了三种方法(传统方法、角度维 R-L 算法、两步 R-L 算法)的目标场景成像结果，图中用黑色椭圆指示出了三散射点强目标(水平角度约为–5°，斜距约为 24m)和单散射点弱目标(水平角度约为–25°，斜距约为 44m)的位置。图 8.5(a)为传统方法的成像结果，包含很强的背景旁瓣(主要由水底散射引起)。图 8.5(b)为角度维 R-L 算法的成像结果，从中可见背景旁瓣得到了较好抑制，一些区域(如角度–45°～75°、距离 45～50m 的区域)的强杂波得到了显著抑制。图 8.5(c)为两步 R-L 算法的成像结果，其中强杂波抑制的效果与图 8.5(b)类似。图 8.5 说明角度维 R-L 算法和两步 R-L 算法都可以降低旁瓣，从而具有很好的杂波抑制能力。两者具有类似杂波抑制能力的原因在于，传统方法的二维成像结果中，角度维的旁瓣能量泄漏远比距离维旁瓣能量泄漏严重。由 CBF

所产生的角度维旁瓣覆盖了整个波束扫描的角度扇区内，而由 MF 所产生的距离维旁瓣仅存在于距离维主瓣附近。因此，图 8.5(a)中的一些强杂波区域实际上是角度维能量泄漏比较严重的区域。角度维 R-L 算法和两步 R-L 算法都可以很好地抑制角度维旁瓣能量泄漏，从而使得两者展现出类似的杂波抑制性能。需要注意的是，这结果并不表明两步 R-L 算法中的第二步距离维 R-L 算法毫无用处，这将在后文进行分析。

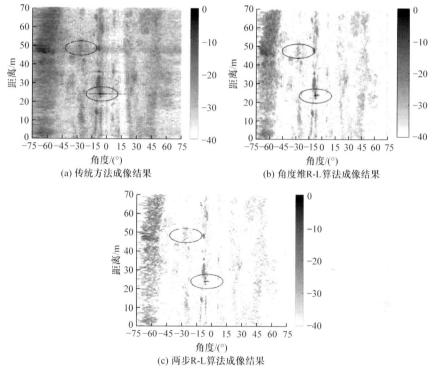

(a) 传统方法成像结果   (b) 角度维R-L算法成像结果

(c) 两步R-L算法成像结果

图 8.5 外场试验中水下场景的三种方法的成像结果

图 8.6 给出了三散射点强目标(水平角度约为−5°,斜距约为 24m)的成像结果。图 8.6(a)是传统方法的成像结果，具有较低的角度分辨率和距离分辨率，并且具有角度维和距离维高旁瓣，从该结果中难以辨识三个散射点。图 8.6(b)是角度维 R-L 算法的成像结果，其角度分辨率和旁瓣都得到了明显改善，但是距离分辨率和距离维旁瓣的性能依然较差。图 8.6(c)是两步 R-L 算法的成像结果，角度维、距离维的分辨率和旁瓣同时得到了改善，从该成像结果中可以直观辨识出三个散射点。图 8.6 的结果表明两步 R-L 算法可同时改善角度维和距离维成像性能，获得最佳的成像结果。

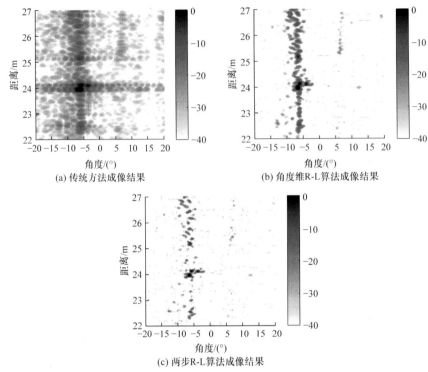

(a) 传统方法成像结果　　　　　　　　　　(b) 角度维R-L算法成像结果

(c) 两步R-L算法成像结果

图 8.6　外场试验中三散射点强目标的成像结果

　　图 8.7 给出了三散射点强目标成像结果的角度维和距离维投影(由于三个散射点位于不同的角度和距离,使用角度维和距离维切片都无法保证在一个切片中包含三个散射点,因此使用角度维和距离维投影进行性能对比)。在给出传统方法的投影结果时,由于角度维投影的性能本质上由传统方法中的常规波束形成(CBF)决定,因此在图中标注为"传统方法(CBF)"。传统方法的距离维投影性能本质上由传统方法中的匹配滤波(MF)决定,因此在图中标注为"传统方法(MF)"。从图 8.7(a)传统方法(CBF)和角度维 R-L 算法的角度维投影结果可知,后者明显比前者具有更高的角度分辨率和更低的角度维旁瓣。从 8.7(b)传统方法(MF)和角度维 R-L 算法的距离维投影结果可知,两者具有类似的距离分辨率,但是角度维 R-L 算法的距离维旁瓣低于传统方法(MF)的距离维旁瓣。这是因为此时很多距离上的旁瓣其实来自于邻近强干扰的角度维旁瓣能量泄漏(邻近强干扰从角度维泄漏的旁瓣能量出现在了其他角度所对应的距离维上),角度维 R-L 算法可以很好地抑制角度维能量泄漏,从而减少了从邻近强干扰泄漏到距离上的旁瓣能量,所以对距离维旁瓣产生了抑制作用。图 8.7(c)给出了传统方法(CBF)和两步 R-L 算法的角度维投影,从中可以发现两步 R-L 算法的角度分辨率略高于图 8.7(a)中角度维 R-L 算法(在−6°附近两个邻近的峰值)。此外,图 8.7(b)和(d)中,传统方法(MF)、

角度维 R-L 算法和两步 R-L 算法的距离维投影中都只有 2 个散射点对应的峰值。这是因为位于–3.7°和 24.1m 的散射点被位于–5.7°和 24.1m 的散射点遮挡，从而在距离维投影上无法看到该散射点对应的距离峰值。尽管如此，从图 8.7 的成像结果投影可知，两步 R-L 算法具有远高于传统方法的角度分辨率和距离分辨率，同时具有更低的角度维和距离维旁瓣。另外，与角度维 R-L 算法相比，两步 R-L 算法的角度维成像性能略优，同时具有更高的距离分辨率和更低的距离维旁瓣。这说明两步 R-L 算法中的距离维 R-L 算法可以在角度维 R-L 算法的基础上进一步改善成像性能。

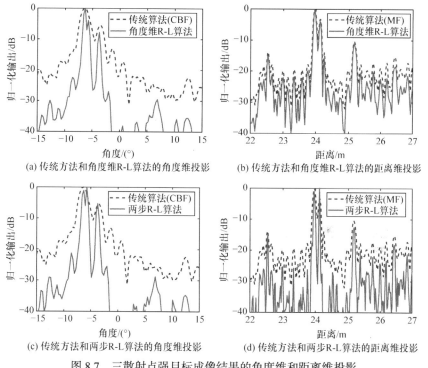

图 8.7　三散射点强目标成像结果的角度维和距离维投影

图 8.8 给出了单散射点弱目标(水平角度约为–25°，斜距约为 44m)的成像结果。图 8.8(a)是传统方法的成像结果，从中可知传统方法的成像结果存在很强的背景旁瓣，从该结果几乎难以辨别弱目标的存在。图 8.8(b)是角度维 R-L 算法的成像结果，从中可知部分背景得到了较好的抑制，可以辨别出弱目标的存在。图 8.8(c)是两步 R-L 算法的成像结果，从中可知背景得到了显著抑制，从该成像结果中可以直观辨识出三个散射点。图 8.8 的结果表明角度维 R-L 算法和两步 R-L 算法均可抑制成像结果中的背景，且后者的成像性能相对更优。

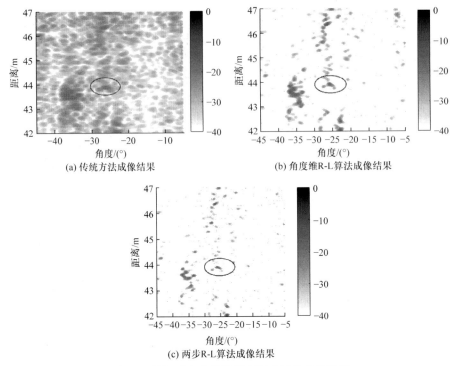

(a) 传统方法成像结果　　　　　　　　　　　　　(b) 角度维R-L算法成像结果

(c) 两步R-L算法成像结果

图 8.8　外场试验中单散射点弱目标的成像结果

图 8.9 给出了单散射点弱目标成像结果的角度维和距离维切片(由于目标由单散射点构成,可以直接使用角度维和距离维切片对成像方法的性能进行对比分析)。图 8.9(a)中给出了传统方法(CBF)和角度维 R-L 算法所得成像结果的角度维切片,可以直观看出角度维 R-L 算法具有更高的角度分辨率和更低的角度维旁瓣。类似地,图 8.9(b)中角度维 R-L 算法所得成像结果的距离维切片具有远低于传统方法(MF)的距离维旁瓣。这说明从邻近干扰泄漏过来的旁瓣能量形成了弱目标局部环境中的背景旁瓣,而角度维 R-L 算法可以很好地抑制这类背景旁瓣。图 8.9(c)中两步 R-L 算法的角度分辨率远优于传统方法(CBF),但与角度维 R-L 算法类似。进一步分析可知,图 8.9(a)中角度维 R-L 算法所得切片中在−36°具有高旁瓣,而图 8.9(c)中两步 R-L 算法所得切片并无此高旁瓣,这说明两步 R-L 算法具有更优的旁瓣抑制性能。由图 8.8(a)可知,该高旁瓣由邻近强散射区域(位于单散射点弱目标的西南方向,角度−38°~−31°,距离 43~44m)的距离维旁瓣能量泄漏产生。两步 R-L 算法可以抑制此类距离维旁瓣能量泄漏(主要是其中的距离维 R-L 算法),因此得到的角度维切片比角度维 R-L 算法的更好。图 8.9(d)中,两步 R-L 算法具有远优于传统方法(MF)的距离分辨率和显著更低的旁瓣。与图 8.9(b)中角度维 R-L 算法所得的切片相比,两步 R-L 算法具有更高的距离分辨率和更低

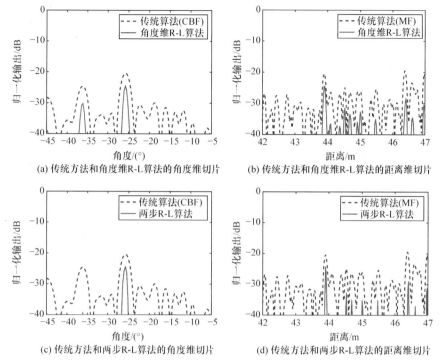

图 8.9 单散射点弱目标成像结果的角度维和距离维切片

的距离维旁瓣(44~45m，两步 R-L 算法的旁瓣抑制效果更好)。

根据图 8.8 和图 8.9 的成像结果可知，角度维 R-L 算法和两步 R-L 算法均可以改善成像性能(提高分辨率，降低旁瓣)，但是两步 R-L 算法具有更优的成像分辨率和更低的旁瓣。这说明两步 R-L 算法中的角度维 R-L 算法和距离维 R-L 算法可以相互协作。因此，在实际使用时，可以同时进行角度维解卷积和距离维解卷积，以达到有效提高分辨率并显著降低旁瓣的效果。

8.2 MIMO 声呐解卷积原理

8.2.1 MIMO 声呐成像与解卷积处理的关系

第 3 章式(3.3)~式(3.16)给出了任意阵型下同时考虑窄带和宽带信号模型时，MIMO 声呐从回波采集到匹配滤波处理的推导过程。此处沿用该过程，但是仅考虑窄带信号模型。忽略式(3.3)中的噪声项，仅考虑信号成分，此时 MIMO 声呐中第 n 个接收阵元上的回波可以改写为基带信号的形式，即

$$x_n(t) = \sum_{p=1}^{P} \sigma_p \sum_{m=1}^{M} \tilde{s}_m\left(t - 2\tau_{t,0}^p\right) \exp\left(-j\varphi_{m,n}^p\right) \tag{8.18}$$

其中，$\tilde{s}_m(t)$ 为第 m 个发射信号的复包络；$\tau_{t,0}^p$ 为坐标原点到第 p 个散射点的单程传播时延；

$$\varphi_{m,n}^p = 2\pi f_0 \frac{\boldsymbol{u}_p^{\mathrm{T}}\left(\boldsymbol{x}_{tm} + \boldsymbol{x}_{rn}\right)}{c} \tag{8.19}$$

为发射和接收阵元之间的相位延迟；$\boldsymbol{u}_p$、$\boldsymbol{x}_{tm}$ 和 $\boldsymbol{x}_{rn}$ 的具体表达式由所建立的坐标系和所用阵型决定。以 4.1 节中直线阵 MIMO 声呐的二维成像为例，此时 $\boldsymbol{u}_p$ 和 $\boldsymbol{x}_{tm} + \boldsymbol{x}_{rn}$ 的表达式分别为

$$\boldsymbol{u}_p = \begin{bmatrix} \sin\theta_p \\ \cos\theta_p \end{bmatrix} \tag{8.20}$$

$$\boldsymbol{x}_{tm} + \boldsymbol{x}_{rn} = \boldsymbol{x}_{(m-1)N+n}$$
$$= \left\{ \begin{array}{c} \left[(m-1)N + n - \dfrac{MN-1}{2}\right]d_r \\ 0 \end{array} \right\} \tag{8.21}$$

利用第 m 个发射信号的基带包络对式(8.18)中的基带回波进行匹配滤波，得到

$$y_{m,n}(t) = x_n(t) * \left[\tilde{s}_m(T-t)\right]^c$$
$$= \sum_{p=1}^{P} \sigma_p \left[\widetilde{R}_{m,m}\left(t - 2\tau_{t,0}^p - T\right) + \sum_{\substack{i=1 \\ i \neq m}}^{M} \widetilde{R}_{m,i}\left(t - 2\tau_{t,0}^p - T\right)\right] \exp\left(-j\varphi_{m,n}^p\right) \tag{8.22}$$

假设 MIMO 声呐的互相关函数的峰值较低，与自相关函数的峰值相比可以忽略，因此式(8.22)可以进一步简化为仅包含自相关函数项的输出。同时，当发射信号满足相关特性的要求时，可认为 M 个发射信号的自相关函数近似相同，此时式(8.22)可简化为

$$y_{m,n}(t) = \sum_{p=1}^{P} \sigma_p \widetilde{R}_0\left(t - 2\tau_{t,0}^p - T\right) \exp\left(-j\varphi_{m,n}^p\right) \tag{8.23}$$

将式(8.23)表示的 MN 个匹配滤波输出等效为虚拟 SIMO 声呐上脉冲压缩输出。根据虚拟 SIMO 声呐的接收阵型设计波束加权向量，对 MN 个匹配滤波输出进行波束形成处理。如果虚拟接收阵列为线列阵，则使用线列阵的波束形成向量。如果虚拟接收阵列为二维或三维阵列，如平面阵或者柱面阵，则使用平面阵或者

柱面阵的波束形成向量。对 MN 个匹配滤波输出经过波束形成处理后，某个波束输出可表示为

$$B_q(t) = \sum_{m=1}^{M}\sum_{n=1}^{N}\Big[w_{m,n} \Big]^{c} y_{m,n}(t) \tag{8.24}$$

其中，

$$\begin{aligned} w_{m,n} &= \exp(-\mathrm{j}\varphi_{m,n}) \\ &= \exp\!\left[-\mathrm{j}2\pi f_0 \frac{\boldsymbol{u}^{\mathrm{T}}\left(\boldsymbol{x}_{tm}+\boldsymbol{x}_{rn}\right)}{c} \right] \end{aligned} \tag{8.25}$$

为加权系数。

将式(8.25)代入式(8.24)，得到

$$\begin{aligned} B_q(t) &= \sum_{m=1}^{M}\sum_{n=1}^{N}\sum_{p=1}^{P}\sigma_p \exp\!\Big[\mathrm{j}\big(\varphi_{m,n}-\varphi_{m,n}^{p}\big) \Big]\widetilde{R}_0\Big(t-2\tau_{t,0}^{p}-T \Big) \\ &= \sum_{m=1}^{M}\sum_{n=1}^{N}\sum_{p=1}^{P}\sigma_p \underbrace{\exp\!\left[\mathrm{j}2\pi f_0 \frac{\big(\boldsymbol{u}-\boldsymbol{u}_p\big)^{\mathrm{T}}\big(\boldsymbol{x}_{tm}+\boldsymbol{x}_{rn}\big)}{c} \right]}_{\text{波束图项}}\underbrace{\widetilde{R}_0\Big(t-2\tau_{t,0}^{p}-T \Big)}_{\text{自相关函数项}} \end{aligned} \tag{8.26}$$

由第 3 章和第 4 章内容可知，M 发 N 收 MIMO 声呐可以等效为 1 发 MN 收的虚拟 SIMO 声呐。因此，可以将 MIMO 声呐的成像结果看作虚拟 SIMO 声呐的成像结果。结合 8.1 节给出的传统 SIMO 声呐解卷积流程，可以将解卷积处理直接运用到虚拟 SIMO 声呐的多波束输出，以达到进一步改善成像分辨率、降低成像旁瓣的目的。

在进行角度维解卷积时，需要使用角度维 R-L 算法的点扩散函数，该点扩散函数是 MIMO 声呐波束图的绝对值。式(8.26)中，MIMO 声呐的波束图项可表示为

$$B(\boldsymbol{u},\boldsymbol{u}^{p}) = \exp\!\left[\mathrm{j}2\pi f_0 \frac{\big(\boldsymbol{u}-\boldsymbol{u}^{p}\big)^{\mathrm{T}}\big(\boldsymbol{x}_{tm}+\boldsymbol{x}_{rn}\big)}{c} \right] \tag{8.27}$$

发射信号的自相关函数项可表示为

$$R_0(t) = \int_{-\infty}^{+\infty}\tilde{s}_m(\tau)\tilde{s}_m^{c}(\tau-t)\,\mathrm{d}\tau \tag{8.28}$$

式(8.27)和式(8.28)均为复数表示形式。由于 R-L 算法需要输入数据为正值，因此在进行角度维解卷积时，需要对式(8.27)的波束图项求绝对值，得到角度维

R-L 算法的点扩散函数，即

$$\text{PSF}(\boldsymbol{u}, \boldsymbol{u}^p) = B(\boldsymbol{u}, \boldsymbol{u}^p)$$

$$= \left| \exp\left[\text{j}2\pi f_0 \frac{\left(\boldsymbol{u} - \boldsymbol{u}^p\right)^{\text{T}} \left(\boldsymbol{x}_{tm} + \boldsymbol{x}_{rn}\right)}{c} \right] \right| \tag{8.29}$$

类似地，在进行距离维(或时间维)解卷积时，需要用到的距离维点扩散函数可表示为发射信号自相关函数的绝对值，即

$$\text{PSF}(t) = \left| R_0(t) \right|$$

$$= \left| \int_{-\infty}^{+\infty} \tilde{s}_m(\tau) \tilde{s}_m^c(\tau - t) d\tau \right| \tag{8.30}$$

在具体的成像问题中，式(8.29)中角度维 R-L 算法所用点扩散函数的具体表达式由所用的 MIMO 声呐阵型(或与之等效的虚拟 SIMO 声呐阵型)决定。式(8.30)中距离维点扩散函数的具体表达式由发射信号波形决定。

8.2.2　MIMO 声呐成像与解卷积处理的几种组合形式

根据 3.2 节 MIMO 声呐在进行二维成像、三维成像时的阵型时设计结果，给出 MIMO 声呐成像与解卷积处理的几种组合形式。

1. 组合 1——与正交编码类波形集合，降低距离维旁瓣

当 MIMO 声呐的发射阵元数较多时，需使用正交编码类波形作为发射信号。此时，发射信号的互相关函数和自相关函数旁瓣会使得式(8.22)到式(8.23)的简化推导不成立。此时 MIMO 声呐的匹配滤波输出中会出现较多的距离维旁瓣干扰，从而恶化成像性能。

针对这一问题，可以根据 MIMO 声呐所用的正交编码类波形的参数，根据式(8.30)设计距离维(或时间维)点扩散函数，使用距离维 R-L 算法对 MIMO 声呐的成像输出(波束输出的绝对值)进行解卷积处理，有效抑制互相关函数和自相关函数旁瓣，从而达到降低成像结果中距离维旁瓣的目的。

2. 组合 2——与虚拟直线阵结合，提高成像分辨率并降低旁瓣

当 MIMO 声呐的虚拟阵列为直线阵(图 3.4)时，可以直接将解卷积处理与虚拟直线阵相结合，根据式(8.29)设计角度维 R-L 算法的点扩散函数，进行解卷积处理并提高二维成像的角度分辨率并降低角度维旁瓣。

当 MIMO 声呐为 4.1.6 小节中的小尺寸 MIMO 声呐(2 发 N 收直线阵 MIMO

声呐)且使用 LFM 脉冲信号(一对同频段、等脉宽的上、下调频 LFM 脉冲信号)时，除了利用解卷积处理改善角度维成像性能，也可根据式(8.30)设计距离维点扩散函数，利用距离维 R-L 算法提高二维成像的距离分辨率并降低距离维旁瓣。

3. 组合 3——与虚拟平面阵结合, 提高三维成像分辨率并降低旁瓣

当 MIMO 声呐的虚拟阵列为平面阵(图 3.5、图 3.6)时，可以根据虚拟阵列的具体阵型，根据式(8.29)设计点扩散函数(包括水平方向和俯仰方向)，利用角度维 R-L 算法同时改善水平方向和俯仰方向的角度分辨率并降低角度维旁瓣。此时为了得到虚拟平面阵，MIMO 声呐的发射阵元数一般较多(发射阵元数 M 大于 3)，所用的信号波形主要是正交编码类波形，对应的距离维解卷积处理与前面的组合 1 相同。

4. 组合 4——与虚拟柱面阵或类球面阵结合, 提高三维成像分辨率并降低旁瓣

当 MIMO 声呐的虚拟阵列为柱面阵(图 3.7、图 3.8)或者球面阵(图 3.10)时，可根据具体的阵型设计点扩散函数，使用 R-L 算法进行角度维解卷积处理，提高角度分辨率并降低角度维旁瓣。此时柱面阵或球面阵角度维点扩散函数不满足移不变要求。因此，根据移不变特性所设计的 R-L 算法将会面临点扩散函数的失配问题，导致解卷积处理的性能下降。此时，需研究基于移变点扩散函数的 R-L 算法。目前，已经有大量针对移变点扩散函数下 R-L 算法改进的研究，此处不做深入介绍。

与虚拟平面阵的情况类似，此时的距离维解卷积处理与前面的组合 1 相同。

5. 组合 5——与虚拟稀疏阵列或稀布阵列结合, 提高成像分辨率并降低旁瓣

在处理回波时，对虚拟阵列进行稀疏优化，去掉与关闭阵元对应的匹配滤波器，从而降低 MIMO 声呐后端成像处理的运算量。阵元的缺失会带来空间采样不足，虚拟稀疏阵列的波束图将会有较高的旁瓣。此时，可以根据虚拟稀疏阵列的阵型和式(8.29)设计点扩散函数，利用角度维 R-L 算法达到抑制角度维旁瓣的目的，同时可以提高角度分辨率。

当 MIMO 声呐阵型具有一定特殊性时，此时等效的虚拟阵列是稀布阵列(阵元间距不满足半波长布阵)。与虚拟稀疏阵的处理类似，可以根据虚拟稀布阵列的具体阵型，利用式(8.29)设计点扩散函数并使用 R-L 算法进行角度维解卷积，达到提高角度分辨率、降低角度维旁瓣的目的。

6. 其他组合形式

除了以上介绍的五种组合形式，仍存在其他多种组合形式。比如，将解卷积

处理与频率分集 MIMO 声呐(带宽合成处理)成像处理相结合,在角度维、距离维设计对应的点扩散函数并进行解卷积处理,从而改善频分 MIMO 声呐的角度维和距离维成像性能;将解卷积处理与时间分集 MIMO 声呐相结合,改善角度维和距离维成像性能;时间与频率联合分集 MIMO 声呐也可利用解卷积处理,进一步改善成像性能。这些组合形式较多,不一一列出。

正是因为解卷积处理需要使用原始声呐图像作为输入,使得解卷积处理可以在 MIMO 声呐进行空时处理后,进一步在角度维和时间维进行波束后处理。因此,解卷积处理几乎可以与所有的 MIMO 声呐成像方法相结合,达到在此基础上进一步改善成像性能的目的。

后文将以二维成像为主线,给出组合 1、组合 2 的成像原理、流程和结果。其他成像形式(如三维成像[21]),以及其他组合形式所对应的成像原理、流程和结果可以据此进行类推,此处不做叙述。

8.3　基于解卷积的 MIMO 声呐低旁瓣成像

8.3.1　问题描述与方法原理

如前文所述,当 MIMO 声呐的发射阵元数较多时,需使用正交编码类信号,如正交跳频编码信号、正交相位编码信号、正交零相关区编码信号、正交混沌序列编码信号等。这些正交编码类信号的自相关函数旁瓣和互相关函数容易导致 MIMO 声呐成像结果中具有较高的距离维旁瓣。为了抑制这些相关函数引起的距离维旁瓣,很多时候需要使用长序列编码信号,并采用优化算法(如模拟退火算法、遗传算法、蚁群算法等)对编码信号的波形参数(包括编码信号中子码的初相位、子码振幅、子码频率、子码调频形式等)进行优化,以便抑制自相关函数旁瓣和互相关函数。但是,由于水下信道的复杂性,很多时候长序列编码脉冲面临着回波畸变的问题。同时,长编码序列意味着匹配滤波处理所需计算量更大。此外,过长的信号长度也会导致近距离盲区较大。

针对发射信号的自相关函数和互相关函数所带来的距离维旁瓣,可以利用距离维解卷积处理对其进行抑制。以二维成像为例,给出基于解卷积处理的距离维旁瓣抑制方法的原理。二维成像所使用的 MIMO 声呐阵型如图 3.4 所示,对应的坐标系如图 4.5 所示。MIMO 声呐由共线的 M 元发射 ULA 和 N 元接收 ULA 组成,且发射阵元间距和接收阵元间距满足式(3.23),即 $d_t = Nd_r$。

为了简化分析,假设水下目标场景中仅有单散射点目标,即散射点个数为 $P = 1$。同时,设该单散射点目标的散射系数为 1,即满足 $\sigma_p = 1$。此时,式(8.18)可以简化为

$$x_n(t) = \sum_{m=1}^{M} \tilde{s}_m(t - 2\tau_{t,0}) \exp(-j\varphi_{m,n}) \tag{8.31}$$

其中，$\tau_{t,0}$ 为坐标原点到单散射点目标之间的单程时延；$\varphi_{m,n}$ 为第 m 个发射阵元和第 n 个接收阵元相对于单散射点目标的相位延迟。

对回波进行匹配滤波处理，得到

$$
\begin{aligned}
y_{m,n}(t) &= x_n(t) * \left[\tilde{s}_m(T-t)\right]^c \\
&= \left[\tilde{R}_{m,m}(t - 2\tau_{t,0} - T) + \sum_{\substack{i=1 \\ i \neq m}}^{M} \tilde{R}_{m,i}(t - 2\tau_{t,0} - T)\right] \exp(-j\varphi_{m,n})
\end{aligned} \tag{8.32}
$$

将波束主瓣对准单散射点目标，对 MN 个匹配滤波输出进行波束形成。忽略掉匹配滤波处理引入的固定时延 T，波束输出可表示为

$$B(t) = \sum_{m=1}^{M} \sum_{n=1}^{N} \left[R_{m,m}(t - 2\tau_{t,0}) + \sum_{\substack{i=1 \\ i \neq m}}^{M} R_{m,i}(t - 2\tau_{t,0}) \right] \tag{8.33}$$

由式(8.33)可知，在仅考虑单散射点目标时，MIMO 声呐的波束输出由自相关函数项 $R_{m,m}(t)$ 和互相关函数项 $R_{m,i}(t)$ 组成。

一般而言，在理想情况下，MIMO 声呐所用正交发射信号的互相关函数远低于自相关函数，此时式(8.33)中的互相关函数项 $R_{m,i}(t)$ 可以忽略，可认为波束输出中仅包含自相关函数项。同时，自相关函数 $R_{m,m}(t)$ 的旁瓣远低于自相关函数的主瓣。因此，尽管 M 个发射信号的自相关函数各不相同，但是这 M 个自相关函数都具有相同的主瓣和很低的旁瓣，可以认为这 M 个自相关函数近似相同。在这些假设条件下，MIMO 声呐的成像结果中将具有很低的距离维旁瓣，MIMO 声呐达到一种理想的成像性能。在实际使用中，互相关函数无法忽略，并且其数量随着发射阵元数的增加而急剧增加。同时，自相关函数的旁瓣难以低到可以忽略不计的程度，会对成像性能产生不利影响。

在自相关函数旁瓣和互相关函数不可忽略时，根据式(8.33)，令 $R(t)$ 表示 1 个自相关函数项和 $(M-1)$ 个互相关函数项之和，得到

$$R(t) = R_{m,m}(t - 2\tau_{t,0}) + \sum_{\substack{i=1 \\ i \neq m}}^{M} R_{m,i}(t - 2\tau_{t,0}) \tag{8.34}$$

进一步，将自相关函数 $R_{m,m}(t)$ 拆分为自相关函数主瓣 $\mathrm{ML}_{m,m}(t)$ 和自相关函数旁瓣 $\mathrm{SL}_{m,m}(t)$ 这两项之和，得到

$$R(t) = R_{m,m}(t) + \sum_{\substack{i=1 \\ i \neq m}}^{M} R_{m,i}(t)$$

$$= \mathrm{ML}_{m,n}(t) + \mathrm{SL}_{m,m}(t) + \underbrace{\sum_{\substack{m=1 \\ i \neq m}}^{M} R_{m,i}(t)}_{\text{距离维旁瓣}} \tag{8.35}$$

式(8.35)中，成像所需的部分为自相关函数主瓣 $\mathrm{ML}_{m,m}(t)$，而成像不需要的部分为自相关函数旁瓣 $\mathrm{SL}_{m,m}(t)$ 和互相关函数 $R_{m,i}(t)$。自相关函数旁瓣和互相关函数共同构成了 MIMO 声呐成像结果中的距离维旁瓣。因此，需要对自相关函数旁瓣和互相关函数进行抑制，以降低 MIMO 声呐在使用编码类信号波形时成像结果中的距离维旁瓣。

以正交相位编码信号为例，自相关函数或互相关函数可以表示为

$$R_{m,i}(t) = R_{m,i}(k) \mathrm{rect}\left[t - (k-1)T_0 \right] \tag{8.36}$$

当 $m = i$ 时，$R_{m,i}(t)$ 为自相关函数函数；当 $m \neq i$ 时，$R_{m,i}(t)$ 为互相关函数。$R_{m,i}(k)$ 表示延迟为 k 时的自相关或互相关函数，其表达式为

$$R_{m,i}(k) = \begin{cases} \dfrac{1}{L_0} \displaystyle\sum_{l=1}^{L_0-k} \exp\left[\mathrm{j}\left(\varphi_{m,l} - \varphi_{i,l+k} \right) \right], & 0 \leqslant k < L_0 \\[3mm] \dfrac{1}{L_0} \displaystyle\sum_{l=-k+1}^{L_0} \exp\left[\mathrm{j}\left(\varphi_{m,l} - \varphi_{i,l+k} \right) \right], & -L_0 < k < 0 \end{cases} \tag{8.37}$$

假设经过水下信道传播后，回波信号存在一定程度的波形畸变。该波形畸变可分为子码幅度误差和子码相位误差。由于相位编码信号中子码相位跳变误差起的波形畸变程度远高于子码幅度误差，因此忽略子码的幅度误差，将该波形畸变建模为相位编码信号中子码相位的随机误差。据此，设第 m 个正交相位编码信号中第 l 个子码上的相位随机误差为 $\Delta\varphi_{m,l}$，此时式(8.37)可改写为

$$R_{m,i}(k) = \begin{cases} \dfrac{1}{L_0} \displaystyle\sum_{l=1}^{L_0-k} \exp\left[\mathrm{j}\left(\varphi_{m,l} - \varphi_{i,l+k} + \Delta\varphi_{m,l} \right) \right], & 0 \leqslant k < L_0 \\[3mm] \dfrac{1}{L_0} \displaystyle\sum_{l=-k+1}^{L_0} \exp\left[\mathrm{j}\left(\varphi_{m,l} - \varphi_{i,l+k} + \Delta\varphi_{m,l} \right) \right], & -L_0 < k < 0 \end{cases} \tag{8.38}$$

由式(8.38)可知，回波畸变将同时对自相关函数和互相关函数项带来误差。因此，式(8.35)中的相关函数之和可进一步表示为

$$R(t) = \mathrm{ML}_{m,m}(t) + \underbrace{\underbrace{\mathrm{SL}_{m,m}(t) + \sum_{\substack{m=1 \\ i \neq m}}^{M} R_{m,i}(t)}_{\text{非理想波形引起的距离维旁瓣}} + \underbrace{\varepsilon_{m,m}(t) + \sum_{\substack{m=1 \\ i \neq m}}^{M} \varepsilon_{m,i}(t)}_{\text{波形畸变引起的距离维旁瓣}}}_{\text{距离维旁瓣}}$$

$$= \mathrm{ML}_{m,m}(t) + \mathrm{RSL}(t) \tag{8.39}$$

其中，$\varepsilon_{m,m}(t)$ 为自相关函数中由波形畸变引起的误差；$\varepsilon_{m,i}(t)$ 为互相关函数中由波形畸变引起的误差；

$$\mathrm{RSL}(t) = \mathrm{SL}_{m,m}(t) + \sum_{\substack{m=1 \\ i \neq m}}^{M} R_{m,i}(t) + \varepsilon_{m,m}(t) + \sum_{\substack{m=1 \\ i \neq m}}^{M} \varepsilon_{m,i}(t) \tag{8.40}$$

为距离维旁瓣项，该项综合了所有引起距离维旁瓣的因素。

综上所述，式(8.33)所给出的波束输出可以改写为

$$B(t) = \sum_{m=1}^{M} \sum_{n=1}^{N} \left[\mathrm{ML}_{m,m}(t - 2\tau_{t,0}) + \mathrm{RSL}(t - 2\tau_{t,0}) \right] \tag{8.41}$$

一般而言，同频带的正交编码类波形(如正交相位编码信号)具有相同的自相关函数主瓣(都是以中心频率为载波的三角形脉冲 $\mathrm{ML}_0(t)$)，因此得到 $\mathrm{ML}_{m,m}(t) = \mathrm{ML}_0(t)$。将式(8.41)改写为卷积形式，得到

$$B(t) = \sum_{m=1}^{M} \sum_{n=1}^{N} \left[\mathrm{ML}_0(t - 2\tau_{t,0}) + \mathrm{RSL}(t - 2\tau_{t,0}) \right]$$

$$= \sum_{m=1}^{M} \sum_{n=1}^{N} \left[\delta(t - 2\tau_{t,0}) * \mathrm{ML}_0(t) + \mathrm{RSL}(t - 2\tau_{t,0}) \right] \tag{8.42}$$

由于本章进行解卷积时所用的 R-L 算法要求输入(原始图像即观测值、点扩散函数、目标分布)均为正值，因此需要对式(8.42)等号两边取绝对值，得到

$$|B(t)| = \left| \sum_{m=1}^{M} \sum_{n=1}^{N} \left[\delta(t - 2\tau_{t,0}) * \mathrm{ML}_0(t) + \mathrm{RSL}(t - 2\tau_{t,0}) \right] \right|$$

$$\approx \sum_{m=1}^{M} \sum_{n=1}^{N} \delta(t - 2\tau_{t,0}) * \mathrm{PSF}(t) + \left| \sum_{m=1}^{M} \sum_{n=1}^{N} \mathrm{RSL}(t - 2\tau_{t,0}) \right| \tag{8.43}$$

其中，$\mathrm{PSF}(t)$ 为点扩散函数，是对三角形脉冲 $\mathrm{ML}_0(t)$ 取绝对值得到的(三角形脉冲的包络)，满足：

$$\mathrm{PSF}(t) = \begin{cases} t/T_0 + 1, & -T_0 \leqslant t < 0 \\ -t/T_0 + 1, & 0 \leqslant t \leqslant T_0 \\ \varepsilon, & \text{其他} \end{cases} \tag{8.44}$$

其中，ε 为较小的正常数，需要进行搜索以确定 ε。

式(8.42)表明波束输出可以表示为目标在距离(时间)上的原始分布与点扩散函数 $PSF(t)$ 之间的卷积。同时，可以将距离维旁瓣项 $RSL(t-2\tau_{t,0})$ 看作是波束输出 $B(t)$ 中的噪声成分。因此，针对该波束输出，可以在距离维(时间维)进行解卷积处理，以利用解卷积处理的噪声抑制能力，尽可能从波束输出中去除掉 $RSL(t-2\tau_{t,0})$ 的成分，从而达到降低距离维旁瓣的目的。需要指出的是，式(8.42)给出的是一种近似表达式，即波束输出绝对值并不能严格表示为式(8.42)所给出的卷积表达式，两者之间有一定的误差。这个误差对解卷积处理的性能会造成一定的影响，比如限制迭代次数，以防止过多迭代导致误差放大，反过来提高距离维旁瓣。在使用时，建议对迭代次数做一定的约束，如迭代 10 次。

8.3.2　距离维低旁瓣成像流程

利用解卷积抑制 MIMO 声呐成像结果中距离维旁瓣的处理流程如图 8.10 所示。该处理流程分为两部分，第一部分关于点扩散函数优化，第二部分关于距离维旁瓣抑制。

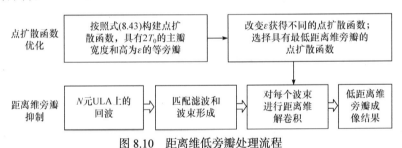

图 8.10　距离维低旁瓣处理流程

第一部分点扩散函数优化的主要步骤：首先根据式(8.43)构建点扩散函数，同时设置不同的 ε 值以产生不同的点扩散函数；其次，利用点扩散函数对式(8.39)的相关函数绝对值进行解卷积处理，找出最低距离维旁瓣所对应的 ε 值；最后，将该 ε 值代入式(8.43)，得到最优的点扩散函数。

第二部分利用解卷积处理抑制距离维旁瓣的主要步骤：首先，利用匹配滤波和波束形成得到 MIMO 声呐的原始成像结果；其次，对波束输出取绝对值，利用优化好的点扩散函数对其进行距离维解卷积处理；最后，将所有解卷积处理后的波束输出拼接为低距离维旁瓣成像结果。

8.3.3　成像示例

1. 点扩散函数优化仿真

仿真中，设 MIMO 声呐使用 3 发 32 收阵型，即 3 元发射 ULA 和 32 元接收

ULA。MIMO 声呐使用 3 个正交相位编码信号(8 相码)。每个相位编码信号包含 64 个子码,子码脉宽为 $T_0 = 0.2\text{ms}$,单个发射信号长度为 $T_0 \times L_0 = 12.8\text{ms}$。在搜索最优 ε 时,设 $\log\varepsilon$ 的变化区间为 $-3\sim-0.1$,以 0.1 作为间隔。在设置式(8.38)中的回波畸变时,使用公式 $\Delta\varphi_{m,l} = D_\varphi R_\varphi \pi/180$ 计算子码相位误差,其中 D_φ 是相位误差的标准差,R_φ 是均值为 0、方差为 1 的高斯随机变量。在使用 R-L 算法进行解卷积时,为了防止过大的迭代次数放大近似误差带来的影响(见式(8.42)及对应的分析),将迭代次数设为 10。

图 8.11(a)给出了不同相位误差的标准差 D_φ、$\log\varepsilon$ 下,利用 R-L 算法进行解卷积处理得到的距离维旁瓣级。图 8.11(a)中,相位误差的标准差 D_φ 变化范围是 $0\sim60°$,即从无误差到误差的标准差为 $\pi/3$。针对不同的 D_φ 和 $\log\varepsilon$,使用 100 次重复测试计算解卷积得到的距离维旁瓣级的均值。可以发现,当满足 $\log\varepsilon = -0.7$ 时,解卷积输出具有最低的平均旁瓣级,大约为 -22dB。经计算,在相位误差的标准差分别为 0 和 30°时,相关函数的旁瓣级大约为 -9dB,这说明解卷积处理可以使得距离维旁瓣级降低约 13dB。需要指出的是,相位误差的标准差 $D_\varphi = 30°$ 时,此时的波形畸变已经较大,这说明解卷积处理对相位误差有较好的稳健性。当 $\log\varepsilon = -0.7$ 时,优选出的点扩散函数如图 8.11(b)所示。此时点扩散函数分为两部分,主瓣部分为三角形脉冲的包络,旁瓣部分恒等,其值为 $\varepsilon = 10^{-0.7}$。

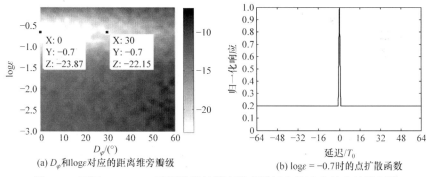

(a) D_φ 和 $\log\varepsilon$ 对应的距离维旁瓣级   (b) $\log\varepsilon = -0.7$ 时的点扩散函数

图 8.11　不同 D_φ、$\log\varepsilon$ 下解卷积的距离维旁瓣级和优选出的点扩散函数

利用图 8.11(b)中优选的点扩散函数对相关函数的绝对值进行解卷积处理,对应的结果如图 8.12 所示。图 8.12(a)和图 8.12(b)给出了在信号波形没有畸变(子码没有相位误差)时,使用 100 次重复测试得到的相关函数和解卷积输出的结果。图 8.12(c)和图 8.12(d)给出了子码相位误差的标准差 $D_\varphi = 30°$ 时,使用 100 次重复测试得到的相关函数和解卷积输出的结果。对图 8.12 中的旁瓣级经过计算可知,解卷积处理可以使距离维旁瓣降低约 13dB。此外,通过计算积分旁瓣比(ISLR,

定义为主瓣信号能量与旁瓣信号能量之比)可知，在没有子码相位误差时 ISLR 从 −21.8dB 增加到−1.5dB，存在子码相位误差 $(D_\varphi = 30°)$ 时 ISLR 从−22.9dB 增加到 −4.4dB。这说明解卷积处理不但可以降低距离维旁瓣级，而且可以有效改善积分旁瓣比，从而显著改进 MIMO 声呐成像性能。

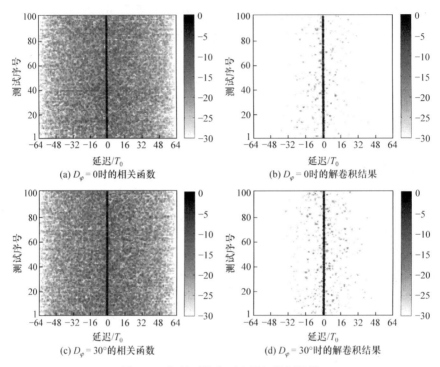

(a) $D_\varphi = 0$时的相关函数

(b) $D_\varphi = 0$时的解卷积结果

(c) $D_\varphi = 30°$的相关函数

(d) $D_\varphi = 30°$时的解卷积结果

图 8.12　相关函数和对应的解卷积结果

2. 成像仿真与分析

首先，考虑单散射点成像仿真。MIMO 声呐阵型参数、波形参数与点扩散函数优化仿真中相同。中心频率为 100kHz，使用 92kHz 的信号进行解调和频带搬移，使用 40kHz 的采样频率对频带搬移后的回波进行降采样，带内(95～105kHz)功率信噪比设为−10dB，水下声速设为 1500m/s。波束扫描角为−45°～45°，扫描间隔为 0.5°，共形成 181 个波束。为了减少角度维旁瓣的干扰，使用−30dB 旁瓣级的 Chebyshev 窗对 MIMO 声呐的虚拟阵列(96 元 ULA)进行幅度加权。假设信道误差、多普勒频移误差的存在，正交相位编码信号中子码相位误差的标准差 $D_\varphi = 30°$。

单散射点成像结果如图 8.13 所示。图 8.13(a)给出了使用 4.1.4 小节中 MIMO 声呐二维成像方法获得的成像结果，将该 MIMO 声呐成像方法简称为"MIMO"。图 8.13(b)给出了 MIMO 声呐使用 R-L 算法进行距离维解卷积的二维成像结果，将该方法简称为"MIMO-dCv"。根据图 8.13(a)和(b)的结果可知，MIMO-dCv 方法明显比 MIMO 方法具有更低的距离维旁瓣。图 8.13(c)给出了两种方法成像结果的角度维切片。由图 8.13(c)可知，MIMO 方法的角度维旁瓣级为-25.46dB，MIMO-dCv 方法的角度维旁瓣级为-28.85dB。图 8.13(c)说明过高的距离维旁瓣级会提升角度维旁瓣级(两种方法的角度维旁瓣级均高于-30dB)，但是由于 MIMO-dCv 具有更低的距离维旁瓣级，因此具有更低的角度维旁瓣级。图 8.13(d)给出了两种方法成像结果的距离维切片。由图 8.13(d)可知，MIMO 方法的距离维旁瓣级为-14.39dB，而 MIMO-dCv 方法的距离维旁瓣级为-28.85dB，说明解卷积处理可以显著降低 MIMO 声呐成像结果中的距离维旁瓣级。经计算，MIMO 方法的积分旁瓣比(ISLR)为-18.95dB，MIMO-dCv 方法的积分旁瓣比为-1.93dB，这说明 MIMO-dCv 方法可有效改善旁瓣性能，在杂波场景中将具有更好的性能。

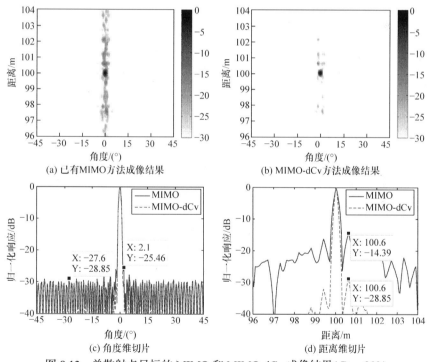

(a) 已有MIMO方法成像结果

(b) MIMO-dCv方法成像结果

(c) 角度维切片

(d) 距离维切片

图 8.13 单散射点目标的 MIMO 和 MIMO-dCv 成像结果($D_{\varphi} = 30°$)

其次，考虑多散射点目标成像仿真。保持仿真参数不变，将目标从单散射点目标改为多散射点目标。这些多散射点具有相同的目标强度，且在角度和距离平面上形成"Fur"三个字母。为了进行对比，同时给出了没有波形畸变误差、存在波形畸变误差(相位误差的标准差为 $D_{\varphi} = 30°$)时的成像结果。图 8.14(a)和(b)给出了没有波形畸变误差(相位误差的标准差为 $D_\varphi=0$)时，MIMO 方法和 MIMO-dCv 方法的二维成像结果。对比图 8.14(a)和(b)可知，MIMO-dCv 方法的距离维旁瓣显著降低,说明使用解卷积方法可以抑制 MIMO 声呐成像结果中由互相关函数和自相关函数旁瓣共同构成的距离维旁瓣。图 8.14(c)和(d)给出了存在波形畸变误差(相位误差的标准差为 $D_\varphi=30°$)时，MIMO 方法和 MIMO-dCv 方法的二维成像结果。

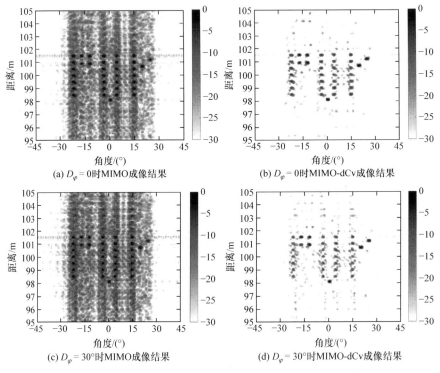

图 8.14　MIMO 方法和 MIMO-dCv 方法的多散射点目标成像结果

图 8.15 给出了两种方法成像结果的距离维投影。由图 8.15(a)可知，当不存在波形畸变时，经过解卷积处理后，MIMO-dCv 方法所得到的距离维旁瓣级比已有 MIMO 方法大约低 15～20dB。由图 8.15(b)可知，当存在波形畸变时，MIMO-dCv 方法所得到的距离维旁瓣级比已有 MIMO 方法大约低 10～15dB。图 8.14 和图 8.15 的结果说明 MIMO-dCv 方法的距离维旁瓣显著低于 MIMO 方法的距离维旁瓣。同时，对比不存在波形畸变和存在波形畸变的结果可知，波形畸变会在 MIMO 声呐成像结果中产生更高的距离维旁瓣，但是解卷积处理可以有效抑制距离维旁瓣(性能比不存在波形畸变的情况略差)，这说明解卷积处理在波形畸变的情况下具有良好的性能稳健性。

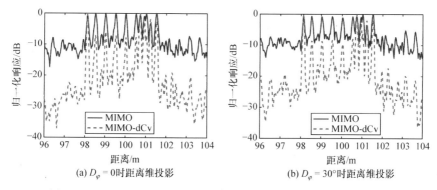

(a) $D_\varphi = 0$时距离维投影　　　　(b) $D_\varphi = 30°$时距离维投影

图 8.15　MIMO 和 MIMO-dCv 多散射点目标成像结果的距离维投影

8.4　基于解卷积的 MIMO 声呐高分辨成像

8.4.1　问题描述与方法原理

以 4.1.6 小节二维成像为例, 当采用 2 发 N 收 MIMO 声呐和上、下调频 LFM 脉冲信号时, 此时 MIMO 声呐可以等效为 1 发 2N 收虚拟 SIMO 声呐, 且匹配滤波输出可以等效为 LFM 脉冲信号的脉冲压缩输出。根据这一等效关系, 可以直接将解卷积处理运用到 MIMO 声呐的成像结果中。根据 MIMO 声呐阵型(或虚拟阵列阵型)设计角度维解卷积的点扩散函数, 根据所用波形设计距离维解卷积的点扩散函数, 并使用 R-L 算法进行解卷积处理, 达到提高角度分辨率和距离分辨率并降低旁瓣的目的。

采用式(8.18)的假设条件, 将发射阵元数设为 2, 则第 n 个发射阵元上的回波可表示为

$$x_n(t) = \sum_{p=1}^{P} \sigma_p \sum_{m=1}^{2} \tilde{s}_m\left(t - 2\tau_{t,0}^p\right) \exp\left(-\mathrm{j}\varphi_{m,n}^p\right) \tag{8.45}$$

对回波进行匹配滤波处理, 得到

$$\begin{aligned}
y_{m,n}(t) &= x_n(t) * \left[\tilde{s}_m(T-t)\right]^{\mathrm{c}}\Big|_{m=1,2} \\
&= \sum_{p=1}^{P} \sigma_p\left[\tilde{R}_{m,m}\left(t - 2\tau_{t,0}^p - T\right) + \sum_{\substack{i=1 \\ i \neq m}}^{M} \tilde{R}_{m,i}\left(t - 2\tau_{t,0}^p - T\right)\right]\exp\left(-\mathrm{j}\varphi_{m,n}^p\right)
\end{aligned} \tag{8.46}$$

由式(4.31)可知, 当 LFM 脉冲信号的时间带宽积(TBP)足够大时, 互相关函数峰值将显著低于自相关函数峰值, 因此式(8.46)中的互相关函数项可以忽略。同时, 由于上、下调频 LFM 脉冲信号具有相同的频段范围(相同的带宽)、相同的

脉宽，因此两者的自相关函数具有相同的表达式。据此，可以得到

$$y_{m,n}(t) = \sum_{p=1}^{P} \sigma_p \widetilde{R}_0\left(t - 2\tau_{\mathrm{t},0}^p - T\right)\exp\left(-\mathrm{j}\varphi_{m,n}^p\right)\bigg|_{m=1,2} \tag{8.47}$$

进一步，利用式(8.20)和式(8.21)所给出的直线阵 MIMO 声呐二维成像的空间方向向量和虚拟阵元坐标向量，式(8.47)可进一步写为

$$y_{m,n}(t) = \sum_{p=1}^{P} \sigma_p \widetilde{R}_0\left(t - 2\tau_{\mathrm{t},0}^p - T\right)\exp\left\{-\mathrm{j}2\pi f_0\left[(m-1)N + n - \frac{2N-1}{2}\right]d_{\mathrm{r}}\sin\theta_p/c\right\}\bigg|_{m=1,2} \tag{8.48}$$

式(8.48)中的匹配滤波输出可以等效为 $2N$ 元 ULA 上的脉冲压缩输出。因此，可以根据 $2N$ 元 ULA 的阵型设计加权向量，对 $2N$ 个匹配滤波输出进行波束形成。

$$w_{m,n}(\theta) = \frac{1}{N}\exp\left\{-\mathrm{j}2\pi f_0\left[(m-1)N + n - \frac{2N-1}{2}\right]d_{\mathrm{r}}\sin\theta/c\right\} \tag{8.49}$$

忽略掉匹配滤波处理引入的固定时延 T，则在时延 t、扫描角 θ 上的波束输出可表示为

$$\begin{aligned}
B(t,\theta) &= \sum_{m=1}^{2}\sum_{n=1}^{N}\left[w_{m,n}(\theta)\right]^{\mathrm{c}}\sum_{p=1}^{P}\sigma_p\widetilde{R}_0(t - 2\tau_0^p)\exp\left(-\mathrm{j}\varphi_{m,n}^p\right)\\
&= \sum_{p=1}^{P}\sigma_p\widetilde{R}_0(t - 2\tau_0^p)\sum_{m=1}^{2}\sum_{n=1}^{N}\left[w_{m,n}(\theta)\right]^{\mathrm{c}}\exp\left(-\mathrm{j}\varphi_{m,n}^p\right)\\
&= \sum_{p=1}^{P}\sigma_p\widetilde{R}_0\left(t - 2\tau_{\mathrm{t},0}^p\right)\frac{1}{2N}\frac{\sin\left[\pi f_0 2Nd_{\mathrm{r}}\left(\sin\theta - \sin\theta_p\right)/c\right]}{\sin\left[\pi f_0 d_{\mathrm{r}}\left(\sin\theta - \sin\theta_p\right)/c\right]}
\end{aligned} \tag{8.50}$$

参照式(8.15)，将式(8.50)改写为卷积表达式，得到

$$B(t,\theta) = \sum_{p=1}^{P}\sigma_p\left[\delta\left(t - 2\tau_0^p\right)*\widetilde{R}_0(t)\right]\left[\delta\left(\sin\theta - \sin\theta_p\right)*\frac{\mathrm{sinc}\left(\pi f_0 2Nd_{\mathrm{r}}\sin\theta/c\right)}{\mathrm{sinc}\left(\pi f_0 d_{\mathrm{r}}\sin\theta/c\right)}\right] \tag{8.51}$$

式(8.51)表明对 MIMO 声呐的回波进行匹配滤波和波束形成后，波束输出可以表示为角度维卷积和距离维卷积之间的乘积。因此，可以使用 R-L 算法实现解卷积处理，从而尽可能去除卷积效应导致的主瓣(波束图主瓣、自相关函数主瓣)展宽、旁瓣(波束图旁瓣、自相关函数旁瓣)升高的缺点。

由于 R-L 算法要求输入为正值，因此选择对 MIMO 声呐波束输出的绝对值 $|B(t,\theta)|$ 作为输入。相应地，MIMO 声呐的角度维点扩散函数可表示为

$$\mathrm{PSF}(\sin\theta)=\left|\frac{\mathrm{sinc}\left(\pi f_0 2N d_\mathrm{r}\sin\theta/c\right)}{\mathrm{sinc}\left(\pi f_0 d_\mathrm{r}\sin\theta/c\right)}\right| \tag{8.52}$$

此时，MIMO 声呐的距离维点扩散函数与传统 SIMO 声呐的相同。当使用 LFM 脉冲信号时，距离维点扩散函数由式(8.17)得到。

8.4.2　高分辨成像处理流程

　　MIMO 声呐解卷积处理流程与图 8.1 中传统 SIMO 声呐所用两步 R-L 算法的基本处理流程类似。两者的区别有以下两点。

　　(1) MIMO 声呐角度维解卷积时需根据虚拟阵列的阵型设计点扩散函数，此处使用阵元间距为 d_r、阵元数为 $2N$ 的虚拟 ULA 设计角度维点扩散函数，表达式如式(8.52)所示。

　　(2) MIMO 声呐的距离维解卷积所用点扩散函数与 SIMO 声呐相同，但是此处所用自相关函数作为点扩散函数，在解卷积处理时不但可以提高距离分辨率、降低距离维旁瓣，也可以抑制互相关函数，从而得到更"干净"的成像背景。

8.4.3　成像示例

　　仿真中对比 4.1.6 小节中的 MIMO 声呐成像方法和基于解卷积的 MIMO 声呐成像方法的性能。已有 MIMO 声呐成像方法为使用匹配滤波、常规波束形成的方法，具体流程见 4.1.6 小节。基于解卷积的 MIMO 声呐成像方法使用 R-L 算法，对已有 MIMO 方法的成像结果进行解卷积处理，共包括 3 种 R-L 处理方式，即仅角度维 R-L、仅距离维 R-L、两步 R-L(先进行角度维解卷积，再进行距离维解卷积)。使用 R-L 算法时，角度维解卷积和距离维解卷积的迭代次数都设置为 10。

　　仿真所用 MIMO 声呐由位于同一条直线上的 2 个发射阵元和 32 元接收 ULA 组成，且阵元间距满足 $d_\mathrm{t}=32d_\mathrm{r}$。32 元接收 ULA 按照 100kHz 半波长进行布阵，水下声速设为 1500m/s。发射信号为一对上、下调频 LFM 脉冲信号。两者的频带范围都是 95～105kHz，脉宽均为 10ms，调频方向相反。使用 90kHz 的信号对回波进行解调和频带搬移，随后使用 45kHz 的采样信号获得仿真的阵列回波。波束扫描角度(sin θ)的范围为 –1～1，以 0.005 为间隔。带内(95～105kHz)功率信噪比设为 –10dB。

　　首先，考虑单散射点目标成像(散射点位于(0,100m)处)。采用 4 种方法进行成像处理，分别是已有 MIMO 方法、角度维 R-L 算法(仅在角度维进行解卷积)、距离维 R-L 算法(仅在距离维进行解卷积)、两步 R-L 算法(先进行角度维解卷积，再进行距离维解卷积)，对应的成像结果如图 8.16 所示。从图 8.16(a)可知，已有 MIMO 方法在距离维产生了高距离维旁瓣干扰，这些距离维旁瓣主要来发射信号的互相关函数。图 8.16(b)给出了角度维 R-L 算法的成像结果，从中可知角度维 R-L 算法可以有效提高角度分辨率并抑制角度维旁瓣，同时对距离维旁瓣也有一定的抑制作用。图 8.16(c)给出了距离维 R-L 算法的成像结果，从中可知距离维 R-L 算法可以有效提高距离分辨率并抑制距离维旁瓣。图 8.16(d)给出了两步 R-L 算法的成像结果，从中可知两步 R-L 算法可以同时提高角度分辨率和距离分辨率，并且有效抑制角度维和距离维旁瓣。图 8.17 给出了成像结果的角度维切片和

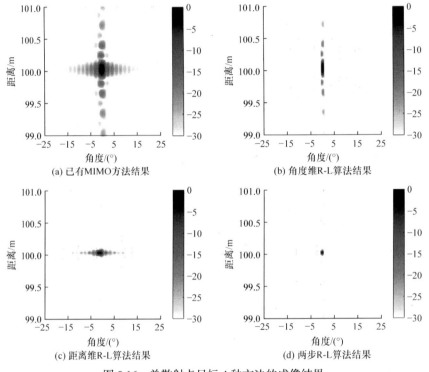

图 8.16　单散射点目标 4 种方法的成像结果

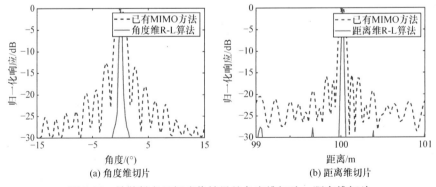

图 8.17　单散射点目标成像结果的角度维切片、距离维切片

距离维切片。对比图 8.17(a)中的角度维切片可知，角度维 R-L 处理可以显著提高 MIMO 声呐的角度分辨率并降低角度维旁瓣。对比图 8.17(b)中的距离维切片可知，距离维 R-L 处理可以显著提高距离分辨率，同时显著抑制自相关函数旁瓣和互相关函数所引起的距离维旁瓣。

其次，考虑多散射点目标成像。目标由相互邻近的 4 个等强度散射点组成，其坐标分别为(−1.7°, 100m)、(0, 100m)、(−1.7°, 99.9m)和(0, 99.9m)。使用与图 8.16 相同的 4 种方法(已有 MIMO 方法、角度维 R-L 算法、距离维 R-L 算法、两步 R-L 算法)进行成像处理，对应的成像结果如图 8.18 所示。从图 8.18(a)可知，已有 MIMO 方法的角度维(由 64 元虚拟 ULA 的孔径决定)和距离分辨率(由 10kHz 的带宽决定)有限，根据其成像结果无法判断 4 个散射点的存在。同时，已有 MIMO 方法的成像结果中具有互相关函数引起的距离维高旁瓣干扰，并且角度维旁瓣也处于较高的水平。图 8.18(b)给出了角度维 R-L 算法的成像结果，从中可知角度维 R-L 算法可以提高角度分辨率并抑制角度维旁瓣，但是难以有效改进距离维成像性能。图 8.18(c)给出了距离维 R-L 算法的成像结果，从中可知距离维 R-L 算法可以有效提高距离分辨率并抑制距离维旁瓣，但是无法改进角度维成像性能。

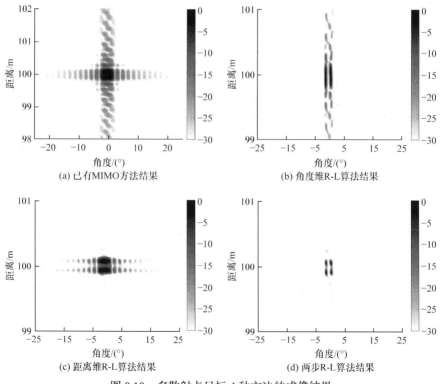

(a) 已有MIMO方法结果

(b) 角度维R-L算法结果

(c) 距离维R-L算法结果

(d) 两步R-L算法结果

图 8.18 多散射点目标 4 种方法的成像结果

图 8.18(d)给出了两步 R-L 算法的成像结果,从中可以明显判断出 4 个散射点的存在。这说明两步 R-L 算法可以同时提高角度分辨率和距离分辨率,有效抑制角度维和距离维旁瓣。图 8.19 给出了多散射点目标成像结果的角度维切片和距离维切片。对比图 8.19(a)中的角度维切片可知,角度维 R-L 处理可以显著提高 MIMO 声呐的角度分辨率并降低角度维旁瓣。对比图 8.19(b)中的距离维切片可知,距离维 R-L 处理可以显著提高距离分辨率,同时显著抑制自相关函数旁瓣和互相关函数所引起的距离维旁瓣。

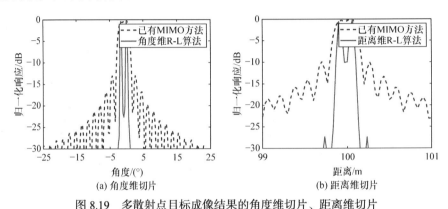

图 8.19　多散射点目标成像结果的角度维切片、距离维切片

8.5　本 章 小 结

本章研究基于解卷积处理的 MIMO 声呐成像方法。根据 MIMO 声呐可等效为虚拟 SIMO 声呐这一特点,给出了 MIMO 声呐解卷积的基本原理,讨论了 MIMO 声呐与解卷积处理的多种组合形式。在此基础上,给出了基于解卷积的 MIMO 声呐低旁瓣成像、基于解卷积的 MIMO 声呐高分辨成像这两种方法的原理与处理流程。综合成像仿真结果可知,使用解卷积处理可以有效提高 MIMO 声呐的角度分辨率和距离分辨率,同时有效抑制角度维和距离维旁瓣。

本章在具体的成像方法与仿真分析方面主要聚焦二维扇扫成像。由于解卷积处理为波束后处理方法,并不改变 MIMO 声呐的成像处理步骤,因此解卷积处理可以用于前面章节所介绍的多波束测深、三维成像等方面,达到在保留 MIMO 声呐成像方法性能优势的同时,克服其缺点并进一步提升成像性能的目的。

参 考 文 献

[1] 邹谋炎. 反卷积和信号复原[M]. 北京: 国防工业出版社, 2001.

[2] BLAHUT R E. Theory of Remote Image Formation[M]. New York: Cambridge University Press, 2004.

[3] RICHARDSON W H. Bayesian-based iterative method of image restoration[J]. Journal of optical society of America,

1972, 62: 55-59.

[4] LUCY L B. An iterative technique for the rectification of observed distributions[J]. The astronomic journal, 1974, 79: 745-754.

[5] DOUGHERTY R P, Stoker R W. Sidelobe suppression for phased array aeroacoustic measurements[C]. Proceedings of the 4th AIAA/CEAS Aeroacoustics Conference, Toulouse, France, 1998: 235-245.

[6] BROOKS T F, Jr HUMPHREYS W M. A deconvolution approach for the mapping of acoustic sources (DAMAS) determined from phased microphone arrays[C]. Proceedings of the 10th AIAA/CEAS Aeroacoustics Conference, Manchester, UK, 2004: 1-18.

[7] DOUGHERTY R P. Extensions of DAMAS and benefits and limitations of deconvolution in beamforming[C]. Proceedings of the 11th AIAA/CEAS Aeroacoustics Conference, Monterey, USA, 2005: 235-245.

[8] STARCK J L, PANTIN E. Deconvolution in astronomy: a review[J]. Publications of the astronomical society of the pacific, 2002, 114: 1051-1069.

[9] WALLACE W, SCHAEFER L H, SWEDLOW J R. A workingperson's guide to deconvolution in light microscopy[J]. BioTechniques, 2001, 31(5): 1076-1097.

[10] YANG T C. Deconvolved conventional beamforming for a horizontal line array[J]. Journal of oceanic engineering, 2018, 43(1): 160-172.

[11] YANG T C. Performance analysis of superdirectivity of circular arrays and implications for sonar systems[J]. Journal of oceanic engineering, 2019, 44(1): 156-166.

[12] YANG T C. Superdirective beamforming applied to SWellEx96 horizontal arrays data for source localization[J]. The journal of the acoustical society of America, 2019, 145(3): 179-184.

[13] GUO W, PIAO S C, YANG T C, et al. High-resolution power spectral estimation method using deconvolution[J]. Journal of oceanic engineering, 2020, 45(2): 489-499.

[14] WU J R, LIU X H, SUN C, et al. On range-dimensional performance improvement of a FD-MIMO sonar using deconvolution[C]. Proceedings of IEEE Global Oceans 2020: Singapore–U.S. Gulf Coast, Biloxi, USA, 2020: 1-5.

[15] XIE L, SUN C, TIAN J W. Deconvolved frequency-difference beamforming for a linear array[J]. The journal of the acoustical society of America, 2020, 148(6): 440-446.

[16] LIU X H, FAN J H, SUN C, et al. Deconvolving range profile for sonar imaging using stepped-frequency LFM pulses[J]. IEEE geoscience and remote sensing letters, 2021, 18(6): 954-958.

[17] ZHANG T, YANG T C, XU W. Bistatic localization of objects in very shallow water[J]. IEEE ACCESS, 2019, 7: 180640-180651.

[18] 王朋, 迟骋, 纪永强, 等. 二维解卷积波束形成水下高分辨三维声成像[J]. 声学学报, 2019, 44(4): 613-625.

[19] 叶峥峥. 基于解卷积的互质阵 DOA 估计方法研究[D]. 杭州: 浙江大学, 2020.

[20] LIU X H, FAN J H, SUN C, et al. High-resolution and low-sidelobe forward-look sonar imaging using deconvolution [J]. Applied acoustics, 2021, 178(107986): 1-20.

[21] LIU X H, SHI R W, SUN C, et al. Using deconvolution to suppress range sidelobes for MIMO sonar imaging [J]. Applied acoustics, 2022, 186(108491): 1-12.

[22] SUN D J, MA C, YANG T C, et al. Improving the performance of a vector sensor line array by deconvolution[J]. Journal of oceanic engineering, 2020, 45(3): 1063-1077.

[23] DUAN W J, SUN C, LIU X H, et al. DOA Estimation of arc arrays using deconvolution with shift-variant PSF[C]. Proceedings of IEEE Global Oceans 2020: Singapore-U.S. Gulf Coast, Biloxi, USA, 2020: 1-5.

"现代声学科学与技术丛书"已出版书目

(按出版时间排序)